i
imaginist

想象另一种可能

理
想
国
imaginist

许倬云观世变

论中国文化的特质

〔美〕许倬云 著

九州出版社

图书在版编目(CIP)数据

许倬云观世变 /（美）许倬云著 . -- 北京：九州出版社，2023.12

ISBN 978-7-5225-2506-8

Ⅰ . ①许… Ⅱ . ①许… Ⅲ . ①史学－研究 Ⅳ . ① K0

中国国家版本馆 CIP 数据核字（2023）第 222129 号

许倬云观世变

作　　者	［美］许倬云 著
责任编辑	牛叶
出版发行	九州出版社
地　　址	北京市西城区阜外大街甲35号（100037）
发行电话	（010）68992190/3/5/6
网　　址	www.jiuzhoupress.com
印　　刷	山东新华印务有限公司
开　　本	850毫米×1168毫米　1/32
印　　张	13.75
字　　数	263千
版　　次	2023年12月第1版
印　　次	2024年8月第1次印刷
书　　号	ISBN 978-7-5225-2506-8
定　　价	78.00元

★ 版权所有　侵权必究 ★

目 录

序 / i

中国与世界

从中国历史看世界未来 / 003

中国历史与世界历史的结合 / 019

古代国家形成的比较 / 033

中国古代文化与两河流域文化的比较 / 053

中国古代文化与埃及文化的比较 / 065

中国古代文化与古希腊文化的比较 / 080

东汉与西罗马帝国崩解的比较 / 096

试论伊斯兰文化体系与东西方两大文化的互动 / 109

体系网络与中国历史上的分合 / 121

汉末至南北朝时期的气候与民族移动的初步考察 / 128

中国的特质

中国历史特质 / 149

中国文化的思维方式 / 170

中国文化发展的点和线 / 181

从考古学看中国古代文化发展 / 187

古代中国的面貌 / 201

中国人的生活与精神状态 / 212

文化与亲缘 / 224

孔子论仁及其延伸的观念 / 237

神祇与祖灵 / 246

汉之为汉 / 260

中国古代社会与国家关系的变动 / 266

历史与变化

历史与变化 / 307

寻索中国历史发展的轨迹 / 331

我们走向何方 / 341

文化调适过程中的态度 / 360

良渚文化到哪里去了？/ 366

元中都考古怀今 / 396

有一点不同的中国历史 / 401

中国中古时期饮食文化的转变 / 406

编后记 / 425

序

这两本文集(《许倬云问学记》和《许倬云观世变》),都是从台湾三民书局江水系列六册中挑选若干篇,由许医农女士领衔编辑为独立的两本选集。他们将许多刊出时间不同的文章排列为几个系统,又分别纳入"问学记"与"观世变"两个大标题之下,其用心之处,十分感激!这些文章,在撰写时,均各有其背景;然而,一个人的思想理念,总会有相当的一致性。因此,两书数十篇芜文,合而观之,还是可以互相补足!

最近反省自己一辈子的学术研究,渐渐悟出一些线索:我其实是做了一辈子的"旁观者",常常不能亲身参与其中,却学会了设身处地,以体会领略的习惯。

我终身残疾,自从有了记忆,似乎总是坐在旁边,看到孩子跳跃奔跑,却不能加入游戏;但也为他们的成功而喜悦,为他们的失误而扼腕。在长大成人的过程中，不断旁观。在湖北的农村，曾见过农夫的耕耘，看过灰黄的泥土，在渠水灌溉后成为润湿的沃土。曾见过黄骠幼驹，在阉割为骟马时，挣脱束缚，狂奔跳跃，终究失血而死。曾在辅仁中学，甚至改了性情，也旁观男女同学之间爱情的悲喜剧。在芝加哥住院治残疾时，曾旁观许多悲哀与喜乐：一个被人领养的男孩，因为血癌，不到半年，病骨支离，最后在布幔盖下离开病房！目击老医生在操刀前，严肃虔诚地祷告；也看到手术后的病童，努力学习从未经验的动作。在70年代，也曾亲见个人认同于政治斗争间，有些人热诚投入，有些人被狂澜卷去！

以上这些，都是人生中的百相，却为我开启了理解历史的经验。毕竟，历史本来就是过去的人生，古人经历的喜怒哀乐，遇合离散，成败兴亡，在我们有限的一生中，又何尝不是时时发生?！在旁观时，如能设身其中，体会领略古人的境遇与心情：古人遭逢幸运时，为之欢呼庆幸；古人失误时，为之悲悯哀矜。由此感同身受，即于古事少一份苛责，多一份警惕。要知道，自古以来，万事无时不在变化中，一切因果，有其发展，诸种因缘，俱生纠缠，世上唯一不变，只有"变化"二字而已。

学习与观察，本是不能分割的心理过程，因此，《许倬云问学记》与《许倬云观世变》，可以分为两册，又何妨当作一书的上下篇？读历史，是学习；讨论历史，是观察。两个步骤，其实是一体两面。我从不悔终生学史，因为历史正是人生的延长与扩大。知识应当是启蒙智能的素材。学史者，以追求智能为工作的远程目标。智慧难得,历史时时在走完一步后,才警觉前一步的浅薄。无伤也!我们该注意的本来是一步一步的过程,不必是那些才走到即已过去的脚印。

这两本小书问世,我对出版社的同人致谢,尤其感激许医农与刘哲双两位的努力。

许倬云　盛暑酷热于台北

2008 年 6 月 30 日

中国与世界

从中国历史看世界未来

　　人们常常以为历史就是讲故事。什么雍正王朝啦，康熙大帝啦，其实，历史并不完全是这样。我做的历史工作都牵涉分析：把历史材料从观察的角度组织起来划分类型，再拿类型作比较，观察不同类型之间有什么特点以及这些特点意义安在，同时将类型与实例比较。历史是一种阐释，解释过去对今天的意义。

　　我眼里的历史不但有个人，更有那个时期所有的人。在我看来，个别的人没有全体的人作用那么重要。历史不等于人物传记，也不等于考证，从大历史的角度观察，它是一种解释工作。观察历史的变化，有两个不同的角度。一个是时间，历史从古到今按时间的演变。通常是分期观察，而中国传统的做法，是按朝代划分二十四史，一朝一朝发展过来，这是中国独特的一种断代方式。西方也有朝代,不过他们远不如我们看重朝代,因为他们是多国体制。像非洲的一些国家根本就没有朝代可言。印度人对时间的观念一向不是很清楚。日本的王朝号称从古至今只一个朝代,其实也仍有政权的嬗换。因而中国的朝代划分在世界的历史学中也是独树一帜,中国学者因此对朝代也很看重。

我这里介绍三种从时间的角度来观察历史发展的观点。第一,历史发展变化,就是马克思的社会变化演化论。这个大家比较熟悉。人类历史的发展被分为五个阶段。第二,历史中有生命的循环,如人的生老病死。一种文化的诞生、繁荣、衰落、终结像春夏秋冬一样的轮回。一种文化周期完了,另一种文化周期开始了。第三,中国有"三世"之说:从最古老时候的"大同世界"到"小康之世"再到"据乱之世"。这三种方法,都是以时间为顺序划分的,是历史界最常见的划分法。

另一种区划法是以空间划分,以不同的地区内的人物、事件以及它们的变化组织成历史。一位地理学家说过:不同的地理条件,就有不同的变化形态出现,每一种变化形态都与它的自然资源相配合。汤因比说得更为明白,他说世界上共有21种文化,不同时期,不同地点,每种文化都有它的特点。汤因比特别强调历史变化中的刺激与反映:一种类型存在,既有内在的无产阶级与当权派的冲击,也有外在的无产阶级与内部的冲击,这些都导致类型之间的转换。这些变化和冲击不是在演化中出现的，而是以外来或内部变化的力量为动力的，这就不是单项的进化，也不是以时间为轴产生的变化，而是平行的、同时的、若干不同的族群彼此来往冲击而产生的变化。

这几种类型我仅举几个例子。实际上许多历史学家归纳时都不知不觉地使用这几种类型。比如梁启超先生在汤因比之先也提到过演化和冲击两种类型。历史学家把时间和空间综合起来讨论是常有的事。我下面举的三个例子，它们的素材都是史前的历史。中国有一位重要的考古学家苏秉琦先生，他从20世纪80年代开始，十余年来发展一套理论，用区系类型把中国各地区的历史划分成各种类型。这些类型之间有碰撞，也有渗透。相邻近的小区域的文化相互碰撞、相互融合之后，形成了六大块或七大块文化区域。他特别强调，一方面小类型自身有演化的动力，另一方面也有类型与类型之间碰撞产生变化的动力。苏先生的工作在中国的考古学上有重大影响：以往的单线演化论已经难以应付越来越丰富的历史材料，苏先生的理论使得以往无法归划的材料理出了次序。

傅孟真，也就是傅斯年先生，是我以前所在的"中研院"历史语言研究所的创始人。他在中国历史的朝代史之外建立了一套新的历史解释方法。他说，中国历史在最早的传说时代，不外乎东边的"夷"和西边的"夏"。他们彼此对立冲突，"不是东风压倒西风，就是西风压倒东风"，而后中原终于融合为一体，历史冲击的力量转为南方和北方的对立，长江流域和黄河流域的对立。有北方往南的政治力量，也有南方往北的文化力量和经济力量，形成了复杂的对立、冲突与融合的过程。傅先生这一组织历史的方法，也是以时间为纵、空间为横的立体的历史方法。

梁任公先生则是以中国文化圈逐步扩大为线索来解释中国历史。他说，传说时代（梁先生的时代还没有考古学，只能用"传说"来替代）的中国正要聚合成一个完整的中原（今之河南也）。到了夏商周时代，中原逐步扩大，包容了今天山东省、山西省和陕西省的一部分。"中原"的中国逐步扩大，到了秦汉时代，就变成了"中国"的中国。在"中国"的中国，中原及中原周边的文化互相激荡，互相融合，构成了秦汉的秩序。之后"中国"的中国继续扩大，把周边其他部族及文化也吸收进来，到了南北朝时期，成为"东亚"的中国。随着成吉思汗的狂飙和东南亚海上贸易的开展，中国对外移民，文化对外扩张，册封制度使中国的文化力量延伸到日本、朝鲜，中国的政治制度也被周边模仿。这时的中国，变成了"亚洲"的中国。中国文化圈一个阶段一个阶段的扩大，包含着中心文化与周边文化的融合和冲突，文化力量、经济力量和政治力量的伸和缩、进与退。这同样是一个有时间、空间与立体的历史。梁先生据此预言将来会出现一个"世界"的中国。

所以，历史不单单是讲历史故事与历史人物，而是一种视角一种方法，它考察我们的过去，"以史为鉴"预测我们的未来。对待历史，要有开阔的视角，不要局限于谁打败了谁、推翻了谁，或者某个漂亮女子终结了某个王朝。我常常为那些漂亮女子感到冤枉！她们没有一个人有这个能力终结一个王朝，都是那些饭桶男子没搞好，反而怪罪那女子。

下面我讲的是"中国文化史发展的模式"。我特别挑了一段来讲，目的是与事情发展的后半段即未来的格局作一个对照。

中国的西周时代的体制，是封建体制。周朝的王子们，带着夹有商贾的军队开到疆外，建立兵城；和当地的土著合作，封土著首领为贵族，吸收土著的军队整编成同盟，戍守的兵站成为都城，这样驻守在各地的军队就成了封国的基础，形成了周人的封建体制。大家注意：这个封建体制只是一个一个"点"，尚未连成"面"。"点"是有限的，"点"与中心的纽带是通婚、册封、分配土地，由此构成一个面。这个"面"的结构是不稳定的。周朝的封建秩序是靠最高层封建诸侯，再由各地的诸侯控制各地人民来维持的，像宝塔一样的社会结构。仅在上层人物中有统一的文字、统一的礼仪和法制。统一的文化仅限于上层，中下层的文化非常土著化，上下层绝少交流，尚未实现真正的同化。

到了春秋时期，周朝衰亡，各地诸侯群雄并起，不再受中心的控制，并建立起各自的国家。这时候，各地的统治者开始关心自己的臣民，当地的文化开始与上层封建文化交流。这时候每个国家都开始具有自己的地方特色：方言、起居方式、饮食，等等。

这种地方性的政治局面就是从统一制度崩解下来而形成的列国制度。列国制度维持了很久。在这个礼坏乐崩的时代里，每个国家都要重新找回自己的价值，重组自己的秩序。他们彼此之间也是尔疆我界，征战不休，在战争中形成列国体制，上层文化不断向下渗透，在内部构成一个新的认同，构成各国的本土文化。

18 世纪到 20 世纪的世界格局也是如此。最近二百年来的历史变化，也是各地逐渐建立起民族国家，使原先共有的文化地方化。比如欧洲曾经有共同的语言拉丁语，由教会带到各地，后来逐渐演化成今天的英语、法语、德语，等等。这种趋势自 18 世纪开始从欧洲一步步蔓延到了世界各地。从合而分，构建出一个地方的民族，之后又对外扩张、渗透，又构成一个新的"合"的局面。例如英国对外殖民扩张，形成了大英帝国，之后各地又抗争，摆脱殖民者的控制，形成了一个个独立的国家，进入了另一个"分"的局面。这个过程和春秋战国时期非常相似。

这些古代列国的体制之间有什么共同的地方呢？

第一，他们都有一群新兴的知识分子，如孔子、孟子、墨子、荀子，等等。他们所处的地域不同，却讨论着同样的问题：如何治理国家，如何用不同的理智来治理共同的人性，什么叫"人"，什么叫"社会"，什么叫"政治"。知识上共同的需要导致了各国共同的知识阶层出现，他们之间通过旅行、著书、书信等手段互相接触。

另外，各地通过贸易而互相学习，文化上，地方色彩和共同色彩同时出现，艺术上如此，文学上如此，文字上也如此，经济也相对统一。这是将来秦始皇统一天下的先决条件。天下文化统一的意识已经存在，各国对"天下定于一"没有争执，只是"定于谁"的问题。

第二，东亚文化圈。西嶋先生是一名日本学者，他说东亚有一个共同处：从学习中国而得来的各自的制度。中国的册封制度，使中国的律令、政府的组织、政府的法律传播到东亚各处。比如日本、朝鲜、越南，他们都使用汉字，都有儒家思想，都有华化的佛家思想。这些反映出由于互相传播，从一种文化系统，可以构成一个内部大同小异的大文化圈。大文化圈和中心文化圈之间也有很大的差异，但是几个基本的假设是一致的，可以存留很久。另一位日本学者堀敏一，他说东亚的汉字文化圈还加上冲突的对象，北方有与草原文化的冲突，南方有与海洋文化的冲突，这个圈子就更大了。太平洋地区有三层圈：中国文化为内圈，东亚文化为中圈，北方草原文化和南方海洋文化是外圈。西嶋、堀敏一和梁任公诸先生解释的圈都是同一种方法。他们强调"外来"文化冲击力量之强大，可以在其移植的地方成长出新的非常有活力的文明。

"天下国家"和"东亚文化圈"，我以为是中国文化的两个发展模式，现在以此来看我们当今的世界格局。不可否认，现代的世界最大的文化冲击不是出自中国，不然我们不会穿西装打领带。从全人类的角度来看，每个时代都有自己的中心。欧洲这个中心也是逐渐扩大的：由爱琴海的希腊渐渐扩大为东地中海的希腊，由城邦文化圈扩大成希腊文化圈，再扩大成地中海罗马文化圈；一直扩大到欧洲大陆的罗马文化圈，后来又分崩离析，形成西欧和东欧，构成了欧洲文化圈；然后跨过大西洋，形成了大西洋两岸的欧美文化圈。现在世界各个角落都感受到了欧美文化圈的压力。

在全球化的过程中，除了今后的未知，以前的发展模式，不是和梁启超先生所讲的"中国文化圈"一样一步一步扩大吗？

欧洲的列国体制比较靠后，而中国的列国体制比较靠前。中国构成了天下国家。秦始皇以后，中国就是天下，天下国家笼罩着整个亚洲太平洋地区，时间长久且没有中断。欧洲则不同。中国人脑子里天生有一种"天下合久必分，分久必合"的观念，"天下"是一直存在的。而欧洲在教皇时代有一个"神的世界"：天上的城是上帝之城，地上的城就是罗马，罗马有两层，一层在上面，一层在下面。希腊是由"城"一步步扩大成一种文化势力的，中国则是"国"，两种观念不一样。文化起跑的时候，中国是以"国"为起跑点，欧洲则以"城"为起跑点，所以我们是"天下之国"，他们是"上帝之城"。

从一个小单元逐渐扩大到跨洲跨洋的大单元，不仅是中国一个特例，欧洲一样也有，只是他们的列国体制分裂之后，一直未等到第二步的重合，而中国合成了"天下国家"，并从秦始皇一直维持到今天。

下面是我们的问题。

未来世界是什么样的，如果全球性的秩序正在来临，有没有征兆？有，非常清楚。前二十年还没有这么清楚过，今天非常清楚：世界性的天下国家正在形成，上帝之城没有了，有的是人类文化的共同城"网"的网络，这网络正在把全世界都收揽进来。三十年前、二十年前都不太清楚，现在看到了端倪。

第一个端倪是经济的全球化。二十年来出现了两个新事物：跨国公司和多国公司。跨国公司是一个商业公司的生产分布在世界各地。福特、三菱等，在不同地方生产、组装，然后送到各地销售。多国公司，由许多国家共同投资。人们在美国住旅馆，不同的旅馆往往属于同一个大公司麾下。我们打电话，贝尔电话公司是一张大网，这个大网已经延伸到日本、欧洲和香港特区，这张网是多方共同投资的。现在我们海峡两岸虽然还没有直通，可是台湾的华航和大陆的东航已经共同投资，准备成立新的航空公司。商业的"网"出现在二十年前，迅速地扩大，过去很清楚谁赚谁的钱，现在好像每个人都在赚别人的钱。

第二个端倪其实源头很早，是原子弹。1945年美国把原子弹丢到日本头上去。后来一步步升级，从原子弹升级到热核弹。核灾难的"网"，核灾难的阴影，笼罩在我们每个人的头上，谁也不敢打仗。核灾难的阴影最终是"以战止战"。

二战以来，没有全球性的冲突，只有局部的小战争。这个阴影是全球性的，使所有人感觉到命运与共。

第三个端倪，人类命运与共的是环境。火山爆发，火山灰是没有国界的；中国的酸雨可以飘到华盛顿，美国的酸雨可以飘到欧洲。自从原子弹的阴影扩散开来之后，环保意识才被重视起来，大家意识到许多东西是人类命运与共的。资源上的共享，资源上的流转，迫使大家不能再分尔疆我界。

但最终的统一等待着一个新事物来完成。直到网络的出现——net.com。现在.com是无所不见的，.com造成了一个新世界、新时代。各位都是.com时代的人，我是原始人。我的朋友见了电子计算器就躲得远远的，他怕触电。你们和我们已经是两种人了，你们是新时代的文明人，我们是旧时代的原始人。

这个新的文明时代，靠网络世界构成，它是全球一体化最后一道工序。文字上就是通过WWW（万维网）把大家连在一起。World Wide Web（万维网）相应的政治制度是联合国。

今天的联合国可以谴责某个国家，说他某件事做得不对。参加世界性的组织，比如WTO（世界贸易组织），你必须放弃你的一部分主权，如关税；参加什么国际协议，你就要放弃一部分主权，这时国家的主权不再是至高无上的了。假如没有"天下国家"形式的世界秩序意识，是不可能有这样的组织出现的。新的政治秩序的出现也需要一定条件的。今天我们所在的世界，非常类似春秋战国后期的"天下乌乎定？

定于一"的格局。列国时代已经渐渐过去，共同意识、共同秩序正逐渐出现。春秋战国时代的知识分子阶层，今天有没有呢？有，就是现代科技知识的拥有者。

我们看看世界上有没有第二套物理学？没有。有没有第二套化学？没有。有没有第二套 WWW？没有。拥有这一套现代科技语言的知识分子就是新的知识分子。在战国时代，共同需要的知识是"怎样组织一个国家"，需要政治学、法律学、伦理学。而现在要掌握的是"怎样解释自然现象，怎样使自然资源为人所用，怎样把知识系统化，怎样用知识转输各处"。新的知识分子以科技知识为核心。我们叫它"知识的权力"（Power of Knowledge）！

知识的权力非常强大，可以转化为经济权力。Yahoo.com，是一位姓杨的中国孩子在斯坦福大学读书时用5000美金办起来的。现在大家都知道 Yahoo，他的资产不计其数。

知识可以转化成经济力量，可以转化成政治力量，可以转化成法律力量。知识会转化，知识无处不在。新型知识分子拥有的力量远比战国时期的孔子、孟子强大。

但今天的知识体系还缺了一个环：没有结织成今天的哲学，也没有结织成今天的价值系统。这个工作要靠在座的各位来完成。

Net world，我们称它信息革命，除此以外，还有生命革命。克隆，我们天天从报纸上看到这个字眼。自从多莉羊出生之后，我整天提心吊胆，生怕哪天克隆出一个许倬云在这儿讲演，我还不知道呢！

信息革命、生命科学是刚才说的全球意识的最后一块砖，构成了新的知识体系。

权力的金字塔，最上面尖尖的像避雷针一样，代表掌握最高层知识的人，他们数量很少，也是掌握最高财富和权力的人。下面是其他人，直到金字塔的底盘。我特别表示，是现在的权力和财富愈来愈集中，集中到金字塔尖像避雷针那么小的区域里。

刚刚讲了世界秩序，并拿它和东亚文化圈及秩序来对比。它有一个核心，这个核心就是今天最占优势的欧美。它们相当于东亚秩序中的中国，其他国家都要向它学习，就像以前日本、朝鲜向中国学习一样。学习者若学习得快，往往后来居上。我们对日本常常看不起它，叫它小日本。其实日本不算小，今天日本强大了，在世界上也算大国。我们平心而论，就是拿明朝时代的日本和中国的艺术相比，也是不相上下的。再看儒学，朱子学中阐释得最精致、面面俱到的不是中国人，而是朝鲜的李退溪。中国人不了解他，可是洋人读朱子学时，常常遇到李退溪。他解释得比中国人还好。这说明后来者也可以与先行者并驾齐驱的。

在世界秩序中，霸主在欧美，文化核心也在欧美，但是学习者可以做得更好，我们从日本近代经济的发展上已经看到例子。日本的生产量与经济实力和欧洲相差不多，比中国大，我们要佩服它。学习者可以不逊于核心的原创者。

社会财富分配非常不均，不仅表现在社会结构上，也表现在空间上。世界上将有若干超级城市，它们拥有的知识力量和经济力量以及与之相配套的政治权力和社会控制力超过其他任何地方。它们中间谁是"霸中之霸、王中之王"很难说，要通过竞争，而且这个中心可以移动。换句话说，将来新的世界秩序，从空间上来说有若干中心，其中必定有一个统领全部。今日看来，纽约有可能。但不一定，如果我们做得更好，中心也可以在我们这里。世界各地都有类似的中心都市，都市有市区，也有郊外，还有贫穷地区。世界格局将非常不均，力量、财富、权力等都是如此。这样是不是好呢？不好。能不能挡住它呢？很难挡住。

中国传统的秩序并不公平，但和欧洲秩序相比，有它的优点。欧洲在罗马为中心的时代，封建贵族散布各处，谁是掌权者、掌财者？教士和贵族。这个阶层是不开放的：贵族是世袭的，教士基本上也是贵族出身。而中国的特点是精英士大夫阶层，相对而言是开放的。只要能科举上榜就等于进入了这个阶层，并有机会接近最高层。中国出色的文学家、经学家乃至宰相没有几位是世家出身，大多数是平民出身。所以中国的士大夫、知识分子阶层要比欧洲开放、公平。以此为榜样，我们盼望将来的知识贵族是一个开放的阶层，进出的标准仅仅是学问而不含身世，没有特权，只靠能力，只靠开放的竞争力。

但地区性的差异总会存在，南京就比旁边的城镇好，但南京就是未必赶得上上海。但这种差异也是开放的，一个地区集中的人才多，人心齐，经过努力后就会有一个新的核心。美国有一个硅谷，靠的就是当年计算器人才云集于彼，成了现在的世界知识中心。知识革命走得愈远，人的"脑矿"就愈重要。用中国模式来看，未来的世界秩序应该是"类似中国型"而不是"类似欧洲型"。中国这么大的国家，能不能在第一阶段的中心之外另辟第二阶段的中心，要看自己的努力。十几亿人口，出聪明才士应该很多，但要喂饱这十几亿人口也不是小事。优势劣势都有，我们做得好，未尝不可使新的中心移到我们这儿。当然，不能通过战争。

中国的知识分子阶层是演变的：从汉朝出现考试制度一直到清末，士大夫阶层越来越大，进入也越来越容易，到了明代，他们的思想转换已经非常活跃，只是清代之后又渐渐闭塞了。

欧洲则是突变的：从教廷思想一下断裂成启蒙思想，中间缺少演变的过程。而未来世界以知识为主体力量的秩序，我想也应该符合中国的模式，即是演变的。但历史的转变是人类决定的，历史没有"非如此走"的铁律，每一代人可以选择自己走的方向。刚刚我说了新的秩序不是公平的，基于两个方面：一是我们的价值观念，认为大家相差不多才叫公平，将来这个观念会不会存在不得而知；二是假如我们仍认为公平分配、利益均沾才是好的秩序的话，如何实现这一点也是需要思考的。

再拿中国过去的人权来看：中国把人的权利看作天生的，人就是人，人有七情六欲，孟子说人有四端，成了仁义礼智，这些是人本身具有的权利和责任。我国古代的社会福利是同族同区同村的人互相保证。1949年我离开家乡无锡时，我们许家在家乡无锡还有族产，这是不属于任何家庭的，属于许家共同所有的。我读高中时还拿族里的几块钱（奖学金）呢。照规定，族里的孤儿寡妇可以在族产里拿到一定担数米。这就是家庭负责的中国式福利制度。

这种福利不需要今天所谓的"列国体制"来承担。在"天下国家"的体系内，全世界都分享一个福利不够现实，如果能用中国式的福利制度是不是更好？当然不必一定是通过家庭。

西方式的人权是：上帝给你的一套人权，不相信上帝就没人权。西方是国家主导的社会福利，天赋的公平和正义通过国家给予每一个子民。如果模仿中国式的人权价值，我想我们可以建立起一套公平正义的价值系统，构建一套福利分配系统，使未来世界秩序的不公平得到匡正。这要靠我们各位努力，这不是一个人、一门科学可以做到的。

"二战"前夕就有人预言了这一天的来临。德国哲学家雅斯贝尔斯预言：人类会有两次大突破，第一次突破在孔子时代，在先知与耶稣时代，在佛陀时代；第二次突破在20和21世纪之交。他是哲学家，他意指的突破不是指科学上的突破，而是指科学突破之后，人类在全球范围内形成新的价值系统（Value System）。

现在世界上有许多价值系统：佛教的、基督教的，中国传统式、西方式、马列式，等等，它们中间有冲突也有和谐。很多人想求同存异，提取共同点，找到统一。是否有用？不够用。人与人的分歧就在这不同点上，所以大家不能舍开异点求大同来完成。这工作需要许多解释，寻找意义，寻找需求，再加以界定。

孔子就扮演过这样的角色。不同的学生问孔子"仁"，孔子的回答都不同。当时尚未有"仁"这一套价值，没有标准答案。"仁"在《诗经》里的意思是俊美，有风度，形容贵族的风度。孔子以此为载体，把它变成了"德性、内涵"，把这个形容贵族器宇轩昂的字眼转换成普通平民都应具有的内涵。这个工作孔子做了一辈子，他的学生们做了两百年，儒家做了两千年。这一套价值系统不能靠拼凑而得，要靠不断的探索、思考与延伸。

我们现在也需要找一个词，它涵盖全人类共有的价值，这需要你我的努力。

我希望将来是一个知识普及的世界，每个人都有机会跻身知识巅峰；是一个精英开放的世界，有民主的政治，资源由全人类共享。

我们继往开来，未来的秩序可以从历史中得到启示。它是什么？它将是什么？它应该是什么？我们今天的所做，决定了我们未来的所得。

中国历史与世界历史的结合

"中国中心"的史学传统

自从汉代司马迁以来,中国的史学家专以中国的历史为其工作范围,即使《史记》有《匈奴列传》《西南夷列传》等诸传胪述涉边事情,而中原以外的历史仍只是在"边裔"的范围之内,从中原中心的立场记载其"叛""服"与"盛衰"。

直到近世,中国史学界的工作,也仍旧把中国史与世界史分为两个领域,互相之间并无贯穿结合。倒是上两世代的梁任公先生,曾有志于结合中国历史与世界历史。他的工作成果并未问世,然而在一篇绪论中,他提出了将中国历史分为三个段落:第一段是先秦至秦汉,属于中国内部发展,最后充满了整个中国,所谓"中国的中国";第二段是中国与亚洲四邻交往与争衡的时代，例如佛教的传入及中国对外扩张，或异族入主中原，这是"亚洲的中国"；第三段是"世界的中国"，则是近代的中国历史。他的分期年代，有可以讨论的余地，但我们不能不钦服他的广阔视野。

今天，世界各处都声息相通，动静相关，中国既是世界的一部分，世界也不能无视中国的过去与现在。一方面，今日世界各处，唯西欧与美国马首是瞻。西欧编制其历史的线索，其他国家借来编制自己的世界史；上古、中古、近代的三段分期已为大家广泛采用，而且习焉不察，以为这是普遍可用的分期模式。另一方面，马克思由西欧历史归纳得来的分期模式，又经斯大林的推动，成为国际社会主义国家通行的五段分期：原始公社、奴隶制、封建制、资本主义及共产主义五个段落。中国大陆的史学界受其影响，至今依然如此。这一套演化理论，如果僵化地解释，史学的工作将过分强调一个国家（或一种文化圈）内部的变化，也会忽略这一个单元的范围会发生的改变，忽略这一个单元与其他单元之间的交互影响。海外与中国台湾的史学界虽然不受马克思主义的影响，然而，海外的史学同人，无论是否是华裔，都难免因为"地区研究"的约束而圈在中国历史的范围内，不能"越界筑路"。中国台湾的史学同人也长期承受中国史学师徒相承传统以及"中国中心"观念的双重影响，专务发展自己的专长，不愿涉足域外的历史。甚至本是治外国史的同人，返台之后，因为资料匮缺，独学无侣，也不免改辙，又回到中国史研究的园地。

从族群变动看历史发展

今日的情势逼人而来，港台均已走向国际化的方向，不能再遗世而自囿于中国的范围内；大陆也正在急切转变中，其沿海地区，也已自觉或不自觉地卷入世界脉动。我在海外工作，也在港台教过学生，痛感中国史与世界其他文化历史之间的藩篱之严，已使我们难以从人类各处的过去归纳出更有意义的共同经验。为此，我不揣浅薄，贸然尝试设计一些思考的模式，以期在中外之间找出几条贯通的主题。

第一项主题是族群变动。我们先需寻索超越文化圈或民族与国家区别的因素。气候是一项因素。地理学家经常注意大地区气候的变化历史，人类学家与考古学家也经常注意这种长程大气候状态，并经常以此解释族群移动的现象。另一类跨区的因素是疾病。瘟疫的扩散，本来不是"边关"与"国界"可以防堵的。一场大瘟疫不仅影响的地域广袤，其延续的时间也往往相当长久。瘟疫对人类人口的影响，各地人类的历史都注意涉及之。欧洲历史上的黑死病、美洲原住民遭遇的天花、中国在清代嘉道之间的鼠疫……无不是历史上著名的事件。一地人口减少，别处人口即会移入，因此引发族群的变动。但是如何将气候与疾病对人类的影响作一番超越区域的讨论，则尚未充分地被引入中国历史的研究中。

人类族群的大规模移动，影响不会只限于一个地区。移动者所留下的原来的地区，会使另一族群移入，移动者也会推开所进入地区的原来族群，使后者又起身移向别处。于是，不论是前路或者后路，一个族群的移动，常常会带动许多族群一连串的移动。

从上述自然因素与人为因素造成的族群移动看，中国历史承受的影响与造成的后果，都颇有可以探索的余地。我们熟知的一项史事，是汉代与匈奴的长期争衡，匈奴败了，其中一部分向西移动，三四百年后，欧洲出现了"匈人"，他们对罗马世界造成严重冲击。但是，至今我们的通史并未注意另一波的族群大移动：北朝柔然，在中国的压力下西移，又不断承受新起突厥的压力，于是联合波斯击灭了嚈哒。另一方面，这一串的移动，引发了中亚经过南俄的族群移动。阿瓦尔人[1]在东欧的冲击，也是欧洲中古时期的大事。

这一类的族群移动，在中国西方与北方边界上经常有之。先秦时代许多出现在中国北方的族群，我们笼统地称之为戎狄，其实他们的来路去路都与亚欧大陆，尤其是草原地带有所牵连。举一个例子言，公元前第二个千年的后半段，印欧语族从中亚四出，南下印度次大陆，从而改变了当地的人口成分；他们向西南方的移动，改变了地中海东部的人口成分。约为同时代，正是中国历史上的商周之际，商代与西周都有北方边患。这时，北方考古学的数据显示，中国北方也颇有族群文化的变化。西周的先世，甚至曾经陷于戎狄，然后才

---

[1] 古代亚欧大陆的一个游牧民族，一说阿瓦尔人即是柔然的一支。——编注

恢复农业生涯。我在拙作《西周史》中，即尝试将这一个时期的族群移动结合在西周兴衰的讨论之中。

中国的西方如此，中国人向南方的开发一波又一波，何尝不会引发原居族群的移动？原居族群向更南移，也会在太平洋沿岸及南方诸岛引发一连串的移动。最近德国人类学家研究新几内亚居民的体质，认为他们是在两三千年前才从亚洲移入。

从区间交流扩大历史视野

第二项主题是区间的交往，其中包括贸易、战争、文化交流诸种方式。过去的历史学家比较关注战争。他们也注意到一些重要的文化交流，例如佛教传入中国，然后由中国转输入朝鲜与日本。贸易关系则经常不受重视。举一个例说，中国的东南与华南在南宋以后，成为中国的经济核心区。我们注意到南方的发展，注意到北方因战争而衰败。但是，我们可不可以认真思考：北方的丝道，在中亚不安定时不再通畅；相对地，南方的海运则陆续将陶瓷、茶叶与丝绸运往外地贸易。南方的这几项产业都是自宋代开始兴盛的，是否也与外贸有关？伊斯兰教势力向南开展，正好接上了中国对外贸易的发展方向。二者之间的关联如何？明代一度有郑和的远征，但在闭国之后，中国的南海移民中断了吗？中国沿海地区在明代至清初，海盗活动极为频繁。这一时代正是西欧向东开拓新航道、发现新大陆之后，美洲贵金属流向中国与日本，东亚与南海的货品流向欧洲。这一段史事，已是经济史学家所熟知的。我们能不能结合中国长期经济繁荣与明清时代东南的都市化、商业化、人们识字率高、文学与艺术的平民化诸种现象，提出中国历史也应陈述的大事？现在，治台湾史的同人们，也应当从这个角度讨论明代郑和的海商活动，讨论明郑覆亡后那些海商舰队的去向，讨论当时南海的诸种移民从何而来。同样的，我们也可以从这一角度讨论中南半岛与两广地区的发展。凡此，都可能因为我们视野的扩大，我们也许会为中国史寻找很多以前不注意的现象，并作出解释。

第三项可以开拓的主题是比较研究。马克思是从比较研究中提出了他的历史解释。只是可惜，某些历史学家不把他的学说作为继续验证与修改的起点，却将他的学说当作教条。韦伯也是比较史学家，他讨论新教伦理与资本主义的兴起，既是从比较研究中得出结论，也清楚地说明其适用的时空背景。中国历史中可以用来比较别处文化发展的事迹比比皆是，我们何不从此下手，也为人类历史找出一些重要的研究课题？1995年去世的李约瑟已经开拓了科技史的一方园地。别的园地还有待我们开发。

举一个例说，中国拜白银流入之赐，在明清有过数百年的持续繁荣。我们是否可以假设，正因为白银来得合时，中国在宋代开始的外贸优势得以持续，而西欧固然吸纳了东方的商品，却没有中国的持续繁荣，于是西欧在人口及商品都不足的情势下，被逼上了资本主义与工业革命的道路。相对地，中国人日子好过了，却没有改弦更张的需求，于是文化趋于内敛，也趋于保守。

再举一个例说，中国在先秦时代即发展了文官制度的雏形。中国在文官制度下的种种科层管理弊病丛生，但也有不少摸索出来的经验，有若干自我更新的机制，甚至也寻找到了运作规模的分寸。现代的世界，在组织化的大趋向下，无论国家、军队、企业，甚至学校，都在科层管理的方向上越陷越深。中国文化中，这一方面的经验颇值得作为比较研究的题材。从文官制度与科层管理的发展作比较，我们也许可以找到欧洲史上罗马帝国、教廷秩序以至近代主权国家等一连串发展中的问题，我们也许可以由此找出人类历史上有数的几个大帝国，其兴亡盛衰的另一研究角度。

总之，从上面所说的三个视角出发，中国历史与世界历史可以有机地熔铸为一体，其中既无主从之分，也不必有内外之隔。从空间言，地球本来是圆的，周界不过是地图上的几条线，山川海洋，不能隔绝人与人之间的接触与来往。从时间言，历史的长河永远不断，抽刀断水水长流。一件史事的前因在此，后果在彼。从时空两轴都贯穿各处，我们不能将历史约束在一个民族与一种文化的框架内。随着"世界村"观念的出现，打破这个框架的时机也已成熟。借这一纪念钱宾四先生的盛会，我们一方面向这一位结束一个史学传统的大师致敬，另一方面我们这一代也该思考下一阶段的工作当从何处开始。

历史是持续进行的集合过程

以下几段则是我结合中国历史与世界历史的一些构想。正因为是构想，这些观念必是粗浅的，组织也必是松弛的。我愿意将如此粗疏的想法提出来，不是为了自己可以取得结论，而是期待日后一步一步地加以改进。当然，我更盼望有了这样粗疏的破，可以引来同人们如琳琅美玉的立。

我首先简约人群扩大的过程。人群，由人数很少的采集群与狩猎群、家庭、拓殖群、村落等一步一步扩大，终于形成大型国家，形成帝国，形成复杂社会。不论群体的大小如何，繁简如何，两个群体互相接触，大致都经过如下的过程：接触、引起交往或冲突。从交往与冲突之中，引发群体内部的调适，内部调适的结果便是整合。如果相接触的两个群体调适与整合的后果，使两个群体的内涵趋于同质，则两个群体已互相渗透，终于凝合为更大的复合体，便是一个新的群体。这一过程，正如水与牛乳各在一瓶，两瓶之间若有管道沟通，水乳迟早会融合为掺了水的牛乳（或掺了牛乳的水）。这一个新的群体，因为比以前扩大了，又难免与另一个群体之间引发同样的过程：接触→冲突或交往→调适与整合→同质融合→扩大为另一个复合的新群体。如此的过程，在人类历史上不断地进行，遂使群体由小而大，由简单而复杂。这是持续进行的集合过程。

这种持续进行的集合过程，若从地理空间的意义说，可以有几个层次，从地方性的集合到区域内的集合。例如梁任公先生所说"中国的中国"，推而广之，别处有"希腊半岛与爱琴海的希腊""印度次大陆的印度"等。更上一个层次，则是大区域的集合，例如"东亚的中国""地中海的欧洲"。更上一层次，即当是洲际的集合，例如大西洋的欧美世界。最高一层是全球性的集合，亦即全世界的人类社会。我们现在正在洲际集合的过程中，也正在趋向全球性的集合。

区域间的移动与交往

至于文化圈与文化圈之间互动的关系，至少也可有三类影响：一是由刺激趋向彼此的吸引，一是由干预引发的反弹，一是由优势文化笼罩引发的接受与学习。这三种互动形态，在上述集合过程中，往往同时叠集。当然，若是文化圈之间优势差距很大，则第三种形态的进行便十分迅速，竟致排斥了前两种形态。

在地区性的自然生态集合后的群体中有以定居为主的农业群体，这种群体的文化趋于求取稳定，其逐步扩张的集合过程则是地缘性的，亦即呈现为疆域的扩大。另一种则以人群移动为取得资源的方式，这种群体，包括猎、渔、牧、贸易甚至掠夺。这一类群体的文化趋于动态，其扩张虽也在一定的地理空间进行，但是扩张的特征是疆域的扩大（例如游牧帝国）或积聚资源的增加（例如从事商业的地中海城市）。在人类历史上，定居的群体毋宁为数最多；但是，在广阔的欧亚草原与大陆间的海洋，则动态的集合更为可能。于是，由中亚草原向东向西延伸的内陆，与由中亚南下，西入地中海，南入印度洋与南太平洋，这一个大三角形，遂成为旧大陆动态集合群体的主要地区，而楔入其东、西与南三方的定居集合群体中。旧大陆人类历史几乎都是这两种集合过程在各地的进行。这一命题却并不能适当地说明撒哈拉以南非洲及美洲大陆原住民的发展历史。前面所述三项讨论中国史与世界史联结的项目中的移动与交往两项，在讨论集合过程时都必然会有关系。

比较研究的方法必须在可以比较的先决条件下，始有应用的意义。当此，我将世界历史与中国历史分列为几个阶段，作为比较研究的应用范围。这些段落列举如下；但是，这些段落在各处发展的绝对时间并不一致，也因此不能用绝对时间的分期强加于各个地区或各个文化圈的发展中。这一序列毋宁是观念性的，在时序上言之，这些观念又是相对的，各自相对于其前后的形态而不是刻板的演进。

文化核心区逐渐出现

第一个阶段是传统考古学上的新石器时代。世界各地，凡由采集食物进展为生产食物，无论是农业抑或畜养，都属这一阶段。群体中有亲缘的家族、类血缘的族群、地缘的村落以及特殊的功能群（例如祭祀群），都在不断地集合与扩大。人类心智性的活动，以艺术与信仰为主要的表达方式。人类各地的文化已呈现明白可见的特色。

第二个阶段是文化核心区逐渐出现，并对其邻近地区及小区占有明显的相对优势。这是集合过程中常会出现的情形，亦即某一集合群体占有微小优势后，优势效应会继续扩大，以至成为不容置疑的龙头。过去的理论殆以地理条件为优势出现的主要原因。其实，组织方面的优势也是不可忽视的。这一阶段，已有部落、城邦以及领土国家诸种复杂程度不等的集合群体，心智活动有宗教，也可能有文字。经济活动中不仅有一般的交易，也可能有长程的贸易。在中国历史上，这是三代，从新石器时代过渡到青铜器时代，例如传说中的夏代与商代；绝对时代应在约公元前2000年到前1000年，即第二个千年。相当于这一阶段的其他文化，当包括两河的城邦及苏美尔的阿卡德、埃及的旧王国、印度河流域的先吠陀文化、爱琴海的迈锡尼文化以及亚欧草原上正开始游牧化的部族的文明。在这一阶段，大规模的族群活动已显著出现，长程的族群移动也初现可能性，社会已经逐渐分化为显著的贵贱与贫富两个阶层。

第三个阶段是区域性的整合阶段。大型国家及帝国都已掌握广大地区的人口及资源，集合群体的文化认同已经确立。哲学、伦理以及有关的价值观念都已有相当程度，雅斯贝尔斯所谓轴心性文化的突破已发生。在中国，这时周代建立了封建制，发展了天命观念，孔子也已开启了中国文化的特色。其绝对时代是公元前第一个千年的大半段（约前1200—前250）。其他地区可以相对应的时代是两河的亚述帝国、埃及的中王国与新王国、印度的吠陀文化、希腊的古典时代与地中海泛希腊化时代，以及美洲的玛雅、阿兹特克及印加文化。在这一阶段，族群大规模的长程移动冲击了不同文化，因此区域的交流与冲突也十分强烈，经济活动已有专业的工业生产、商业城市与长程的贸易。心智活动已有戏剧与诗歌等诸项文学创作、哲学与科学、相当规模的宗教组织与相应的神学。

从整合完成到大区域互动

第四个阶段是区域性的整合完成。在中国的历史中，这是秦汉大帝国及隋唐帝国，亦即"中国的中国"，绝对时代是约公元前250年到公元1000年。别处相对应的时代，包括地中海的罗马世界、印度次大陆的梵文世界，以及中亚的几个大帝国依次出现的时代。这一阶段的特色是普世性大帝国与普世性文化或宗教体系相伴出现。例如佛教、儒家、伊斯兰教，都在此时成熟，也都已教化了所在的区域。大规模族群移动以"蛮族"入侵的方式，由前节所述中亚三角形地带冲击几个普世性的秩序。同时，长程贸易跨洲转输，商路上居间族群获利至丰。于是，这些已经整合的区域性集合群体，在整合完成时也已开始了区域间的接触、冲突与交流。

第五个阶段是大区域间密集交往的阶段。在中国的历史中，是宋代至明代，约1000年到1500年间。中国已不是亚洲东部的中心；中国与四邻形成多国的国际体系，蒙古兴起是亚洲草原上最惊心动魄的大规模族群移动，也象征游牧族群的最后一次大举动。在其他地区，这一阶段包括欧洲中古以后的多国体系，印度洋与太平洋沿岸各地的国家兴起，以及伊斯兰教国家在亚非腹地的发展。心智活动方面，几个主要宗教或思想体系在互相影响之下，都有所重组更新与修正，例如中国的宋明理学与心学、印度教的复兴、佛教的中国化、伊斯兰教的分裂、基督教的宗教改革等。经济活动方面，城市化与长程贸易都正在为另一时代的来临开启先声。

第六个阶段是走向全球性群体集合的近代。这个时代，在中国是约1500年到1850年间。此时中国已进入世界性的经济体系。全世界都承受"发现新大陆"与"开拓新航线"的长远影响，各地也都承受工业革命的影响。民族主义与资本主义结合，形成近代的民族主权国家。殖民活动引发了新形态的族群冲突。各地动物与植物的传布，使全球的食物资源都有了新的成分。

第七个阶段是现代。在中国,这是约1850年到今天。世界已逐渐纳入一个全球性的多国体制,但是全球性的整合尚待完成。两次世界大战,战前战后的许多剧烈冲突,都是整合过程的一部分。人类心智活动中,最重要的是现代科学、大众传媒、现代交通与信息、民主与人权观念的扩散以及资本主义与社会主义的相生相克。经济活动方面,最重要的是工业大量生产、信用流通与国际贸易。群体的性质也有改变:平民上升、阶级淡化以及城市化造成的社群裂解时代与个人主义。这是一个崭新的时代,我们还正在发展的过程中间。

上述七个阶段的划分,主要是为了便于比较研究而设计。每一个阶段比上一个阶段都更为复杂,其中单位群体的交往接触也更为频繁。七个阶段的变化既是演进的,也是因应群体外面的刺激而起的变化。我的构想,人类历史的发展毋宁是动态的辩证过程,既有继承也有断裂,既有演化也有传布,既有功能的适应也有自由意志的抉择。每一个民族,每一种文化圈,都在大范围内趋向于"合",但又在各自发展的过程中呈现其特色。自其同者视之,万物无不毕同;自其异相视之,万物无不分殊。人类的历史,也是如此。

古代国家形成的比较

古代国家在世界各地都先后出现过。在此我想归纳各种出现的过程以及它们的特性（有些是共性的，有些是特殊的）和大家讨论一下，看是否能总结出一些道理来。表中我只举了几个例子，有些例子中，年代的并列并不表示它们属于同时代，例子之间没有同时代的相互关系，只是帮助大家记忆年代而已。

我把古代国家形成大体分成四类，每类有些阶段性，但阶段并不一定是延续的，有跳过某个阶段的，有中间长期某个阶段不出现的，有的类型到了某个时期不再发展了，各种情况都有。每一种例子都是个例，互相之间不一定有演化关系，也不一定有相互影响的关系。我把古代国家分成四种形态：第一种形态是一个离国家形态还差得很远的"复杂社会"；第二种形态是"初期国家"，这是前国家的、不是组织得很紧密的国家；第三种形态是正规的国家形态；第四种形态是国家扩张之后的帝国。这四种形态没有一定的演化关系，但有一个扩张领域的过程。国家当作一个政治体，但是为什么我说第一阶段是"复杂社会"，而不是"国家"呢？因为第一阶段它的政治权力不高，所以把它叫作一个"社会"。以上是几个定义。

一、复杂社会

复杂社会前面还应有一段演化的过程，那就是从简单社会转变为复杂社会。若干个有别的群，不管是社群或是小区（一个小区可能就是一个小村落，一个社群就是一个小的群落），由于它们居住相近（有五六个，七八个，十来个……），其活动范围在一个地区里，它们会逐渐接触和融合，这样终于形成一个群，再变成超级的群。这个超级群就可能是一个复杂社会了。为什么复杂呢？群与群之间不完全具有同样的功能，就像白人刚刚进入之前的非洲，或者说是在美洲历史上反映出来的一些群。在这些村落的群里，每个村落里不一定有不同的职业，但许多不同村落各自操不同职业，有的打鱼，有的打猎，彼此可能就有了交换关系，所以在一个村落群里面的各个村落就有了功能上的分工。另一个可能性：在超级村落里面有一个带头的村落,我们把这个带头村落叫作村落的中心,这一个群少至五六个,多则十来个村落。这个群体的范围就不小了。所以它在纵的方面表现为承袭现象,横的方面具有功能的差异,这就是所谓的复杂社会。

我们再看看表中的几个例子,这些例子是从西向东排列的(表中不包括中国)。表中第一行是埃及。埃及的复杂社会应当是在公元前3000多年前,分布在尼罗河流域。这条河流的特点是两边河岸都是高高的石灰岩山林,河谷平原非常狭隘,北方河口处才有一个三角洲。在这个灌溉平原上,有一串瀑布和峡谷不能航行。第一号瀑布距离河口虽不远,但中间有二十至三十个"州"。州(nom)这个词来自法语。一个州大概就是一群村落,它们有些共同的事业,共同合作把这个灌溉系统做好,是一个共同协调的组织。一个尼罗河流域有二十至三十个州,所以可以想象每个州相当小。可是它们逐渐合并,合并成稍微大一点的复杂社会,我们可以称之为区。一个区内有中心城市,下面有州,州下面有若干村,这已经变成了三级制组织。一个地区大致有一位地方神,有的是兽头人身的神,这是他们群体的标志。这些神有着不同的名字,是人们的保护神。在区内中心城市往往会有一个神庙,作为它们共同崇拜的中心。这个庙本身具有团结这个复杂社会的功能。它吸引所有附近复杂社会的成员去那里聚会。这就是埃及的复杂社会。

各地区国家发展阶段表

发展阶段\地区	埃及	地中海	两河	印度
复杂社会	"州"（公元前3500—前3100）	米诺斯（公元前3100—前2000）	乌鲁克（公元前3500—前3100）	哈拉帕（公元前2300—前1700）
初期国家	旧王国（公元前2685—前2181）	希腊城邦（公元前8—前6世纪）	苏美尔（公元前2700—前2571）阿卡德（公元前2371—前2191）	印欧诸邦（公元前9—前6世纪）
正规国家	中王国（公元前2040—前1786）	雅典、斯巴达极盛（公元前5—前4世纪）	巴比伦（公元前1894—前1595）	列国时代（公元前6—前4世纪）
帝国	新王国（公元前1567—前1085）	亚历山大大帝（公元前336—前323）罗马帝国（公元前510—359）	亚述帝国（公元前10世纪末—前612）波斯帝国（公元前559—前330）	孔雀王朝（公元前324—前187）贵霜帝国（15年—3世纪）

从北非的埃及稍微移动，我们走到了地中海。

地中海爱琴海有许多小岛。爱琴海的半岛——希腊半岛，本身也不大。爱琴海里的小岛以及希腊半岛尖端至地中海东岸海域上有许多小岛。在公元前2800—前2700年左右，有一个米诺斯文化，是考古发掘出来的。这是一种很有地方色彩的文化，是体现了诸岛屿共性的一种文化。这片海域上，几个小岛之间可以航行。它们共有一个小的文化传统。这几个小岛有一个中心（即克里特岛），岛上发现一个大型公共建筑，以前被叫作宫殿，现在看来不见得是宫殿，因为米诺斯最主要的象征是迷宫和牛神,迷宫不一定是统治中心,恐怕也是礼仪中心。

这一串小岛的总人口并不多,因为岛很小,他们之间有商业交往。往北走时,南部岛屿的船要在靠北部的岛上停一停,往东走去亚洲大陆时也要在海湾处靠泊,所以他们之间有一种互助互依的关系。有时他们要组织一个船队从别处运来粮食,有时他们也会做海盗去劫掠别的地方的村落。这也是生活的共同体了。

再往东是两河流域,这是由两条大河合抱的地区。北边的是底格里斯河,南边的是幼发拉底河,它们的发源地很远,到了流域中部,两条河相隔不过10公里,然后又岔开,到河口又接近了,所以两条河包围的这块地区就是狭义的两河,正确的译名应叫"河中"(如同我国汉朝的"河中"一样)。

这个地区的考古发现至少有两个代表,欧贝德(Ubaid)和乌尔(Ur)。欧贝德是一个比较大的村落,周围有一些小村落环绕,这样大的村落里面也有相当大的公共建筑,而且还有一个人造的土山(当然这个人造土山与后来的相比并不太大)。这些村落必须彼此合作:两河之间的地区除了泥土还是泥土,它是由两条河冲积形成的。在新石器时代,石料是生活必需品。所以人们从旁边的扎格罗斯(Zagros)山(今天伊拉克北部的界山)取燧石。人们共同开采石料,共同使用,当然他们也合作开凿一些灌溉系统,调节旱涝。

再往东走到了印度河流域。在公元前2300年以后,有一种哈拉帕文化分布在印度河流域。哈拉帕文化维持的年代不算长，但很兴盛，文化水平相当高，后来却消失了，其原因尚不清楚。这是一个非常复杂的社会，有很大的遗址：高地一边有用于防卫和管理的建筑物；低地一边是商业和居住的地区。管理一边有相当考究的神庙，居住一边有相当大的交易市场。当时人们的生活是不错的：有公共浴池和用于防卫的碉堡及谷仓。现在在印度河流域有好几百个哈拉帕文化遗址，大小都有，可以分出三个等级，最大的是摩亨佐－达罗（Mohenjo-daro），也有很小的。它们之间只有大小之别，而布局大致都很相似：高的一边是宗庙与礼仪中心，矮的一边是市场和居住区，从仪礼具有的重要地位可以看出这是一个复杂社会。

从以上这四种复杂社会看，我们可以发现一些特点：复杂社会是小区、社群的复合体。因为有某种社会功能上的需求而合作，合作之后有了等级关系。但是这种等级关系不一定是必然的。有些非洲和美洲的复杂社会是没有等级的：一串村落有20—30个，没有酋长，可是他们认为属于同一个群。本地文化在这个群体中逐渐融合，形成一个明显的区域性文化。这就使我们联想到中国考古学大师苏秉琦先生的区系类型观点。苏先生的理论其实具有相当的普遍性。

这个复杂社会通常是以礼仪中心（礼节、仪式）作为其中心。我之所以叫礼仪中心而不叫宗教中心，是因为宗教的定义有相当严格的界定，至少一个宗教系统须具备某种教义，而这里只有仪式和崇拜对象。礼仪中心的掌权人往往是祭司或者是担任祭司的氏族长老。长老可能是男性，也可能是女性。

复杂社会的进一步发展是人数多了，占有的空间面积也大了，可是未必有分明的边界。在新石器时代很少有尔疆我界的。等到这种团体大了，他们就会吞并附近小的没有组成复杂社会的群体。这样社会就分成了两级，一级是统治者，一级是被统治者。

二、初期国家

下面我们还从埃及讲起。

埃及各个城市后来合并成上埃及和下埃及，后又进一步合并成旧王国，在这里可以明显地看到统治阶层的法老和王权政府。在古埃及，也有"他人"。"他人"一部分是从别处逃到尼罗河流域来的人；一部分可能是抓来的，绝大多数可能是属于非复杂社会而被复杂社会扩张时地位降下来的人。他们不一定是奴隶，只是身份不同。等到旧王国时代，法老的权力逐渐出现，但是王与贵族之间的差别不是那么明显。法老的金字塔已经出现，比起贵族的面包型的坟墓有相当差别。可是法老宫殿并不很大，各地社群的独立性还相当强。

这时出现了专职的书记（scribes）。埃及文字的出现是很古怪的事，现在虽有许多理论去解释它，但没有一种理论能完全解释得通。书记的出现非常突然，却又很成熟。有专门的文书人员担任管理政府工作，同时又有军人（军人与贵族差不多）。这样，祭司已经不是在独自掌权了。

再往北来到了地中海。我们以希腊城邦为例，它们不在地中海和爱琴海的小岛上，而是在希腊半岛上，一批又一批的印欧民族侵入了希腊半岛。多利安人（Dorians）是从哪里来的，到今天还不能肯定。总之，印欧民族进入了希腊，在各地建立了城邦。这些城邦不一定是米诺斯那些复杂社会的后裔。他们是军事征服者，其先以部落形式出现，而部落是有氏族的结构作为其次级团体的。城邦形成之后，城邦里也有了氏族形态。一个城邦往往有四个左右的氏族，氏族是城邦里的重要成分。部落成员变成了城邦的公民，而原来居住在这里的人就下降为非公民的居民。这是公民与非公民的两级组织。

城邦是一个国家。这个国家里面有军人（公民都是军人），有选举出来的领袖（如执政官之类），也有受教育的人，还有一批艺术家、文学家和思想家（他们的前身是唱歌和吟诗的人），这些都是文化人。他们不参与管理工作，但正是这时，人民中出现了这些人物。国家的形态已经相当完整，有了疆界，与邻近城邦的边界非常清楚。

这些初级的城邦之间也有共同的文明，它以奥林匹亚大会作为文化上的认同。它带来的是共同的希腊文化，吸收的是各个地方的文化。所以各个城邦、各个初级国家都具有某些特点，也具有某些共同点，而且它们共同认为属于一个大的文化圈。换言之，希腊这个例证反映的是一个初级国家属于一种文化圈。文化圈的范围要比政治圈大，这是和前面的复杂社会不同的。国家形成过程中一定有当地文化和外来文化的碰撞，有邻近两个文化的交流，也有文化本身的转变，这样才会有共同的希腊文化（即奥林匹亚文化）。

再往东到了两河流域，这里也有许多城邦。这些城邦的原型与希腊城邦很相似。这些城邦又结合成有边界的国家，它可能不止一个城邦。两河的小城邦是从复杂社会演变来的，两者之间有血脉关系。这种演化关系很逐渐、很缓慢，很难有明确可据的时限。复杂社会有个首领，几个复杂社会合起来就是一个城邦。城邦之间又进一步联合成联盟。这种联盟也可以称为朝代，哪个城邦处于优势时，它的周围就以它的名称命名朝代，例如乌尔第三王朝（Ur Ⅲ）等。

哪些群体变成了真正的国家呢？不是在城邦区域的中央，而是在其边缘生成出来的国家。一些国家是从部落转变的，没有经过城邦阶段。但是它看着城邦的样子，学着城邦的管理，受到城邦文化与组织的影响，由部落一跃成为领土国家。阿卡德（Akkad）就是一个例子。阿卡德在河中地区的西边，几乎是河中以外了。它背后有许多可以扩张的后院，正因为它背后有很大的腹地，所以它变得非常强大了，冲积平原立刻变成一个国家。这个国家的军事权力很大。本来祭司长权力很大，但是后来军事首领权力扩大，大到成为"大人"，自己称了"王"，并把祭司长降为自己的臣子，政权压倒了教权。这个过程非常清楚，阿卡德国王立自己的女儿为女祭司长，几代女祭司长都是他的女儿。慢慢地，祭司长就变成了君权的从属。

再往东移到了印度河流域，这里也有印欧民族从北向南侵犯。我们数不清有多少波，有人说七波，有人说八波，他们一波又一波下来，原来在这里发展的哈拉帕文化被新来的文化取代了。印欧人南下时是部落，来到印度河流域，甚至到了恒河流域，有一部分还进入德干高原。后浪推前浪，后来者征服先来者。

他们组织的初级国家中两种形态都有：一类是城邦，它的母型与希腊的极为相似，同时也有由部落变成的领土国家。这两种形态在印度河、恒河流域犬牙交错，同时并存。可是它们同有一个大的文化圈——吠陀（梵）文化圈。梵文化圈内也有文化差异，因为每一次对土著民的征服都带有新的印欧民族的成分。这就如同一块调色板上不断地加新颜色，从而形成了不同的文化层次。在这里，各地由于贸易流通而有相互的交往，而且经过白马祭的仪式，不断有群体间的糅合。所谓白马祭，是一个族群放出一匹白马，其后紧随大军。白马所到之处，该部落要么承认白马其后的军队为宗主国，要么抵抗：如果输了，就派军队跟着白马跑；如果赢了，白马就归他。白马跑一圈下来会出现一位众多族群的领袖。白马祭并不是真正的战争，只是仪式性的作战，大军之后是商贾，所以仪式的实质也是货物流通。

在这里我们看到一些共性：初级国家作为征服、统治的功能自然是很明显的，但是它的结合并不是为了政治的企图，而是有一些别的目的。举个例子，两河流域的古代城邦有大型神庙，它是活动的中心。神庙从事两件重要的事情：一件是国际贸易。庙宇收集资本，派一队人到远处去做生意。买当地缺乏的资源，如石料、金属等，卖当地生产的东西，如农产品、橄榄油、酒等，他们的远途贸易抵达地中海岸，如黎巴嫩，甚至到了埃及，向东到达阿富汗。这种长途贸易没有大量资本、大批人员是不可能的。两河的城邦相互尊重。而在两河以外，商队还须作战自卫，神庙的商贩功能是很大的。它的第二个功能是社会救济。在神庙里，鳏寡孤独残废人、贫而无靠者都有饭吃，神庙保存分发粮食以及其他物资的记录。以上神庙的两大功能不是为了政治统治，而是为了生活共同体成员的生存。

这种初级国家的功能，其社会性强于政治性，但是政权压倒教权已经很显著，国家内部的社会分工以及资源的高度集中，使埃及可以造出金字塔，两河可以造出高大的土山，希腊可以发展出那样高度的物质文明，印度在梵文化时有那么高度的精神文明。这些都是资源高度集中的结果，这就是初级国家的形态。

三、正规国家

进入国家后，我们仍然从西边的埃及讲起。

埃及进入了中王国。旧王国没有了，经过一段纷乱后进入中王国：金字塔更大了，宗教仪式更加繁琐了，一般人死后也有了一些仪式，国王与贵族的距离加大了。在尼罗河谷地的埃及原本不太能扩张，它西边是石灰岩的山，北边是海，南边有大瀑布。中王国时，埃及开始扩张，到达大瀑布的南边，东西两岸跨过山岭进入绿洲，疆域更大了，资源更丰富了。这时各地的地方神也被编组成一个反映人间政治组织的神庭。众神之间也有了功能、等级的分野，神的地方性丢掉了，被统一在法老的神权下。

往北走进入希腊。这时出现了两个现象：希腊城邦里有城邦间的联合体，例如伯罗奔尼撒城邦同盟和以雅典为首的提洛同盟。这些都是一个中心城邦带领一大群城邦，彼此攻伐。

最后冲出来的领土国家却是马其顿，它源于希腊半岛最北部没有城邦阶段的地区。这里也是印欧民族，他们学习南边的城邦的文化与组织方法。亚历山大的父亲菲利普就是学习南方城邦文化，改革自己的部落，成立了国家。亚历山大本人是雅典的留学生。父子两代建立了一个马其顿王国。然后年轻的亚历山大灭了希腊，以希腊文化守护者的身份，东边打到印度河流域，南边征战到埃及，东南边侵入伊拉克，组成这么大范围的帝国。这是从初级国家到正规国家形态，既是延续，也是跳跃，因为这是一个希腊文化圈内部成员学习希腊文化的某个地区的发展，而本身又是跳跃式的发展。在这个例子里，延续和跳跃是辩证地统一了：从文化圈看是延续，从小地区讲，如对马其顿来说，它是跳跃。

再往东是印度。这时整个印度河与恒河及德干高原，一直到印度次大陆全部都有了国家。在印度河流域与恒河流域有几个主要的大国。这时政治首领的权力很大，他已经压倒了婆罗门。印度有四个种姓，婆罗门本来是最高的，他是祭司。在小国的婆罗门和王还是平等的，但在大王（maharaja）统治的大型国家，作为军人的大王已经压倒婆罗门，政权力量明显大于教权。资源的集中反映在几个大国的都城上，几个大国的都城遗址被发掘出来，规模相当宏伟。

印度列国时代（前6—前4世纪）与希腊古典时代几乎同时。从希腊与印度这两处看，可以看出印欧民族向前的发展：一支向西，一支向东。尽管走的路线相差很远，但其发展形态却非常相似，都经历过城邦与部落国、酋邦共存的情况，从而构成王权强大的国家。但是在印度河没有出现像马其顿那样的强国。印度次大陆从来没有由它们自己的政治体真正统一过，印度经常是由外来政权统一的。

现在我们归纳一下这一类国家的形态：它已经是完全的领土国家，政治权、层级化、功能分工以及管理制度等都有，国家主权大于其他权力。

近代的民族国家（Nation state），这个现象是从哪里来的？是从欧洲五百多年前发展出来的。中国没有，埃及也没有，两河有一点，但又不太像。印欧民族的后裔中，希腊的马其顿和印度的列国非常相似。两千年后即15世纪的欧洲列国，它们也认为共同有一个白人文化，有一个共同的基督教文化，这条血脉的贯穿引人注意。尽管其发展方式各地均有其特色，但是从若干文化背景下分支出去的东西往往还背着那个烙印。

四、帝国

现在讲到帝国，它比国家更大一圈。民族国家是文化圈里的单位，有时大的国家可以和文化圈相同。比如马其顿征服希腊时，它的民族国家与希腊本土文化圈一样大。但是帝国是超越文化圈的，是跨了几个文化圈的。帝国的目的就是达到扩张的野心。帝国的扩张者常自认为是某种文化的代言人或守护者，他有责任推广这种文化。

我们还是从西往东说。埃及的中王国是被亚洲去的人灭亡了，经过一段混乱，埃及出现了新王国。新王国是帝国时代。当时印欧民族南下的最远的一支，希克索斯人曾征服了埃及。埃及人从敌人那儿学会了用马和战车，埃及开始扩张到尼罗河之外，到达地中海东岸（巴勒斯坦、以色列、叙利亚、约旦），这是埃及的极盛时代。在非洲的土地上，它也同样跨越绿洲、三角洲，占领了今天的利比亚，向南一直达到尼罗河两个河源的交汇处。强大的埃及收取各地贡纳，吸引万国来朝。在这么大的帝国里，什么人都有，从犹太人到黑人，从白人到本地的闪族（Semites），这是一个多文化的帝国。多文化使它丧失了原有的特色，埃及没有做好融汇和整合工作。它自己的文字反被希腊文字取代。原本埃及自己的文字已经简约到相当于我们的形声字形态，但他们丢掉了，改用了希腊字母。从此再没人能念埃及文字。直到拿破仑时代，找到的石刻上刻有三种文字，人们逐渐译读它，所以帝国时代对埃及文化而言，毋宁说是历史的诅咒。今天埃及文化与埃及古文化之间已经没有连续性。

大帝国扩张并不一定都是福，但也有歪打正着的。埃及法老阿肯那顿独创了独一尊神——太阳神，其余诸神及万物都为太阳神而存在。一根小草因太阳神而有生命，人也受到他的恩惠。这一次宗教改革的原因至今仍是未解的谜。但是在埃及做奴隶的犹太人中，有一个叫摩西的，将这一教义发展成犹太教中的独一真神，又发展成基督教的独一真神，后又衍生了伊斯兰教的独一真神。

希腊的亚历山大帝国一直打到印度河岸，自以为到了"天边"。亚历山大发扬了希腊文化。他一死，其部将将帝国分化成好几个国家。但希腊文化笼罩着整个地中海和半个西亚，甚至进入中亚。这个帝国国内政体没有融合，虽然很快就分裂了，但文化影响非常庞大，希腊文化成了罗马文化的祖宗。

我们今天还受到古希腊文化的影响，原因是它的大扩张。扩张后各地都学习它的文化，并形成了各自的特点。可见希腊本土的希腊文化衰退之后，却又在别处发扬光大了。

两河的帝国是亚述帝国（前10—前7世纪），它位于两河西部，完全在河中以外。那是长满高草的高地，有野驴和马。在古代文化的边陲，亚述飞速发展并具有强大的武力。它本身没有独立经历长期的文化发展阶段，但是学习了苏美尔文化，因而发展成很大的王国，很快又吞并了整个两河地区，向西南曾征服过埃及，向西征服土耳其，向东征服伊朗。亚述自己号称为"四海之王"。

亚述的都城已经被发掘出来的一部分相当伟大。在我读博士的芝加哥大学有个东方研究所，有一座亚述的牛雕像，两个翅膀五条腿。这头牛比一般的房间高，当时宫殿之高大，可想而知了。亚述帝国把两河的文化推广到各处，但亚述文化只是两河文化中心的边陲。它的国势强盛，吸引了两河最好的人才，参加这一帝国的治理工作。

亚述衰败之后，新巴比伦曾一度在河中地区兴起。这是两河文化发展的最高点。此时创立了善恶两神对立的宗教——琐罗亚斯德教。两河民间信仰中，还有一个大神叫马尔杜克（Marduk）。前者说明这时已经认为辨明善恶是很重要的事。后者，马尔杜克原本是个小神，在万魔与众神的战争中，许多大神败下阵来，他要每个神借他一个法力，然后与万魔打仗。这样他就成为众神之王。他不是道德的化身，也没有慈悲之心。但在亚述的新巴比伦时，老百姓把他转化成了再生与复活之神，这个复活的神与埃及的阿肯那顿的独一尊神，两种教义合起来就变成了基督教。

在帝国时代，两河文化的结晶推出具有超越意识的文化，这种文化关涉一些非生计的问题，如：人为什么生，又为什么死；什么是善，什么是恶；什么是是，什么是非。在尼罗河流域，埃及文化也孕育了超越的意识。埃及人相信死后的裁判。无论是贵族、法老还是乞丐，死后其心都要放在秤上称，如果心比羽毛重，他就有罪，他就要在奥赛里斯神（Osiris，这个神也是受尽苦难的牺牲者）前受审。希腊的超越意识，是关注如何思考，如亚里士多德的逻辑、柏拉图的辩论、苏格拉底的教育等。这是关于如何思考的第二层思考，是希腊文化对世界文化的重要贡献。现在大学教育也还是在教人如何思考。正是在希腊文化扩张时，多种文化发生接触，互相辩论，两河才会出现超越意识的文化。

印度也出现了帝国，这是印度人自己建立的第一个帝国——孔雀王朝。它统一了全部次大陆后又侵占了阿富汗。孔雀王朝建在佛教兴盛的时代。佛教文化是在梵文化圈中出现的。孔雀王朝与中国和伊朗波斯帝国以及中亚都有过较多接触。后来它被贵霜王国吞并了（贵霜是被中国人赶走的大月氏的后代）。从此印度再也没有建立自己的帝国，每一次次大陆的统一都是在别的国家的帮助下完成的。但是印度文化圈一直保留下来，印度文化的成熟期正是帝国时期。

总之，帝国的文化多元性，大约是超越意识出现的背景。

现在我们看中国的历史。第一个阶段是复杂社会。我刚从辽宁牛河梁遗址回来。牛河梁就是一个复杂社会。它是一个礼仪中心，人们还找不出其政权的结构，在附近至今也未见大型聚落。良渚也是复杂社会的中心，但良渚至少有两三个层级的礼仪中心。牛河梁有没有？我相信有。因为牛河梁地区涵盖面很大，要营造出这么多建筑，取得这么多文化成就，不是简单的事。它要控制相当大的范围，这不是哪个群落做得出来的，必然会有第二、三级中心，但这不是国家。

初期国家：夏禹会万国。夏后是许多王中的一个。我不相信当时的万国北到匈奴南到吴越。夏可能是一个初级国家，君权继承正在激烈地转变，转变是由选贤变为父子相继。"大人世及以为礼，城郭沟池以为固"，终于成为国家。

商代前期老是搬家，后来固定下来。在殷墟卜辞中可以看出那两百多年内政权的演化过程，逐渐有了功能分工、文武分工。发展到商末，纣王已经是独裁的君主，商代本身从一个初级国家演变为一个相当发达的国家。

周是从西边来，这与马其顿进入希腊、亚述进入两河是一样的，这个边远的国家吞并原有的国家，其文化扩大到整个文化圈。我写了《西周史》，它的英文版有个副标题叫"华夏民族的形成"（Formation of Nation）。周的封国封在各处，带去了商周文化混合物，与当地文化融合，最初是分为上、下两截，然后逐渐融合，各地均有自身特色，但总的说都是华夏文化。

从周到秦汉，中间有个转折。当地方色彩比较强烈时，就分为春秋战国的列国，但仍在大的文化圈里。等到大文化圈真正合成秦汉之后，它真正合并的不仅是中原文化圈，还有东北、西南、东南和西北文化，这些地方文化经过战国时的缓慢糅合，到秦汉时合成了统一的、非常强的大文化圈。在这个过程中，孔子出现了。他的超越性贡献是重视人伦，而不是一个神，不是思考，不是纯粹的善恶，这是我们中国文化的特殊性。

最后我们将中国与以上讲到的埃及、希腊、两河和印度作一比较，发现它们最初走的形式非常相似，如复杂社会。可是越发展分歧越大，各处的特点也更加明显。各地的特色与它的地理环境以及它的四邻有关。

埃及的特色是四周都是封闭的，它一旦走出去就没有了。

希腊是个半岛，所以它作为大帝国的中心没有本钱。直到其后的罗马时代，地中海才成为中心，形成庞大的帝国。

两河历来是争战之地：北方下来的印欧民族从这里经过，沙漠来的闪族（阿拉伯人祖先）从这里经过；在伊拉克北部山上下来的人也从这里经过，地中海东岸一系列小国的人还是从这里经过。所以两河是中原，也是战场。尽管它可以向西南扩张到埃及，向东到阿富汗，但它不能形成边界非常清楚的国家。

印度有清楚的边界，这就是次大陆。但它北面是喜马拉雅山，它隔断了印度与中国的交通。中国与印度的联系往往要从中亚绕道，至孔雀王朝时期才与中国交往。中亚很特殊，有城邦和部落国家。《汉书·西域传》中记载有行国即部落国，也有居国即城邦。有些城邦甚至是希腊化的，这里受到了各种文明交互的影响，有佛教、希腊文化，也有东来的汉朝文化。波斯帝国以后，许多伊斯兰教帝国先后出现在这里，但它们的疆域都不一样，经常迁徙。在这个三岔道上，其文化复杂、地理范围不清，所以它们不能构成一种文化和民族完全融合的大帝国。

只有中国是一个比较完整的地区，北边是草原，东边南边是大海，西南边是号称"世界屋脊"的喜马拉雅山。在这一广大地区内，小的地方文化扩大为区域文化，然后经过相互碰撞，在新石器时代末期和青铜器时代早期形成中华文化的核心，然后逐渐地涵化四周的地方文化，东北的、西南的等文化，这样一级级地吸收。这个融合过程不总是愉快的，有战争，有冲突，也有征服，但大体上比中亚和西北亚和平得多，在中国这么大的地区内，民族、文化、国家大致上是相同的。在这个大文化圈内，我们应尊重多民族、多文化的历史背景，允许各种地方特点的存在。由于中国的地理范围这么大，内部复杂，别国所有经历过的事中国都可能经历过。我们不应要求各地发展都走同一个模式，也不必拿中原朝代的名称来界定中原以外的发展。例如用"夏"称呼夏的同时代，其实夏后氏根本管不到那里。考古工作者必须从各地的区系类型中，寻找各地的演变过程，才能找出历史真相。

中国古代文化与两河流域文化的比较

中国商周时代在中国史上是青铜文化鼎盛时期，不仅国家组织已粲然大备，而且国家规模也不断扩张。这一发展过程，在中国是由夏而商而周，是叠合的却也是连续的，逐步在中原开展。我们研究自己的历史，对于这一开展过程往往习焉不察，可能视为当然。其实，任何文化的发展历史都有其独特之处。中国文化在其发轫之古代，有如此的形态，其过程也是独特的。然而，单纯由中国历史观察，未必能显示其特色。本文即拟取几个古代文化的发展史，以比较与古代中国（尤其周代）的模式。我取的例证是两河流域的亚述、尼罗河流域的古代埃及、印度河与恒河流域的古代印度以及爱琴海的古代希腊。因为在这几处的古代文化，都已有大型的国家、超越一族群的社会及相当复杂的宗教信仰，凡此均与商周时代（尤其周代）可以相应比较。本篇则以两河古代国家与西周的发展作为比较对象。

两河流域在今日的伊拉克境内，两河古代文化涵盖的地区，实际上超过底格里斯河与幼发拉底河两河中下游地区。不过，本文只以两河流域的本部为关注点，不拟牵涉后来的波斯帝国及地中海东岸走廊的黎凡特诸国。

两河中下游是一片冲积平原，泥沙平衍，无林无石。东部及东北是高山，西北是高地，南部是沙漠，河口是河水漫流的沼泽。两河的农业大约先出现于冲积平原周边的山脚高地。许多新石器时代的遗址几乎都分布在这些可以避开水患的高地。人类逐渐掌握了更佳的农耕技术，尤其是灌溉与排水的能力。由于下游地势平衍，水源充沛，遂有不少新石器时代晚期的村落，星罗棋布于冲积平原上。

大约公元前4000—前3000年间的遗址（如乌鲁克）中即已有作为仪礼中心的建筑物，有书写的文字。公元前第三个千年的前半段，两河流域已发展了青铜文化，有若干"超级村落"已团聚于附近地区，组织为苏美尔的城邦（如乌尔、乌鲁克、拉格什、尼普尔等处）。这些城邦遗址上有神庙、宫殿，广泛使用书写文字。宗教组织在城邦中拥有公权力，他们调动城邦资源，从事集体的远程贸易，换取当地缺乏的物质，也为城邦成员分配集体的资源。公元前第三个千年的后半段，在两河下游的城邦中，有比较强大的城邦成为中心，组织若干城邦为联盟，并以盟主的城名为朝代名称。这些城邦朝代的更迭，已有文献记载列王的名字，例如其中最著名的朝代称为乌尔（Ur）第三朝（前2112—前2004）。稍早于乌尔第三朝在两河瓶颈地带的阿卡德，则组织了王权相当集中的王国（约前2350—前2200）。这两种形态的国家，殊途同归，均是政治权力压过旧日宗教权力，然而宗教的僧侣与祭司仍保持相当可观的经济权力，也仍是集体意识的精神中心；个别城邦的地方神仍是城市的守护神，众神以"议会"与"家族"两种方式集结为神廷，祭司的权力与相对于俗世的政治权力互相映照。

在公元前18世纪时，两河流域政治体制与经济网络均见扩张，而且也更为复杂，但是城邦仍保持强烈的个别认同。此时，东南的巴比伦（Babylonia）有汉谟拉比（Hammurabi，前1792—前1750年在位），西方的亚述（Assyria）有沙姆希阿达德一世（Shamshi-Adad I，前1814—前1781年在位），分别组织了超越城邦的王国。两国以征伐及外交取得广大地区，在这两位名王谢世以后，两国霸业都一蹶不振，两河地区又回到小邦分立的局面。公元前1500—前1200年之间，两河流域不断有外族入侵，其中包括可能是印欧民族的赫梯人（Hittites）与胡里安人（Hurrians），以及来源不明的加喜特人（Kassites）。加喜特人以武力统一两河地区有250年之久，但加喜特人本身则接受两河的文化传统，终于同化而消失在两河的诸族之中。加喜特人的统治是以巴比伦为基业，因为巴比伦长期是两河的政治、宗教与经济的中心，巴比伦遂代表两河东南地区，为两河文化的正统所在。

相对于东南的巴比伦，地处西北的亚述虽然也早就组成国家，但算是边陲了。亚述地居上游，不及东南富庶，在公元前11世纪至前10世纪间，亚述只能局促于底格里斯河上游亚述、亚拉法、阿尔贝拉及尼尼微（Nineveh）诸城，地瘠民贫，而西北两边的外族又时时窥伺。多难兴邦，亚述人民尚武，再加上邻近产铁的安纳托利亚，而经由赫梯人、胡里安人诸族传入的驾马战车也由亚述先得。西北气候高爽，兵强马壮，诸种因素凑合，亚述的武装力量胜于巴比伦。是以，在加喜特人统治两河地区时，巴比伦等处都已失去主权，唯有亚述还能保持独立。公元前9世纪，亚述开始扩张，经过阿达德尼拉里二世（Adad-Nirari Ⅱ，前911—前891年在位）、亚述纳西尔帕二世（Assurnasirpal Ⅱ，前883—前859年在位）、沙尔马那塞尔三世（Shalmaneser Ⅲ，前858—前824年在位）三代的开拓，亚述先向西进，继而东向发展，建立了近东世界第一个大帝国：西至地中海，北至安纳托利亚，东至伊朗，南至巴比伦，幅员超过了两河地区。

两河地区古代文化的政治体制原以城邦为基础，城邦又以守护神信仰为凝聚认同及构成经济共同体的根本。因此即使经过大型王国（如阿卡德、巴比伦）而发展为大帝国（如亚述），地方的自主性与王权的中央集权始终有解不开的矛盾。亚述在称霸西北时也派遣王子与贵族入驻属邦，但是终究未能建立成套的封建制度。在沙尔马那塞尔三世时，地方豪强与城邦的自由民曾有大规模的叛乱，要求国王约束朝中贵族的势力；遏止这些贵族兼并土地，希望国王不必专注于军事，亲理庶政，不再放任贵族作威作福。

提格拉特帕拉萨三世（Tiglath-Pileser Ⅲ，前744—前727年在位）是重建亚述的名王，在他手上建立了中央集权的政体，不仅贵族不能与王权相抗，各省的行政长官虽有大权，管辖的疆域则缩小不少，俾地方不能挑战中央之故。常备军驻防各处，中央维持着四通八达的交通网。

亚述由萨尔贡二世（Sargon Ⅱ，前721—前705年在位）及其继承王位的三世，建立了所谓萨尔贡王朝（Sargonid Dynasty），征服了当时整个邻近的主要国家，亚述战车征服了今日叙利亚、以色列、小亚细亚以及巴比伦。亚述甚至一度占领埃及，这是尼罗河与两河流域第一次为一国所统治。萨尔贡二世又在北边建立了首都，也命名为萨冈之堡（Dursharruken），以防范北方部落侵入两河腹地。他的儿子辛那赫里布则建设新都尼尼微，是为古代的名城。然而，萨冈朝的亚述一则疆域广袤，备多力防，再则亚述的中央集权国家终难长久依仗武力。公元前612年时，米底亚（Medes）与巴比伦合力企图推翻亚述的统治。公元前609年亚述覆灭。

迦勒底（Chaldean）的新巴比伦（Neo-Babylonia）尽力恢复旧巴比伦的王业，不少典章制度都承袭旧巴比伦时代。其实，新王朝的主人迦勒底人原是南方边外的游牧部族，在亚述时期始逐渐移居巴比伦地区。在公元前7世纪时，巴比伦以文化著称，正与亚述之尚武相对，南北各具特色。迦勒底人虽新进于文化，却能于公元前626年在南方崛起，并在公元前609年取代亚述成为两河流域的主人，享祚超过大半个世纪（前626—前539）。著名的尼布甲尼撒（Nebuchadnezzar Ⅱ，前605—前562年在位），即《圣经》上的巴比伦王，曾占领耶路撒冷，并迁徙大批犹太人到尼尼微。新巴比伦的主要问题是，一则支出浩大，灾馑并至，而对外贸易又受边外部落的干扰，不能有良好的发展；二则政权与宗教之间关系始终不佳，祭司们对新王朝并不顺服。公元前539年，东方新起的波斯攻入巴比伦，国王拿波尼度不知所终。

波斯帝国的狂飙席卷中东，从此以后，两河流域不再是独立演出的舞台。两河世界自城邦及文字出现以来，历经苏美尔、阿卡德、巴比伦、亚述以至新巴比伦，始终具有一种文化体系的意识，视四周的族群为夷狄。然而，这些夷狄又陆续进入两河的中原接受了两河文化，而且承担了延续文化正统的使命。以两河的发展与商周的发展相比，颇有类似之处。上述由苏美尔城邦以下的发展程序，由于两河流域内部南—北与西—东的分区，"中原"的"正统"是一个接一个，似乎有朝代嬗变的次序，但实际上苏美尔城邦与阿卡德有相当的叠合，旧巴比伦与亚述叠合，亚述的后期又与新巴比伦叠合，而各个族群的发展又是平行的，而且有相当程度是同时的。中国的夏商周三代，在传统的文化中，在统谱系上是中原的朝代序列，但是夏与商的叠合、商与周的叠合，则是区域之间的平行共存。甚至春秋时期，夏商两代的子孙仍在杞宋，代表了两个族群的遗存。

中国与两河流域都有这种现象，其缘故当在于两个地区都有自足与完整的文化疆域，自成一个世界，而其核心部分遂形成"中原"，进入"中原"的新族群，一方面接受中原文化，自我认同于这一文化世界的一分子。另一方面，也只有进入"中原"之后，新的主导族群始得有统治这一世界的"合法性"。亚述萨尔贡王之用阿卡德王号，迦勒底之承袭巴比伦名称，都与周人自认为夏之继承人有相同的意义。

至于周代与两河朝代的差别，在于政治体制上中央与地方的关系。西周经由封建与宗法的双重关系，王室与诸侯之间保持了相对紧密的关系。周室封建网络包括"驻防"军队与土著领袖之间也保持了错综交杂的关系。反之，两河的地方势力由城邦的共同体发展而来，经济利益认同于这一共同体，宗教信仰则以城邦守护神为代表，也认同于这一共同体。共同体的凝聚力，不是中央政治权力可以打破的。因此，两河的中央与地方之间，不易保持和平与持久的平衡。一旦中央的武力不足以维系其控制，整个国家体制即涣散了。政权与宗教权力之间的关系，经常处于紧张的对峙中。各地的祭司各有其守护神为崇拜对象，也难以有整个两河世界都接受的神祇。最后在新巴比伦时代，马尔杜克取得了众神之主的地位，始有比较普遍的信仰。可是，正是那些马尔杜克信仰的祭司与波斯合作，才断送了新巴比伦王国。

西周的基本社会单位是亲缘与类亲缘的族，而不是地缘的"邑"。族与族之间的关系经由婚姻与宗法维系，因此周人注重宗法伦理，也注重族群之间的外婚。封国分邑的人口也以"族"群的配属而构成一个一个新的集团。国与邑都可以迁徙，其地著性并不强烈。因此西周的封建国家并不建立于领土主权之上，而在于领有一群人口。这种共同体对于宗族的依赖，使个别共同体合成的集团凝聚的向心力大于分裂的离心力。当然，在封国土著化之后，以及在宗主掌握的资源不足以支持封国的需求之后，这一凝聚的集团也难免逐渐瓦解。西周之成为东周，正是这一趋势发展之后果。至少，在西周犹能维系封建与宗法的体制时，整个西周的统治群，不仅可以不断地扩张，而且也不断吸收新成分，经由外婚与分封将各地的异姓族群接纳于西周的体制之内。这一具有包容性的发展模式，发展之极致则为无所不包的普世体系。"普天之下，莫非王土；率土之滨，莫非王臣"，于是政治秩序与文化秩序相重叠，成为"天下"。上文已曾述及，西周的体制内，国家的中央与地方的关系比较密切。反之，两河王国之内，城邦代表的地方共同体始终跟中央对立与冲突。

更重要者，普世体系当有普世的理念出现。在西周，这一普世的理念为"天"的观念。"天"不是任何个别共同体能独占的，天命之所在也就不须依据私属的爱恶。族与群及地方的守护神都有其偏爱，必须厚此薄彼。两河的众神均由城邦共同体的守护神演变而来。众神的神祇会议中，个别城邦均有其代言人。众神之间也难免有"斗法"之事。最后众神之中，终于有马尔杜克出现，在众神与恶魔对抗的大战中，马尔杜克获得许多神祇的一部分神力，合而为最具威力的神祇而终于演化为众神之主神。当然，这一过程反映了人间政治权力逐渐集中于巴比伦强大的王权。马尔杜克地位的提升终究缺乏普世的包容性，不能成为不偏不倚的"天"。

西周的"天"既然是普世性的，遂不能有特殊偏爱的选民。"天"却又不能不有其降命的抉择标准，使周人能接受天命而为天下共主；这一抉择的标准遂为德行，而且是普世可以接受的德行。天命靡常，唯德是依，这是中国文化早期的重大突破。在两河的古代文明中，则有待波斯拜火教［即琐罗亚斯德教（Zoroastrianism）］出现（前7世纪时），始见到类似的突破。在两河的神话《创世记》（*Enuma Elish*）中，众神曾与挑战的提阿玛特斗争，双方各自代表甜水与咸水，却都源于代表原始混沌的地母。这一番斗争，象征在混沌之中确立了秩序与权威，也象征"生命"的胜利。然而，双方既不分善恶，斗争的过程也只是诉于法力与计谋，并无善胜恶的意义。在两河的诗歌中，也有两元的观念，例如农业与牧业对立、水与风的对立、日与月的对立等，但这些对立的两元，并不具备伦理与道德的抉择。两河诗歌中，也有以命运的无奈作为主题的作品，酷似犹太教及基督教《圣经》中的《约伯记》；但是这种对于神旨与命运的讨论，并未进一步伸展为神学的探究。相对言之，《周易》

中的阴阳，不仅是对立的两元，二者之间也有相辅相成的辩证性；那是普世秩序下，解决一元与两元矛盾的宇宙论。古代波斯教的两元（光明与黑暗、善与恶、真理与虚伪等）则由于两元绝对的对立，难以解决神是否全智与全能的难题。事实上，至今基督教的神学始终不能解决这一矛盾。连带的，人与神之间的互应关系也因为上述的绝对两元论，而不能将神与人的世界融合为完整的和谐。一方面，中国能有人文主义的儒家及自然主义的道家，其始即在于西周时开展了无所不包的普世秩序观念；另一方面，两河文化传统之下，后世经过无数曲折而演变的一神信仰为主流的地中海文明，其普世秩序，始终不能具有完全的包容性。

在社会关系方面，西周以亲缘组织的人群为社会的单位，亲缘为其人际关系的基本原则。亲缘的共同体，原是核心家庭的扩大，成员彼此之间的权利与义务都是预设的，并不是经个人同意而达成合约。是以，中国的社会关系建立于"礼"的观念上，由传统的礼仪肯定及保证"礼"的规范。反之，两河城邦共同体建立于经济利益之上，共同体之间并不预设其亲缘纽带。城邦之间有贸易与交往，成员必然会进入其他城邦，甚至有在外乡客居的情形。是以，城邦之内，也难免有市民与外邦人的区别，其权利义务均不能以预设的"礼"作为行为规范。两河的社会，早有个人财产的观念。更重要者，两河的古代国家早有成文法典，例如著名的《汉谟拉比法典》，法典明确地规定不同情况下的人际行为规范，以保障应有的个人权利。这一特点，经过曲折的演变发展为日后地中海世界的法律传统，而形成日后资本主义的根本条件。

总而言之，西周与两河古文化发展的模式有相当的同异。中国与两河都以中原为发展核心，由此开展形成这两个地区的自足，而且逐步吸纳边陲的族群，在疆域及人口两方面都继长增高。而入主"中原"的王朝则实际上原是一时并峙共存的势力，只在"正统"的排列中被当作递嬗的朝代。这些都是两个地区出现大型国家过程的类似之处。但是，两个地区发展模式的根本差异，则在两河以地缘性的城邦共同体为凝聚的单元，两河城邦的出现颇基于经济的需求，组合为经由贸易获得资源及经由分配而共享资源的共同体，于是城邦始终有其独立自主的特性，不易融入更大的政治体制中，大型国家遂必须依仗武力及中央权力维系国家的凝聚。西周的亲缘族群则经由婚姻与宗法，组织为不断扩张的网络，于是参加西周体制内的同姓与异姓族群遂易于融合凝聚。在信仰方面，两河地区各城邦的守护神不易摆脱个别族群的认同，因而不易演化为包含性强大的普世理念。西周则因为天命与天下的观念都超越任何单一族群的认同，可以发展为无所不容的普世秩序，从而开拓以德行与伦理作行为规范的文化突破，更从而准备了日后儒道两家天人可以会通的中国型思想。但是，两河的古代文化因其经济共同体的背景，承认个人的财产观念及人际权利义务的约定关系，于是有成文法典的出现。西周则以"礼"代表预设的人际伦理，以礼仪规范行为。

终于在后世儒家的社会中，个人是群体的分子，个人的权利与义务都是相对的、特定的而不是绝对的及一般的。凡此导致后世发展方向的歧异，都早在古代大型国家及复杂社会出现了，即因其基本组织不同而决定了日后的趋向。

中国古代文化与埃及文化的比较

尼罗河源自维多利亚湖，流向北方，经过六个激流险滩，流入狭长的河谷，然后呈扇形展开，漫流在河口三角洲的沼泽低地。这一河谷及三角洲，即是古代埃及文化孕育发展的地区。河谷狭窄，石灰岩的山岭屏障两岸。跨过山岭，西面是北非的大沙漠，偶有绿洲散置其间。东面的岭外，是红海海岸的干旱地区，红海的彼岸是阿拉伯沙漠。尼罗河谷因为河水的滋润，虽在雨量极少的地带，沿河却可以发展农业。是以埃及号称为黑色土壤的地方，以区别于冲积地带以外的红色土壤。埃及的南面有崇山峻岭，河流切割山谷形成险滩，落差大，岩石多，不能航行；北面是地中海；东面在河口三角洲部分仅有狭窄走廊，连接巴勒斯坦一带的黎凡特地区(The Levant)；在尼罗河的河谷，也只有两条河水回溢"逆河"

的干河道，通向江海西岸。整个埃及是一个封闭的地理格局。

埃及地理的封闭性导致其古代文明发展的特色。一方面，埃及易守难攻，很快即可凝聚为一；另一方面，其自足与自主的特点也使埃及文化不易与别的文化相融合。于是，埃及古代文化在安全的环境内稳定地成长，却经不起外来文化的冲击。这是埃及古代文化的悲剧命运：在波斯与希腊两度侵入埃及之后，埃及古代文化即渐渐澌灭。今天的埃及，并不是古代埃及的文化后裔了。

尼罗河谷早在公元前5000多年时，已有若干居民集中的聚落，成为地方性的中心。由考古的资料看，这些聚落超过了新石器文化村落的规模。但是埃及的中心聚落（也许可称为城市），性质不同于两河冲积平原上的城邦。这些城市的范围，当为后世法老治下地方行政区的滥觞。尼罗河的河谷与三角洲的地貌及生态迥异，很早即凝聚为上埃及与下埃及两个王国，而在公元前3000年左右，美尼斯（Menes）统一上下两埃及，建立了第一王朝。但是，埃及王冠上始终包含上下两埃及的标志，象征这是两合的国家，而国都孟斐斯（Memphis）也建立于三角洲尖端的南方，正是上下埃及连接之处。第一朝至第六朝，历史上称为旧王国时期（约前3100—前2180），是埃及凝聚的时期，也是埃及文化特色逐渐形成的时期。埃及的王权建立于法老的神性上。法老是太阳神拉（Ra）之子，集宗教、政治、经济与军事的权威于一身。整个尼罗河谷是法老的世界，所有埃及的人民都是法老的百姓。法老的中央政府掌握一切权力，地方的行政单位只是传达中央命令于沿河的无数村落。埃及人生活于村落之中，不像两河流域以城市为生活的中心；这样一个以农业生产为主要经济的中央集权制国家，与两河地区发展的方式完全不同。埃及以这种方式组织人民，运用其资源，发展出自己的文化。法老是神，法老是宇宙秩序的中心；埃及的繁荣不假外求，因为尼罗河流域本身已可以自给自足。埃及的生态系于尼罗河的灌溉：洪水泛滥太高，损坏灌溉系统；洪水来得太少，又会导致歉收。埃及的富足与匮乏之间，只容许微小的差异；因此，不论是自然条件的稳定，抑或人世秩序的稳定，都是埃及存在的要件。埃及经不起任何变化。

旧王国的极盛期是第四朝及第五朝，法老的政府建立了相当有效率的行政体系，但地方行政单位也逐渐因其功能的增加而获得更多的权力。一旦法老的威权萎缩，政府权力遂不免旁落于地方。第六朝时，一则连年荒歉，经济不佳，法老身系宇宙秩序的稳定，遂不能不任其咎。再则第六朝的法老佩皮二世，据说在位九十四年之久。一个统治者在位太久，人治的局面总不免造成荒废怠忽，统治难以为继。

旧王国的第六朝，在佩皮二世之后，不旋踵即见到国家的分裂。历史上称为第一次的中间期（The First Intermediate Period，约前2180—前2050），是埃及的内乱时期。孟斐斯的第七朝，王位更迭频仍，号为"七十天之内有七十位法老"。地方势力之间征伐不断，社会混乱不安，百姓生活不宁。中部与北部都有短祚的王朝出现；最后在上埃及（即南部埃及）底比斯的第十一朝，逐渐再度统一埃及，结束了一百多年的纷乱。重新整合埃及的法老，是第十一朝的曼图霍特普二世（约前2060—前2010），但完成统一之功者，则是第十二朝的开国法老阿蒙涅姆赫特一世。由此，埃及历史称为中王国时期。

中王国时期（约前2050—前1800）埃及恢复了旧日的秩序，埃及的文化也有长足进展。底比斯的王朝，本有其以阿蒙（Amon）为尊神的地方信仰。在第十二朝时，阿蒙与太阳神拉合而为一，称为阿蒙-拉（Amon-Ra）。阿蒙涅姆赫特一世（约前1991—前1962）这一宗教性的整合，当然有助于上下两埃及的复合为一。同时，他在三角洲尖端附近建立新都伊特塔维（Itjtawy），以代替孟斐斯，不仅使法老可以兼顾南北两埃及，并且由这一北部的据点更方便开发三角洲的沼泽，以增加埃及的农业生产。这种双中心的布局，颇肖西周的宗周与成周两都制度，是古代大型国家照顾广土众民的方法。在阿蒙涅姆赫特一世的晚年，立王子辛努塞尔特一世为共治的摄政，与法老自己分别驻在底比斯与伊特塔维两个都城。这一措施遂为中王国诸朝的传统，相当强化了法老的统治权。中王国数代法老，不断经营南方伸张埃及的统治，向南进入努比亚（Nubia）。于是埃及的南北两端都得以开发，而又能与黎凡特地区的诸国保持相当友好的关系。

辛努塞尔特三世（约前1878—前1843年在位）主要的

功业,则在于建立一个新的文官体系,以代替过去桀骜不驯的地方贵族。这批文官的遴选方式,史有阙文,不可稽考。然而他们受命于王朝,执行法令,却不是贵族,只能算是专业人士。这些官吏加上工商专业人士,可算是埃及社会新成分的中坚层。没有了世袭的地方贵族,法老的统治建立于王室的宰辅及文官组织上,中王朝的集权程度无疑超过旧王朝。但是,盛极必衰,任何王朝都必然经历这一命运。法老个人的统治能力、王统的继承、统治层内部的派系之争,都会削弱王权的有效统治。第十二朝的宰辅权力不小,于王权不张时也会有强臣压主的危机。然而,中王国崩溃的主要因素则是外族的侵辖。

埃及史上这一段外族统治的时期,称为第二中间期(The Second Intermediate Period,约前1880—前1570)。在中王国的末期,黎凡特地区即今日的叙利亚与巴勒斯坦,已在阿摩利人的侵扰之后逐渐恢复了元气。那些分布在黎凡特走廊上的闪族小国,分享了两河流域与埃及两大文明的富足,也有了开拓的余力。其中有些黎凡特的闪族,可能已经个别地或小群地进入了埃及东北部,成为当地人口的新成分,而且可能渐渐取得当地的优势地位。但是,这是来自黎凡特伽南地的外来族群,并不代表第二中间期最占优势的希克索斯人(Hyksos)的自主体。建立第十五朝的希克索斯族,语根是"外来人",可能包括那些已移居埃及的闪族成员,再加上新由北方南移的各种闪族族群。半牧半农的阿摩利人南移,曾经在公元前 21 世纪狂飙般扫过黎凡特地区。希克索斯族征服埃及也许可当作阿摩利人南移浪潮的最后一波。总之，埃及人第一次经历了外族的统治，达三百年之久，希克索斯人带来了马、战车以及弓背反弹的复式弓。这些新式武器，是希克索斯人取得军事优势的主要原因。埃及文献中提到战马时充满惊惧之情。我们须注意，在公元前 19 世纪时，亚述人也由安纳托利亚的加喜特人与胡里安人学到使用驾马的战车，而且帝国的建立也与使用战车不无关系。

希克索斯人相当尊重埃及文化，也使用埃及文字，甚至事奉埃及的神祇。但是，埃及终究不能永远承受外族的统治。在上埃及底比斯的埃及新王朝，史称第十七朝，终于逐渐壮大，驱逐希克索斯人，重光埃及，开启了历史上的新王国时期（约前 1570—前 1150）。新王国时期的埃及已不能回到过去闭关自守的局面，埃及与亚洲地区的贸易和交往已成为日常生活的一部分。尤其重要的改变是面对并不低下的其他文化，埃及不再能自尊自大，它必须接受多元文化的事实。这一心态上的巨大变化，成为埃及文化的致命伤，导致埃及文化在一次又一次面临外来文化的冲击之后，最终无法保持本土文化的特色，甚至不能维持本土文化的独立自主性。

埃及的国力一度十分强大。第十八朝的图特摩斯三世（前 1490—前 1436）继承父祖向南扩张的余烈，向亚洲黎凡特地区扩展，在美吉多一役中，埃及击败黎凡特诸小邦的联军，成为着力经营今日叙利亚及巴勒斯坦一带的主人。黎凡特诸国王侯送子为质，担任埃及的地方官。埃及的号令也远达尼罗河谷西边以外，将沙漠中若干绿洲设为商站与殖民地。随着版图的扩张，埃及帝国内部结构也有了改变。法老依然是集权的君主，但是文官组织更大也更复杂。埃及甚至必须添设宰辅，在上下两埃及，各有一个宰辅，负监守之责。帝国扩张，外来的贡赋不断，加上占据优势的对外贸易，埃及民丰物阜，文官、军人及僧侣均为分享帝国财富的主要成分。同时有的外族因战败被俘，而沦为埃及的奴隶，也有些外族成员，原住地在帝国疆域之内，得到移徙埃及本土的机会。总之，埃及本土增加了不少外族人口，冲淡了埃及人的同质色彩。由于诸种改变，埃及不再能闭关自守。

埃及的文化本以尼罗河谷为其完整的疆域，完整而自足。法老是天地神人之间的枢纽，在理论上，法老与阿蒙—拉的世界可以是普世性的。但是尼罗河谷的宇宙终究不是宇宙的全部；在尼罗河谷之外，埃及人发觉还有更大的天地及不同的文化。埃及帝国之内也已有种种异质成分，埃及人不能不兼收并蓄。在这种形势下，阿蒙霍特普三世（约前1417—前1379）发动了一次文化革命。由于这次文化革命的遗物多在阿玛尔纳废丘出土，遂在考古学上称之为阿玛尔纳革命。阿蒙霍特普三世奉太阳神阿顿为唯一的神祇，否定所有埃及的原有神祇。阿顿以太阳光轮为象征，也一变过去人身兽头或鸟头的神祇形象。阿顿是普世的真神，生命的来源；一切生命，不论人类，抑或有生的万物，都因阿顿而有生命。法老自己改名阿肯那顿(意为"事奉阿顿")。新神阿顿信仰的教义，不仅有普世的特点，而且也包含崇尚自然；是以这次文化革命，也是艺术的革命，埃及的艺术作风，一变过去注重形式的刻板传统，变得生动活泼，自然写实。阿肯那顿此举，当然得罪了所有埃及神祇的祭司与神职人员；阿肯那顿自己也可能有一切另起炉灶的打算，居然另营新都，以摆脱保守官僚与僧侣的影响。然而阿肯那顿的支持者，大约远少于原有信仰的既得利益集团。帝国的统治阶层已经分裂，亚洲黎凡特地区及非洲努比亚地区的藩属遂脱幅而去。埃及的内部也因为新旧冲突（更可能由于旧派官僚与僧侣有意抵制新派），财务支绌，号令不行，迫使阿肯那顿在后期放弃新政及阿顿信仰，任其继承人在底比斯旧都，担任监国的任务。阿肯那顿死后，阿顿信仰也停止了。埃及的旧神祇及旧制度，一切复原。

阿肯那顿的普世主义失败了，但是埃及也不能再回到过去。帝国固然失去了境外的藩属，埃及人也失去了旧日对本土文化的信念。拉美西斯二世（Ramses Ⅱ，约前1290—前1224）一度重振埃及雄风，扩张势力于西奈半岛及南边的努比亚。好景不长，不久埃及又陷入民穷财尽、内乱外患交迫的困境。

拉美西斯三世（Ramses Ⅲ，约前1182—前1151）的第二十朝，是新王国时期的最后一个王朝。此后，埃及一蹶而不振，不仅边境藩属领袖入主埃及，而且两次被两河流域的帝国击败，埃及一度沦为亚述帝国的属国。最后在公元前6世纪，波斯王冈比西斯（Cambyses）侵入埃及，自立为法老，号为第二十七朝（前525—前404），事实上则由波斯委派总督治理埃及。第二十八朝（前404—前343）是埃及旧属利比亚人的朝代，埃及短暂脱离波斯统治。公元前343年以后，波斯仍是埃及的主人，直至公元前332年马其顿的亚历山大大帝攻下埃及。埃及从此不再是古代世界中独立自主的国家，埃及文化也在波斯文化与希腊文化的影响下，不再具有本土文化的特色。

以下则将周代的情况与埃及对比，以觇其异同。埃及尼罗河谷的疆域与中国黄河中游的中原面积相埒，比较西周的泾渭流域，则尼罗河谷又稍微大些。不过尼罗河谷是天然生成自我充足的格局，埃及闭关自守的情势，导致埃及文化独树一帜而孤芳自赏。尽管埃及在文明初现曙光时，曾接受两河流域文化的影响；其考古学的证据，诸如两河圆筒形的印章、金字塔的雏形、若干艺术表现的母题，均明白可见其两河文化的痕迹。最可注意者，则为埃及的象形文字出现得十分突然，而且出现之时已是相当成熟的文字系统。研究埃及的学者都认为，埃及之有文字，是受两河文化书写文字的刺激而独立发展为另一文字系统。我们必须注意，埃及在接受文明启蒙、触发而独立发展自己的文化系统之后，不论政制、宗教、文字、艺术，无不体现埃及的特色，不易与境外其他文化交融。

相对言之，中国的中原，位于今日中国本部北方的中央，与四周各地并无不可逾越的障碍。早在新石器时代的晚期，今日中国境内的地区文化已呈现相当程度的同构性，邻接的地区文化之间往往大同小异，只有在相距较远的地区文化之间始呈现较大的差异。龙山、大汶口、青莲岗、屈家岭、良渚、河姆渡以及南方的诸种地方文化，各个系列之间都有其相同处，也有明显的个别特色，彼此互动，有其一定的影响。

商周时代，中国中原核心地区的文化与中原以外族群文化之间，也是大同小异。华夏与夷狄之间，黄河流域中原文化，江汉流域的诸种文化，北方农牧交界地的文化，沿海岸的地方文化，诸种文化都有其特色，既有竞争的潜能，彼此的差异又不是十分严重而不能交互影响。西周分封诸侯，一国之内都包含不同的族群，至少包括周人、殷人及当地土著。每一个诸侯的封疆内，其实都有该地古代文化的后裔。黄河中游的中原是商人之后；山东半岛是少皞族群之后；晋是夏人旧域；淮上是祝融八姓一度广布的地区；江汉之间，则在东周又有新兴的楚继承这一地区源远流长的古文化，江南及沿海的吴越又是南方广大地区土著文化之一二部分；而西南的巴蜀以及北方的燕、赵、代、中山无不与中原的主流文化之间有激荡与融合。各地涵化的经验，也都有其曲折回旋的过程。商周的相融，华夏与北方山地狄人的冲突，以至春秋时期晋楚的争衡，无不具有文化间互动涵化的意义。是以，中国古代的中原文化不致闭关自守，而有足够的演变与成长的空间。这是中国与埃及在文化发展趋向上迥异的根本原因，从这一基础发展，中国古代的文化可以不断地吸收与容纳新成分，取精用宏，而不致僵化。若以核心与边陲的格局言，中国的核心是不断吸收边陲而持续扩大。

再以政治制度作比较。埃及地方不大，河谷的聚落，都可借水道一苇相通。是以，埃及的中央政权号令不难下达，贡赋也不难收集转输。可能正因为河谷之内不易发展自主的地方势力，也无须发展多层次的封建制度，埃及王权十分集中，地方受中央的控制一代比一代彻底。即使有双中心之制，也不过使中央的权力更能下达地方。反之，中国疆域广袤，在交通与通信工具未发达之时，中央极难一条鞭打到底。殷商王国已有分封的雏形，诸侯与方国，裂土分疆。周代封建亲戚，以藩屏周，政治控制与宗法维系的双重网络，将广土众民的中国笼罩于一个高度整合的体系之内。西周的封建，在东周散为列国，地方的自立性又压倒了中央的控制。即使是西周时代的列国，也必须将就当地风俗习惯，发展其独特的典章制度。周人策命遂多注意及此，所谓"启以商政，疆以周索"，"启以夏政，疆以戎索"，不外乎强调其融合不同的文化背景，铸为新的共同体。是以春秋时代的各国，其政府组织早已不是周室的模式，而因其个别的演化发展为许多不同的形态。战国时代，则又因各国都经历政制改革，竟以实际需要渐渐趋同，终结为秦代统一之后的专业文官。但是，中国的专业文官阶层要到战国始出现，而埃及的文官则在中王国时期已是行政的工具。其新王国时期的专业文官更是政府的中坚。埃及似乎早已发展了类似秦代的郡县制，只是我们至今并不知道埃及文官的选拔方式。埃及文学中，有数篇"训子篇"一类的作品，父亲谆谆教训子弟，学书学数是功名之阶，这倒与战国时代的情形十分类似。

周代有祝宗卜史，相当于僧侣的专业人士，而周王既有郊天及祭祀百神的宗教特权，又有宗法系统中祭祀祖先的宗长地位，周王实为最高的宗教首长，身系天人两界以和谐之。从这一点言，埃及法老是太阳神之子，其地位也与周王之为天子相当。然而周王的宗长身份，不是专业的祝宗卜史可以取代的；埃及的神庙祭司与僧侣，以其专业地位都可以取得宗教的发言权，甚至浸假而形成政教对立的形势。阿肯那顿的文化革命，遂因专业僧侣的抵制而功败垂成。两河与埃及都有政教分离的现象；地中海世界及西欧，在基督教发展为主流以后，也有国家与教会的对抗及冲突。中国古代政教合一，而且以政领教的传统，毋宁是相当特殊的现象。

埃及古代的多神教，其信仰对象的原始形态可能也是许多地方族群的保护神；但在尼罗河谷文化整合为一之后，这些地方性的神祇，叠合为以分职任事的功能神，例如太阳神即为拉与阿蒙两位神祇叠合而成的阿蒙-拉。这种整合的方式世界各地往往有之，中国古代亦将若干地方的神及族群神整合为各有专职的功能神。神界反映人间秩序，也有一位最高的尊神，为百神之首。这是中国与埃及古代宗教的共同之处。两大古代文化的宗教信仰，到底仍各有其发展的方向。中国的"天"，在周代已取代商人的帝，成为最高的尊神。"天"为自然现象的神格化，监临人间，光照上下，是神，也是超越的观念。因为"天"是超越的观念，"天"遂具有普世性；西周天命观念：天命靡常，唯德是亲，为中国文化的普世性格踏出了第一次的突破启端，将普世与道德两大超越的观念融合为一；后世儒家的发展，可谓由这一步而突破，于是中国文明与犹太、希腊文明，同为人类的枢轴文明之一。埃及法老阿肯那顿的阿玛尔纳文化革命，如果能贯彻始终，也未尝不能成为旋转乾坤的大突破。他事奉的大神阿顿，不再是最高的尊神，而是独一无二的神；阿顿不仅有神格，也是超越的观念，不是人的形象，而以日光的光线象征生命的来源。阿顿是普世的；一切生物，甚至一株小草，都因为阿顿而有生命。这种普及万物的一神信仰，实开后世犹太与基督教一神信仰的先河。但是阿顿信仰只注意大神的恩惠普及万物，并未将道德的价值观念加入这一普世的信仰，遂不似中国"天命"观之融合普世与道德为一个超越观念。其实，埃及文化中本有玛特的观念，其原意为各种事物的特殊属性，而且在第一中间时期，玛特更具有公义及真理的引申义。同时，中王国时期，埃及人也相信，冥王的裁判是根据死者生前的行为而决定其在幽冥世界的奖惩。然而，阿顿的普世真神观念，竟未与玛特及赏善罚恶两种观念融合为有如中国天命的普世与道德的超越观念。阿顿信仰之未能发扬光大，遂使埃及文化失去了跻身枢轴文明之列的机会。

综合言之,周代中国文化发展的模式,较为接近埃及古代文化的模式,而与两河文化的模式差异较多。埃及文化的法老与周代的天子,都承担天人之际的联系。两种文化都有相当程度的普世性格。但是,周代的中原四通八达,不能闭关自守。周代以"小邦周"取代"大邑商",又必须戒慎恐惧,不敢自满自大。于是周代的王国体制与文化格局都具有包容万有的气度,而且以变化为常态,发展为《易经》中自强不息的开放心态。周人遂能以其封建与宗法的结构凝聚古代诸种族群,合而为华夏民族,而且以此为普世天下的核心开启中国不断扩大的契机。相对地说,埃及自囿于尼罗河谷的自足环境,太早即发展至其封闭格局的极限,其文化的自我完足与自满自信,发展为保守主义的心态。埃及在闭关自守时,颇能在安定中求取文化内涵的丰富,却不能面对域外文化的冲击。于是,埃及疆域的扩张及外来族群的入侵,引发了埃及人对多元文化的迷惘,也导致埃及文化因丧失自己特点而终于澌灭。埃及文化的核心是不能扩张,也不能吸入容纳边陲文化。

埃及的模式,俨然是中国在秦汉以后的大一统格局,有郡县而无封君。埃及三次统一,夹杂三次中间期,分合之势,以统一为常,分裂则为纷扰,却不见列国并峙的形势。于是,尼罗河谷之内只能在分合之间反复。这一完整的格局中,没有可以修正与适应的余地;所有的刺激均只能来自外面的挑战。挑战的力量不够，即不足以改变原有的格局；一旦挑战的力量消失，改变也随之消失，一切又恢复原状。挑战力量强大，则改变十分彻底，甚至使原有的主体消失。在保守与失去主体之间，几乎不见弹性。商周时代的中国则不然。中原四周经常有性质不同的文化，迫使中原文化适应调节；甚至在吸纳这些异质文化之后，仍难免经历东周的列国体制，加强彼此的竞争，终于因为千岩竞秀，万谷争流，而使中国文化的内容更为丰富，格局更为开阔。

商周两代超过千年的经历，竟如埃及在美尼斯统一上下两埃及的先史时期可能发生过的过程。埃及在相当短暂的时间内，即完成其统一格局的准备，但仍由于埃及尼罗河谷地方不大，又是封闭的形势，遂早熟而不能再有继续开展的余地。究其根本，埃及文化茁壮成长的地理环境，可能是最主要的因素：一则尼罗河谷幅员太小，很快即已充满同质，二则埃及两河太远，又为沙漠阻隔，不易交通，遂未能有切磋激励之效果。中国在秦汉以后，发展为类似埃及的模式，又何尝不是因为中国自然完足的地理范围内也已充满同质，而中国与地中海世界及印度次大陆之间也不易有充分的交通与接触。中国的改变，终究要在先后与印度、中东、欧洲三地的文明接触之后，始有中古、近古与近代的三次巨大变化。

中国古代文化与古希腊文化的比较

古希腊文化的发展模式与中国文化的发展模式完全不同。因此,汤因比曾经对比这两个模式,指出其间的差别之巨,几乎各趋极端:中国走向统一,而希腊始终分裂为多元的列国。甚至马其顿以边陲统一了希腊世界,其统一的格局在亚历山大去世之后,不旋踵即分裂如故。

希腊半岛的地形十分破碎。希腊半岛本身是一片山地,港湾纷歧,半岛的南部是无数的小型半岛。爱琴海中,则岛屿星罗棋布,以克里特为外沿,构成一个内海。无论半岛抑或岛屿,港湾四周的陆地不大,可耕地更少,聚落即分布于这些逼仄的湾底小平原及山脚的坡地中。这些聚落对内凝聚为生活共同体。整个半岛被山地割裂为零碎的地区,陆路交通不易,彼此之间以海道相通。为此,早在公元前 2000 余年时，亦即青铜文化的早期，克里特岛上及希腊半岛南端的迈锡尼地区，都已发展了手划桨的船只，以利海上交通，也发展了种植橄榄树取油与种植葡萄酿酒的农业，以取代种植谷类为粮食作物的农业。橄榄油与葡萄酒均有高度的附加值，爱琴海的农业实际是为贸易而生产商品作物，以此营销于安纳托利亚，甚至间接输出到两河与黎凡特地区，换取大陆出产的食粮。希腊文化有海洋与贸易的特殊属性，遂与中国、两河流域与埃及的古代文化都大为不同，呈现其先天的特殊基调。

克里特文化与迈锡尼文化都曾有过十分光辉的日子。克里特的宫殿，重门复道，号为迷宫；迈锡尼的彩绘陶器，营销于古代地中海世界，至今考古所见实物，仍精致瑰丽，为世所珍宝。但在公元前1500年左右，这两个古代文明忽然消失。毁灭爱琴海古代文明的原因，或以为火山爆发，或以为外族入侵，或以为气候变化。总之，至今聚讼，未有定论。

迈锡尼曾发展B系古字母系统，现在已得解读。由这些B系文字的记录看来，迈锡尼曾有十分发达的商业。B系文字记录中，主要是表示所有权的印章及账目，却没有文字与历史记载。文字记录留下不少商品名称，和不少专职人员的名称，也提到不少专业的技工。然而，文字出土不多，只在少数几处似是宫室的遗址中有之。凡此迹象，似可解释为迈锡尼曾有过相当有效率的管理系统，独占其经营贸易。这一特色，大致在后来的古希腊文化中也保持不失。

迈锡尼文化崩解之后，古希腊世界经历了四百余年的所谓"黑暗时期"（约前1150—前750）。这一段的历史，甚至不能由考古学获得足够的线索，以充分重建其社会与文化面貌。所幸，荷马史诗《伊利亚特》与《奥德赛》中，虽是以不同时代的素材压缩为史诗，至少仍有一些"黑暗时期"生活的鳞爪。希腊因其地形分割为一个又一个的区域。每一个区域之内有若干村落，或在海港，或在战略的要害地点，结合邻近的村落，组成一个政治经济的共同体，后来称为城邦。这样一个小区的疆域，大致方圆四五十英里，即使步行，也可在一日之内由中心走到边缘。城邦是自卫的单位，也是维持内部秩序的单位，而城邦居民事奉同一保护神，以建立同群的认同。在经济上，共同体是自给自足的单位，由农耕、渔牧以及贸易取得生活必需的资源。共同体的领袖，大抵是小区中雄杰之士，能以其个人的勇略、智谋或品德使众人信服。在史诗中，这种领袖号为君王，然而他们仍须耕作渔猎，一如众人。这是相当简单的小型部落，还谈不上"国家"的政治体制。若与古代世界的埃及与两河地区的大型国家相比，古希腊的情况，毋宁说是相当朴质简陋的。

史家通常将公元前750—前338年称为希腊古典文化发展的时期，而又将这四百年的历史，划分为初期（前750—前500）、全盛（前500—前400）及衰败（前400—前338）三期。公元前338年是马其顿国王亚历山大以武力统一希腊的年代，此后的希腊历史则是地中海世界的历史，称为后希腊文化时期（前338—前200），接下去即是罗马代替希腊，主宰地中海世界的时代了。

希腊古典文化当由希腊发展了书写文字为其发轫的关键。这一套古希腊文，是以拼音文字书写古代口述的荷马史诗。另一项在政治制度上的重要发展，则是希腊的城邦体制。经由前者，古希腊留给后人丰富的文化遗产，包括科学与哲学的思维及文学的创作。后者的发展则为西方世界的政治制度及其理念开启了历史上独特的传统，尤其是雅典的民主政治，它转化成了近代民主理念的理想泉源。

在上述二者之中，我们先讨论城邦制度的演化。城邦制度滥觞于黑暗时代的地方共同体，其性质已在上文简略提过。一个城邦通常由几个邻近地区共同体联合为较为大型的政治实体。城邦具有政治、宗教、防卫及维持社会秩序的多种功能，因此城邦之内有卫城、神庙及市集几个部分。希腊人只要不是奴隶或外邦人，即是某一个城邦的公民。今日西方语言中，"政治"（Politics）一词的语根，即是"城邦"（Polis）。今日政治学教科书上，常引用亚里士多德的名言"人是政治的动物"一语。其实，亚氏原意是说，希腊人的生活必在城邦之中，而外邦人和"蛮夷"则没有城邦为其安身立命之所。城邦的成员，其实并不都是地位平等的自由民。各地区"强人"领袖及其家族是城邦中的贵族分子，而公民之外，有经由掳掠贩买与征服而取得的劳役奴隶，以及不具公民权的游离人口与奴役的附属人口，人数可能不下于具有公民权的自由人。以雅典的人口为例,极盛时有三十余万,但至多只有十六七万为雅典人,其中四分之一(四万余)是公民(亦即二十一岁以上的男丁),三万多为外籍人口,而奴隶则不下于十万人。早期的城邦中,那些强家大族挟其奴役人口,是城邦的主宰成分。家族单位(gens),是地域组织(城邦)的基本单元。但是,城邦政治演变至成熟阶段,政权相当开放,容纳更多中产阶级的公民参政,家族的功能也相对削弱了。雅典在梭伦(Solon)立法改革之后,家族的组织基本上已经消失。然而,在比较保守的城邦,家族往往仍是政治权力的基础。

公元前8世纪中叶,由于人口增殖,而城邦四周的土地有限,不少希腊城邦开始向四周拓殖。拓殖的地区北至黑海,西至地中海中部,而小亚细亚及爱琴海周边的各国城邦更是竞相建立殖民地。殖民地也采取城邦的形式,与宗邦之间有联盟的友好关系,却不是"帝国"的属地。此中例外,则是斯巴达。斯巴达人并不热衷于四出殖民,却在其邻近地区以武力兼并邻邦,建立相当不小的领土国家,但是斯巴达本身仍保留城邦的结构。

也在此时,城邦之内,中产阶层开始抬头。在公元前8世纪中末尾以及公元前7世纪的初叶,希腊各邦都编练重装步兵队(Hoplite)。披甲的兵士以密集队形并肩挺进,左手持盾,保护自己的左半面,而依仗邻兵的盾牌掩护自己执兵的右半面。这样的鱼鳞阵,既须动员大量的兵士,又必须有密切的团队意识，始能融千百人为一个同进同退的作战体。重装步兵的装备均属自备，因此只有稍有资产的城邦公民始能参加。基于以上的原因，城邦的中产阶层，因其执干戈卫社稷的功能而取得城邦政治的发言权；多数城邦遂由贵族统治演化为以中产公民为主体的民主政治。许多当世称为"僭主"的政治强人在这一情势下，应运而起，以其领导才能赢取中产公民的支持，夺得政权。

在古典时代，雅典、斯巴达与科林斯三邦，分别发展为希腊城邦的领袖。雅典的梭伦将雅典改组为民主的城邦，但是只有具公民身份的人始有参政的权利。斯巴达保持王政的形式，但是共同执政的两位国王事实上是作战的司令官；五人的执政团及二十八人的议会是实质的治理机构，由战士（公民）选出。科林斯发展商业，以解决其粮食不足的困难。公元前7世纪，科林斯的强人依仗中产阶层排除贵族，维持以商业利益为主的城邦政治达百年之久。不论以上三种城邦政治的差异，希腊城邦的民主取向至今仍为西方政治理论的古代典范。

希腊城邦最具光辉的事件，当然是在公元前5世纪击退波斯帝国的攻击。这一连串的事件，最初只是波斯侵掠位于小亚细亚的希腊城邦。希腊本土城邦对于这些小亚细亚殖民城邦的求救，本来只有雅典派遣援军，但波斯却直接攻击雅典。公元前492年的序战，雅典在马拉松一役中取胜，波斯无功而退。公元前486年波斯大举侵犯希腊本土，希腊各城邦联兵应战，波斯海军为雅典所败。公元前479年波斯再度侵犯，雅典和希腊联军与之苦战，波斯海陆均遭败绩。希腊以一群城邦，居然连连获得胜利；其后果，固然是希腊人对于希腊的政治体制十分自信，另一方面则开启了希腊历史上的联盟体制。

希腊诸邦之间原本没有任何联盟的组织。四年一度的奥林匹亚大会是文化活动，不具政治色彩。抵抗波斯之役，希腊各邦一度团结御侮，在公元前479年战胜了波斯，不旋踵之间，希腊联盟也解散了。斯巴达的军队，急于班师回城，以保护其本国的安全。但是，小亚细亚的诸邦仍在波斯的阴影下；雅典在战争中被焚，难忘波斯的威胁，也势必依仗小亚细亚诸邦犄角前卫。斯巴达军队返国，雅典理所当然成为各邦外御其侮的领袖。这些小亚细亚与爱琴海周边的希腊城邦遂以雅典为首，组织了提洛联盟。参加联盟的诸邦，每年在提洛（Delos）岛聚会，提出分摊费用，以维持希腊海军之用。凡有关此事的政策，由参加各邦会商决定，每邦有一票投票权。雅典提供的经费数字最大，并提供雅典海军作为联盟舰队的主干，而且也担任执行联盟会议决议的责任及指挥舰队作战的任务。这样的联盟，正因雅典提供了最大的费用以及负起最大的责任，联盟的事务即使是民主表决，也不可能不由雅典操纵与主宰。公元前477—前465年，联盟的功能相当成功，波斯舰队于公元前467年被希腊联合舰队击败，希腊不再有被波斯侵略的危险。但是，提洛联盟已不再是自愿性的组织，一个小邦纳克索斯打算退盟，雅典却以武力逼迫它再度参加联盟。

提洛联盟实际上已是雅典帝国。联盟盟国分摊的经费，变成缴纳给雅典的贡赋；加盟的城邦丧失了独立地位，被划为五个税区。原先盟国的公民自然分享了雅典帝国的繁荣，然而他们已不是自由的公民。于是，各处的叛变此起彼落，提洛联盟的力量，用于对付内部多于抵抗外敌。这一连串变动，从公元前478年开始，经历了四十年之久！

雅典劫持了一大批希腊大陆的城邦，当然会引发斯巴达的反弹。公元前430年，几乎所有在伯罗奔尼撒半岛的城邦都加入以斯巴达为首的伯罗奔尼撒联盟（Peloponnesian League）。这一联盟的加盟国，实际上还包括若干位于大陆的城邦，联盟的实力不下于雅典控制下的提洛联盟。雅典与斯巴达两大阵营之间的斗争，兵连祸结，前后延续了二十七年之久。雅典败了，斯巴达由此建立了以联盟为名义的霸权。以武力控制的霸权，其实并不稳定。公元前404年以后的十年，斯巴达的旧仇雅典与阿戈斯（Argos）、科林斯、底比斯（Thebes），联手反抗斯巴达的霸权。这次的城邦领袖是科林斯，而战事也主要在科林斯附近进行。战事从公元前395年延续至公元前387年，所有参战各邦都为之筋疲力尽。波斯帝国渔翁得利，不仅取得了小亚细亚，而且收斯巴达为其爪牙。停战数年之后，地处雅典北方的底比斯于公元前370年组织底比斯联盟，崛起为新的霸主。底比斯的霸权更为短暂。

公元前362年，雅典与斯巴达联军击败了新兴的底比斯。此后的希腊历史，即有待更北方的马其顿王国取得整个希腊。马其顿并不是希腊的城邦，它由部落酋邦演化为有王权的领土国家。以文化而言，马其顿也只是希腊文化的边缘分子。雅典、斯巴达与底比斯的自相残杀，终于毁灭了城邦体制，终结了希腊城邦的时代。

以上叙述了希腊政治体制的发展过程，以下则是中国历史中可与希腊发展形态相对比的讨论。

世界各地的历史，城邦出现的例子颇不在少数。两河流域的东南部，有世界最早的城邦出现。印度河流域若干可能是城邦的单位，也曾与更多的部落酋邦共存。汉代开西域，中亚始有若干城邦式的居国，也与部落式的行国同存在。当然，这些中亚的居国，可能因亚历山大时代的大扩张而受古希腊文化的影响。至于欧洲中古时代的自由城市则与古代的城邦的性质有很大的差别，不必在此讨论。

中国古代是否有过城邦，至今仍是聚论未决的问题。主张中国曾有过城邦体制的学者，大致都以春秋时代的"国"当作城邦看待；也有人认为春秋时代的"国"，虽已不是城邦，但仍保留了城邦性质的若干痕迹。这两种看法的主要论据建立于以下几点：第一，古代的"国"即是一个都城。城市具有防卫的城墙，入"国"，即是进入都城。第二，"国人"与郊外的"野人"不同。前者是国中的"公民"，而后者则不在该国的管辖范围之内。第三，"国人"对于国之大事，有一定的发言权，例如征伐、迁移、君主的继承等重要事项，国君都应询问"国人"的意见。"国人"与"野人"之间，身份完全不同。孟子以其所知的古代赋税制度，说明井田的劳役地租不行于郊野，"野人"只负担个人申报的什一税。大约是战国时代作品的《周礼》，更将国中乡遂郊野，划分为两个不同的行政系统以及生产系统。

从这些零散的史料看来，中国古代确有一批可说是以"国"为单位的共同体成员。不过，中国周代的"国人"，终究不是希腊城邦的公民；中国周代封建制度中的列国，也终究不是希腊城邦那样的共同体。周代的封建，是一种控制人口与资源的层级组织。周代以少数人口征服了中原以及今日华北的主要地区，经过"三监之乱"，不能不"封建亲戚，以藩屏周"。因此，周代建立的封建列邦具有分戍驻防的性质。几种不同史料提到的分封情况，基本上都一致。《左传》昭公二十六年的记载与1976年在陕西出土的墙盘铭文中，都将封建亲戚之事系于成康之世，虽然周初封三监及齐鲁大国之后，还有第二次大规模的分封。《左传》定公四年，提到鲁、卫与唐（后世的晋）三大诸侯，三国都个别分列若干重要的礼器（如车、旗、弓、剑、玉器……），若干专业的职工（如祝宗卜史、职官五正），若干族群的殷人，其中有些似是有专门技术的工匠，如陶氏、繁氏，而这些族群仍保持原来的宗族组织。同时，这三位重要的诸侯都有指定的封地，所谓少之皋之虞、殷虚、夏虚，以及奉命参杂周人法律与当地的传统，治理当地的原来居民，例如"商奄之民"。类似记载，也见于其他史料。《诗经·大雅》的《崧高》与《韩奕》两篇，分别说到申伯与韩侯的受封，其内容也包括诸侯带去的人众以及赏赐的礼物，在指定的封地治理当地的原居族群。申伯的立国曾由"召伯是营"，韩侯的立国曾有"燕师所完"，则召伯的人众与燕师，也是诸侯自有人众以外的周人队伍。申伯管理的南邦原有"谢人"，韩侯继承的北国原来也"因时百蛮"。20世纪50年代出土的矢簋，叙述虎侯移封于宜，受赐若干礼器及弓矢以及若干人众，包括在宜的王人、奠（郑）人与宜地的夫与庶人；在宜地的领土，则包括"邑卅又五"与可能指灌溉系统的"厥川三百"。人众的前两类，相当于带去的族群，后两类当是宜地的服役人口。另一件成康时的大盂鼎，其铭文记载盂受命乃祖南公的职务。盂受封赏的项目，包括衣服车马饰以及邦嗣，人鬲自驭以至庶人六百多夫、夷嗣王臣以及人鬲一千又五十夫。盂所得人众的分配，似是盂地的服役人口，相当于宜侯"在宜王人"那一类的夷嗣王臣及其附属的人众。

由上述不同性质的史料得知，周代的封国虽有都邑与封地，但诸侯立国的主要内容则是取得附属的人众，其中包括周人自己的人众、分属的殷人族群或其他辅属的族群（所谓"附庸陪敦"）以及当地的服役人口。古代的赐"姓"不是姓氏的符号，而是成族的姓氏族群。封建的命氏，则是由原来的族属分裂为独立的次级族群。这是族群繁衍分裂的过程，与希腊殖民地的新城邦有其相似处，也有不同处。类似者：希腊的殖民地已脱离宗邦，另成单位；相异处：周代的新单位，不论是建国与命氏，均在封建与宗法系统之中，属于原有体系的层级单元。

至于这些封国与其国土的关系，也与今日政治学上"国土"的定义不甚相同。诚然，每一个封国必有其领土，否则那些人众将无所托。不过，周代的封国并非固着于一地，上文所述虎侯徙封于宜，即是此类之例，其实多不胜数！一个封国迁徙，其所因袭的"因国"即有改变，领有土著的人民也已不是原有的族群。大致一个封国，真正属于封君的人众，是那些配属于封君的"王人""王臣"等类，这些人即是本文前面所说的"国人"。孔子所说，先进于礼乐的是"野人"，后进者是"君子"，则野人的相对者是"君子"，亦即与封主同一阶层的贵族"君主的孩子"！贵族自可为统治集团共同体的成员，却与希腊城邦中的公民不同。

周代封建诸侯的封国，有都邑，有人众；周代以前，商代也有邑，有族。再往古代推溯，考古发现的新石器时代城市遗址，大抵不很广大，不外乎有些城墙。单凭这些遗址，难以推测有无城邦式的城邑。在文献资料中，则殊未见有以城邑为中心的大型政治与经济的共同体。如以周代的封国言之，其所因袭的"因国"，也尚未有可以明白讨论的城邦。新石器时代，中国有不少农耕聚落；文献中也有不少所谓"某某氏之虚"的地名。然而，中国古代的共同体似是以"姓"

与"氏"为标志的族群，甚至隐含血缘意义的族群。夏代可能已有国家的组织，商代肯定已有之；但是，遍地均有的"国"，当是周代分封制度之下，由上而下，由周人的武力驻防各地，重新编组人口，凝聚为诸侯的"国"。这一程序，与希腊的程序不同。希腊的城邦大致是一个地区之内，若干村落集合而为政治与经济的共同体，那是由下而上的凝聚过程。周代的诸侯之下，还有再由诸侯分封的卿大夫，如鲁之三桓、郑之七穆，无不命氏立家。此处的"家"，不是家庭，而是另一层次的封建次级单元。整个周代的封建网是一个层级结构，其中每一层级，均是上一级授民授土，取得其主权。每一级的主权其实都不是完整的。完整的主权在理论上，只有周天子有之："普天之下，莫非王土；率土之滨，莫非王臣。"这种政治结构，与希腊的城邦主体完全不同。

再以希腊联盟制度与中国春秋时代的霸主制度相比。上文已经提过，雅典曾领导提洛联盟，团结希腊诸邦，抵抗波斯帝国的侵略。嗣后，斯巴达、底比斯等也组织其联盟，控制了希腊的一部分甚至大部分。联盟逐渐演化，都渐成为其领袖城邦的工具和近于领土国家的政治单位。最后统一希腊的国家——马其顿，则未尝经历这一演化过程，即径由王权领导的领土国家迅速扩张，成为庞大的帝国。

春秋时代，周室东迁，王纲解纽，封建体制一变而为列国，霸主制度应运而起。正因王室权威已经凌夷，列国都尽力扩张，中原诸国壤土相接，不可能有多少扩张的空间。中原四周的各国，则以华夷杂处可以兼并不属于华夏系统的各种族群，既有攘夷的借口，又有扩张之实惠。东边的齐国是第一个霸权的国家，即以伐狄存卫、伐山戎救燕国，取得华夏列国的领导权，然后率中原诸侯伐南方新兴的楚国。齐桓公的霸业（前685—前643），以保卫华夏体制为盟会的理由，盟誓则谆谆以维持华夏体制的秩序为言。九会诸侯，均以盟会的方式，还没有明确地建立霸主制度，也没有延续到第二代。此后宋襄公的霸业并未成功。秦晋在西方与北方各自力求扩张，也不过在局部地区建立了领导权。

真正的霸主制度由晋文公建立。晋文公也以"尊王攘夷"为口号，团结中原诸国，遏制南方楚国北上发展。晋国领导的中原与南方集团对抗，战场上各有胜负，而晋国的霸权则经历八世，由晋文公至晋平公，维持了百年之久（前636—前532）。列国有定期的朝聘会盟，各国之间有所争执，盟主可以裁决曲直是非，若有战争，各国会师戍守。盟主可以向各国要求派遣师旅，组成联军；诸侯列国也以贡币输纳于盟主。分派的军力，以国家的等级与实力，有一定数量的兵车；贡赋多寡，也有相应的配额。这些贡赋逐渐成为参加盟会诸国的负担，不仅贡赋本身的价值不菲，甚至输纳运送的费用也相当沉重。晋国的霸权之外，南方楚国也有其与国，则更是等于楚的属邦了。同时，齐秦各在其邻近地区，团结与国，实为西方与东方的次级霸主。公元前546年，宋国大夫向戌倡议弭兵。晋楚的与国都向对方的盟主朝聘，齐秦也仍旧拥有其各自的与国。这次弭兵之议，事实上确认了四个霸主的势力范围，也建立了四个势力范围和平共存的模式。此后，吴越代楚而为南方盟主，晋分三家，田氏取齐，秦有三世之乱：春秋遂一变而为战国。

春秋时代的霸主制度，与希腊的联盟发展的过程颇为相像：都是在抵抗外乱的口号下，同一文化圈的列国在一个较为强大的国家领导下团结为联盟；同时，霸主也都因此逐渐巩固领导权，将临时性的分摊兵力与贡赋逐渐制度化为长久的义务与负担。这一过程，实是列邦体制走向"帝国"的凝聚过程。中国古代与希腊古代，都有个分崩离析的列邦体制，只是希腊从未经过统一，中国则是周室封建制度崩解之后的局面。霸主与联盟都是收拾分崩离析的中间步骤。凝聚过程不仅发生于政治权力的渐趋统一，同时也意味着各地文化之间的差异因应凝聚过程的开展渐由交流而终于同化。希腊各邦若未经这一联盟之间的竞争，马其顿将不能那么容易完成希腊统一。霸主制度也不仅使华夏诸国的文化差距减少，甚至经此交往，同化了楚国与吴越，扩大了华夏文化圈的范围。春秋以后，战国时代虽然征伐不已，七强之间几乎已无复华夷之别。最后，秦统一天下，不仅因其武力的征伐，更因孟子所谓"天下定于一"的观念，为统一奠定了基础。

本文从城邦与霸主两项，讨论中国与希腊之间发展的异同。希腊城邦是由小地区的生活共同体发展而为政治单位。希腊在城邦时代，只有文化归属的认同，未曾有过政治上的统一。于是，虽然联盟制度是为了抵抗波斯而生，却为希腊的统一发挥了中间阶段的凝聚作用。中国的封建诸侯虽以城邑为中心，其"国人"实系"驻防"的成员，不同于希腊的公民。更须注意者，中国封建制度下的列国，在西周时并无完整的主权。周室东迁，虽然各国已实质上拥有自主的权力，在名分上仍是周室封建的一部分。霸主如齐桓、晋文，也必须以"尊王攘夷"为口号，凝聚已经分散的华夏诸国，尊王仍是政权合法性的依据，攘夷则是文化的认同。霸主制度经过晋侯累世经营，已不是临时的组合，而演化为相当明确的政治权力中心。春秋一变而为战国，诸国内部权力及政府组织的重组，实系霸主制度的第二步发展。中国与希腊的列邦制度，经联盟霸主之制度，遂能逐步将其文化圈凝聚，终于扩散而及于各自古代世界。再下一步，希腊世界有地中海希腊化的时代，中国则有战国的华夏世界，遂致各自发展为罗马的普世秩序与秦汉的普世秩序。

东汉与西罗马帝国崩解的比较

东汉（25—220）与西罗马帝国（395—476）是古代世界的两大帝国。两大帝国的覆亡也象征东方与西方古代文明转变的关键。本文将比较两者覆亡的过程，探讨其同异，期能厘清历史变化的共相与殊相。但是，本文将只讨论两个政治体的崩解。文化体是另一课题，其转变，而不是其覆亡，将在别处专文讨论。

东汉是一个时代，自有其明确的起讫年份。然而，东汉上承秦代与西汉的典章制度，作为一个政治体，其上限不能不溯及公元前3世纪。东汉帝祚之终在献帝之世，但是董卓进洛阳，天下开始纷扰，东汉代表的秩序已经解体，则东汉之崩解实际上应在189年。

罗马帝国，上承由罗马城邦建立的罗马共和国。公元前

264年，罗马统一意大利半岛。公元前165年，罗马灭马其顿，确立地中海霸权，执希腊文化圈的牛耳。公元前30年，屋大维掌握政权。公元前27年，屋大维称奥古斯都，共和改为帝国体制。公元前3世纪（前248—前193），罗马帝国经历几乎长达一世纪的混乱，沿边烽烟四起，军人拥立皇帝，皇位更迭频繁，更有一年之内数易帝王（如在238、253年等），内战不绝，政治败坏，百姓愁苦。至戴克里先（Diocletian，284—305年在位）及君士坦丁（Constantine，306—337年在位）才恢复治安。364年，罗马分东西两都。从此，地中海世界分裂为二。西罗马的正统至476年终止，东罗马则又延续了千年之久。在5世纪，西罗马北边与西边的日耳曼部族纷纷入侵，割裂疆土，建立政权，欧洲终于出现了多国体制。以上西罗马变化，在时间上与东汉以至三国魏晋平行。东汉末年的扰攘，三国分立，以致五胡纷纷进入中原，中国长期分裂。两个古代世界崩解的情势也相类似。

西罗马帝国的衰亡是欧洲史上一大课题。从爱德华·吉本以来，论著不断。吉本的经典著作《罗马帝国衰亡史》对此提出了全面的讨论：内乱外患，天灾人祸，都在不同的时期扰乱了，也削弱了罗马帝国的国力。他在第三十章中，综述了罗马帝国覆亡的几项原因。他特别注意到基督教对罗马精神的影响。教会与国家两个分立体系使罗马社会难以整合。在其他方面，吉本以为罗马低估了边疆外族的威胁，他指出了罗马疆域内各地区利益与传统的多元性，也观察到正是文明腐蚀了罗马人的精神与生活方式。[1]

另一位罗马史的专家罗斯托夫采夫则从社会经济史的角度考察罗马衰亡的原因。他指出罗马社会的分化,一方面是世家大族与一般百姓之间有隔;另一方面是罗马世界的都市化,造成城乡之间的对立。终于,以城市文化为基础的罗马帝国被底层文化拉垮了。[2]

魏尔班从社会结构分析罗马帝国的覆亡,他采取生产力的理论,认为罗马低效率的奴隶生产制是帝国崩解的原因。[3]

麦克米伦将罗马帝国覆亡归咎于战争的负担及军人势力的膨胀。[4]

琼斯认为早期的扩张及后期的外患,导致罗马帝国财政困难及外重内轻的失衡,因此,外族的压力是其覆亡的重要原因。[5]

也有人认为自然灾害及生态变化,导致了罗马帝国农业

---

[1] Hugh R. Trevor-Roper and Edward Gibbon, *The Decline and Fall of Roman Empire* (New York:Twayne Publishing Co., 1963), pp. 273-282.

[2] Michael Rostovtzeff, *The Social and Economic History of the Roman Empire* (Second edition, Oxford: Clarendon Press, 1957), pp. 531-541 及其第一版序言 xi-xvi。

[3] Frand Willian Walband, *The Decline of the Roman Empire in the West* (New York:Lawrence and Wishart, 1953), pp. 21-37, 67-97.

[4] Ramsey McMullen, *Roman Government's Response to Crisis. A.D. 235-337* (New Haven: Yale University Press,1976), I. pp. 185-204.

[5] A. H. M. Jones, *The Roman Economy: Studies in Ancient Economic and Administrative History* (Oxford: Basil Blackwell, 1974), pp. 82-136.

衰退，人口减少。[1]

回到吉本的著作，他在不同的章节分析不同的原因，以说明罗马帝国的崩解。用中国历史学家处理朝代覆亡的说法，末世的现象，必是天灾荐臻，政治败坏，内忧外患，人谋不臧，百姓愁苦……一大串的"并发症"，遂致天命改易。

东汉的覆亡，在中国历史上有特殊意义。秦汉秩序，曾经历过嬴政新莽两次变局，但是汉承秦旧，光武也是"中兴"，原有的格局体制均未崩坏。东汉之亡，中国进入完全不同的情势。范晔著《后汉书》以前，已有谯周、谢承、薛莹、华峤、谢沈、司马彪、袁山松、袁宏、张璠诸家著作，反映了三国以至南北朝间历史学家对于东汉覆亡都有极深的感受，都企图对这一次翻天覆地的变故提出自己的解释。范晔在狱中致甥侄书，自白他撰作的心情，引《过秦论》为比喻。[2]

汉代著作于嬴秦之亡多所讨论。贾谊一论，著名当世，长留史策。范晔以此自况，也是为了对一段划时代的大变化有所解释。《后汉书》列传，列《党锢》《宦者》两传当是范晔对汉亡原因特加重视的表现。《西羌》一传又有长论，也是为了解释羌乱对于汉亡的影响。《循吏》《酷吏》两传，也许是沿《汉书》之例，但是他将郭躬、陈宠合为一传，代表专业文官，邓彪、张禹等人合为一传，代表与世浮沉的官僚，

---

[1] Donal Kagan (ed.), *The End of Roman Empire: Decline or Transformation?* (Lexinton, Mass: Heath Co., 1992), pp. 112-116.

[2] 范晔:《后汉书》(标点本)，北京：中华书局，1965，附录一。

则似乎在说明文官体制的正负两种面貌。王充、王符、仲长统合为一传,特别大段征引了仲长统的议论;《崔骃列传》中,则附列入对崔氏的议论。凡此都可视为范氏自己的历史解释。相对言之,黄巾起事是汉末大事,范氏却只在《孝灵帝纪》以及皇甫嵩、朱儁、卢植诸传有关纪传中叙述,并未列为专传,可能反映范氏史法,认为民间起事是朝代覆亡的病象,而不是病因。[1]

综合言之,范晔解释东汉覆亡原因在宦官外戚败坏朝政,而于维护儒家理想的力量(如特立独行之士)及大规模的抗争活动(如党锢)又三致意焉。

东汉有识之士,颇有人已经注意当时的问题。王符《潜夫论》指陈朝廷用人不当,效率不彰,贵臣用事,社会风气浮奢。仲长统注意到政府荒废庶政,宠任贵戚,四夷侵略,而豪人货殖,平民困穷,百姓离散,人口减少,田无常主,民无常居,朝廷用人施政,事归台阁,不在三公,外戚宦竖,作威作福,饥馑疾疫,重之以军旅扰攘,人不聊生。[2]

当时似已有一种末世的无力感,是以崔寔感叹"方今承百王之敝,值厄运之会",认为是升平日久,俗敝政衰,盼望复五等之爵,立井田之制。他的意见大致仍将衰败的原因

---

[1] 以上诸传,见《后汉书》列传第三十四、三十六、四十九、五十四、五十五、五十七、六十一、六十六、七十七、七十八等。

[2] 《后汉书·王充王符仲长统列传》(列传第三十九)。

归诸政事不良，贤人不用，贵贱不齐，贫富不均。[1]

归结当时人的意见，汉之将衰大致是政治与经济的原因，导致社会财富集中、亲贵专权、豪族擅利、百姓困穷的局面。这些弊病，与西罗马帝国内部的情形也十分相像。

上述情形，当是东汉衰亡之内伤症象。在"外感"的症象部分，西羌的动乱使东汉大受其困，董卓兴起也是羌乱的背景下始成凉州军之祸。不过，羌人的力量其实不大，他们既不具备有力的国家组织，人口总数也不多。羌人起事，大多是边吏不善抚循，官逼民反。众羌蚁聚狼奔，并无军旅组织，也没有良好的装备。东汉能够有力量击败强大的匈奴，却困于西羌，则实在说不过去。同理，西罗马帝国能够征服高卢，占领东欧及中亚，罗马军团东征西讨，无往不胜，自然有相当的战斗力。日耳曼部族，也与西羌相似，最初只是附塞的族群，据估计，日耳曼部族人口不过罗马人口百分之五。人口不多，单位散漫，对罗马有骚扰之患，而不至于使罗马崩溃。[2]

至于天灾，罗马曾有火山爆发，土壤恶化。中国曾有北旱南潦，灾荒不断。2世纪，大疫从中东帕提亚（安息）开始，

---

[1] 《后汉书·崔骃列传附崔寔传》（列传第四十七）。

[2] Chester G. Starr, *Rise and Fall of the Ancient Europe* (Chicago: Rand McNally, 1971), p. 188.

向东西双向蔓延，东西地均受其害。[1]

罗马帝国与汉代中国都是广土民众，跨州连圻，一时一地的灾难史不绝书，人口增减也是区域性的现象而不是全面减少。因此，天灾如饥馑疾疫，即使在西罗马与东汉确实相当扰人，却也未必能造成持久而广泛的伤害，足以拉垮这样庞大的帝国。

这些内伤外感的症象，无疑削弱了两大帝国的力量，但是，若没有结构性的缺陷，这样庞大而复杂的政治体系仍会有移东补西的救济能力（例如移民就食或运粮赈灾），俾有休养生息的复健功能。只有在结构上发生了问题，始有崩解的可能。

汉帝国与罗马帝国，都有一个核心地区及广大的外延，形成权力层级结构与空间的内外结构。在汉代中国，前者为郡县，后者为"中原"与外州；在罗马帝国，前者为行省与属国，后者为意大利半岛与外地。两个帝国都是结构体系。由一个主体系领有若干次级体系，结合为不是十分稳定的整体结构，用赫伯特·西蒙的话语表述：这种复杂体系由原本可以独立的系统合成，在主体系有能力控御次级体系

---

[1] Joseph A. Tainter, *The Collapse of Complex Society* (Cambridge: Cambridge University Press,1988), pp. 49,53-54. Chester G. Starr, *Rise and Fall of the Ancient Enrope*, p.200. William H. McNeill, *Plagues and People* (Garden City: Anchor/Doubledge, 1976). 张仲景在《伤寒论·序》提及"余宗族素多，向余二百。建安纪年以来，犹未十稔,其死亡者,三分有二,伤寒十居其七"，因此立志学医，终于撰作《伤寒论》。见朱佑武校注，《宋本伤寒论校注》，长沙：湖南科学技术出版社，1982，页2。

时，复杂体系各部分有其互补互利的功能，一旦主体系失去控御能力，各次级体系即可能纷纷脱离。因此，这样的复杂体系并不稳定，时时在崩解的边缘（nearly decomposable condition）。[1]

于是，关键在于核心地区的主体能否长期保持一定的实力，俾整个体系整合熔铸为不能分裂的结构。

东汉继承西汉已经组合的体系，以察举制度晋用各地的人才，参加中央政府的运作，可称之为"凝聚型"的体系。在核心部分，西汉体制是君权与相权合作操持统治功能。相权代表全国的文官系统，而文官系统则由察举制晋用儒家知识分子提供人才。儒家意识形态为皇帝天命及文官的服务功能提供了政权的合法性。汉代的精耕农业与农舍手工业生产的消费品，必须有市场网为全国物质提供周流转输的功能，人才与物资的流通周转，使汉代的中国结合为一个庞大的复杂体系。[2]

这一相当稳定的体系，在东汉时有了相当程度的变化。东汉削弱相权，以三公代替了丞相，三公任轻，机事专委尚书，成为内廷的"秘书处"。内朝与外朝的两橛结构，使西汉君相共治的二元权力中心分解为内外对抗的二元权力。东汉外

---

[1] Herbert Simon, "The Architecture of Complexity," *General System* 10 (1965), pp. 63-76.
[2] 许倬云，《求古编》，台北：联经出版公司，1982，页43—46。又，Hsu, C. Y., *Han Agriculture* (Seattle: University of Washington Press, 1980)。

戚宦官，其实都是依附君权而取得权力。[1]

东汉教育较之西汉，多了地方学校与私家讲学，《后汉书·儒林列传》中，名师宿儒，从学者动辄千百，于是汉代知识分子的数量大增，其中不能挤入文官行列者也为数不少。这些知识分子遂成为权力结构之外的一股社会力量。清议月旦人物，乡评里选，知识分子自己取得了评定等次的自主权。西汉察举制代表参与问政，遂一变为儒生批评时政。政权与学术成为对立面。党锢之祸是政权与社会精英对立的极化。汉代复杂体系的领导阶层，因此丧失功效（dysfunction）。

东汉地方与中央之间，也是渐行渐远。地方大族逐渐根深柢固，形成新贵族，包办了察举，也把持了地方，东汉州郡掾属是当地实质统治阶层，所谓"汝南太守范孟博，南阳宗资主画诺"，"南阳太守岑公孝，弘农成瑨但坐啸"。[2]

地方逐渐发展主体性，东汉州郡，每有地方的史籍，如《陈留风俗传》《汝南先贤传》《益都耆旧传》《襄阳耆旧传》《青州先贤传》……诸书均已不存，但仍见于《三国志》裴松之注及其他史籍的引用。这种心态，正反映了汉代次级系统在寻求自主意识。

东汉人口极盛时也有四千余万，不下于西汉人众，但人口分布颇不相同。东汉末季，中原州郡人口减少，东南与南

---

[1] 劳榦，《论汉代的内朝与外朝》，原载于《历史语言研究所集刊》第十三本。
[2] 《后汉书·党锢列传》(列传第五十七)。

方则大幅增长，内外的比重非复旧时。[1]

西汉的州郡只是督察单位，刺史权位不如郡守。但东汉州权大增，刺史统辖属郡，位同方伯。东汉分裂的形势已成。黄巾一起，皇室威信荡然，是以皇甫嵩立了大功，阎忠即劝他"推亡汉于已坠"，代汉自立。汉祚之移，在于人心已散，不必等待董卓曹操了。[2]

及至大乱已成，名豪大侠与州郡守将，风起云聚，四处举兵，汉代的复杂体系在主轴解纽之后，分裂为五六个竞争单位，归结于三国分立这种发展，正是不稳定系统崩解为若干次级系统的实例。

西罗马的崩解，也可作如是观。罗马由意大利半岛上一个城邦起家，东征西讨，逐步兼并了半岛上的各邦，然后统一地中海沿岸，又北收高卢，东并两河流域，南吞尼罗河流域。罗马军团兵锋所及，无不臣服。在这样一个大帝国内，罗马并未建立西汉那样的郡县制度。罗马的统治权，建立在戍守各地的武装力量及收夺各地资源的殖民政策与贸易活动上。这一大帝国也有空间的中心与边陲，也有层级的罗马与属地。但是，罗马的复杂体系，可称为"扩散型"的结构，与汉代的"凝聚型"极为不同。

扩散型的结构离中心越远，中央控制越弱，而罗马在各

---

[1] 劳榦，《两汉户籍与地理之关系》及《两汉郡国面积之估计及口数增减之推测》，均见《历史语言研究所集刊》第十六本。

[2] 《后汉书·皇甫嵩朱儁列传》（列传第六十一）。

处的控制都以城市为据点。在意大利半岛上，城市之间有密切的来往。地中海各地如北非及北岸，则城市与城外的族属与文化均不同，颇像中国周代的封建，有国野的截然划分。地中海东部以及黎凡特地区原是希腊文化的世界，各属地有其各自的历史传统，罗马人的戍军及殖民者所建庄园之外全是土著居民。这些地方，罗马的控制均须假手当地的势力。[1]

举例言之，犹太人也是罗马百姓，但是犹太人治耶稣死罪，罗马的总督却置身事外，让犹太人以犹太法律处置他。这种次级系统，其原有的独立性远较汉代州郡的自主性为强。于是，一旦罗马失去控制的能力，这些次级系统自然纷纷脱幅，罗马的复杂体系也就崩解了。

罗马的统治结构原由城邦制度演变而来。奥古斯都改共和国为帝制，权力集中于皇帝。但是统治阶层的参议院议员，其家族都是富贵显赫的上层。旧日罗马担任骑士的士族服公职及兵役，但是不易有晋入上层的机会。这一统治阶层的内部分歧，其彼此隔绝，也迥异于汉代察举制作为上下沟通的情形。罗马各地城市中有市民阶层，城外则是农庄主人与辛苦劳作的农民。这三者之间，也缺少了社会流动的机制。于是罗马上下之间本少交流，其结构是相当松散的。[2]

---

[1] M. Rostovtzeff. I., *The Social and Economic History of the Roman Empire*, pp. 130-143.

[2] M. Rostovtzeff. I., *The Social and Economic History of the Roman Empire*, pp. 185-191、225-231、250-254、344-349.

罗马以殖民与戍军维持这一个复杂体系于不坠，又通过贸易以罗马生产的酒与橄榄油换取各处资源。罗马不断扩张，壮者从军，内地生产只能由奴隶担任。罗马越是开疆辟土，其本土人口与总人口的比例越小；戍守在外的军团越多，留在本土的人口越少。这一扩散型的体系终于外强中干，枝强干弱，一旦本土小有变动，各地必定寻求自主。罗马帝国建立东都，原为有效地控制东土。然而，东都皇帝的利益在东方，渐渐不再支持西都的本土。于是，东罗马渐成为希腊化的另一势力，不但不是罗马犄角支持，反而割裂了帝国，据地自雄。东罗马在西罗马覆亡之后，又延祚将及千年，其实已是另一种政治体系。

从东汉与罗马帝国的崩解比较，可知各种天灾、人祸、内忧、外患，都是崩解过程中的因与缘。两者崩解的原因，都在其结构方面，是不够稳定的次级系统，勉强系附于主系统，一旦内部各成分彼此不能协调，即会失去运作功能。主系统失去控制能力，复杂体系也就崩解为若干独立的次级系统。汉代中国有一个相当整合的市场网，将全国农业与制造业经济有机地联系于整体的流动转输中。这一经济体系也可以分裂为若干独立的次级系统。然而，中国是一整片土地，南北东西，互通有无，则彼此互利。各个独立系统，若没有外来力量的干预，终于还会整合为一个笼罩全国的庞大体系。这一现象，加上儒家文化渗透各地，中国的庞大复杂体系虽经过中古的崩解，还是越来越聚而成为稳定的结构。

相对于汉代的情形，罗马的世界也有互通有无的经济网络，制造业大多在城市之内。[1] 城乡之间少有共同的利益。罗马各行省与各属国，都有自己四周的经济圈，不必依赖于罗马帝国的交易网。[2] 加上在基督教成为正统后，罗马文化不再是广大地区的主流。基督教文化能够整合地中海世界，甚至能扩散到欧洲及中东地区，但是基督教会与帝国政权分多合少。是以罗马崩解后，地中海世界有天主教与东正教两个教派，是可以取代帝国的教会秩序，却不是罗马帝国政治体系的延续。

东汉和罗马两个帝国崩解的表面现象相似，两者结构又不相同。似乎崩解之原因，均在结构本身核心部分有了分裂，遂不足以维系不十分稳定的次级系统。但是凝聚型的结构终有复合的能力，而扩散型的结构一旦分散，则不再整合。

---

[1] M. Rostovtzeff. I., *The Social and Economic History of the Roman Empire*, pp. 172-175.

[2] M. Rostovtzeff. I., *The Social and Economic History of the Roman Empire*, pp. 162-167.

试论伊斯兰文化体系与东西方两大文化的互动

过去由于地理环境因素,各地区间形成了不同的文化体系,而伊斯兰文化曾扮演吸收、推动东西方文化交流的角色。如今交通的进步,缩短了世界各地的距离,地球村的概念已经萌芽,但也使文化间产生新的冲突。美国"9·11"事件更被视为西方文明与伊斯兰文化的对抗。如何解决文化间差异所带来的难题,尊重多元的文化体系,正是人类进入21世纪所必须正视的重要课题。

本文目的是在考察复杂文化体系之间的互动,包括冲突、交流与融合。本文选择以中东为主要地区的伊斯兰文化体系及其与东方、西方两个复杂文化体系的互动为例。在进入主题之前,本文先考察中东地区的地理背景——这也是年鉴学派史学宗师布罗代尔提出的历史变化的长程之底层。

中东地区，当是今日伊拉克、伊朗、埃及、土耳其，以及地中海东岸和阿拉伯半岛。这个地区早期的核心地区（中原）是两河流域，然后才逐步扩大及于上述广大区域。两河流域与埃及曾有过古老文明。在早期历史上，此地不断有边缘的族群侵入，一波一波移入核心，后来又不断有更远边缘的族群压进来。欧亚大陆的中间夹在帕米尔与高加索山系之间，这一条自北向南的地区，北面苦寒干燥，人群只有向外移徙，方有改善生活的可能。

自从这一地带的人类发明了车轮，驯服了马匹，即逐渐出现有长程移动的现象。向南的路线，是印欧语族群进入印度次大陆；向西的路线，是印欧语族群进入欧洲。中间一路，则进入中东的"中原"。在两河楔形文字及埃及象形文字的记载中，希克索斯、赫梯、米坦尼、波斯人不断由北侵入，阿拉伯沙漠中的闪族也不断涌入农耕地区。

自古以来，此地战争不断，最后是沙漠中的阿拉伯人建立了伊斯兰宗教体系，将中东统一。但是仍不断有突厥、蒙古等由北方攻击中东。伊斯兰世界最后的两个大帝国，奥斯曼是突厥后裔土耳其人建立的，莫卧儿是蒙古人后裔建立的。

文化间的碰撞

中东的文化，在两河文化时期即以二元斗争的观念解释自然与人间的现象。后来的琐罗亚斯德教与摩尼教也都是二元主义。这种特征，可能也反映了当地历史内外、农牧、城市与原野等不断的冲突。穆罕默德的伊斯兰教特别强调单一尊神的一元论，但其以正面的一元强制压服负面的对方，反映在其教义之坚持信仰及仪式上的纪律克己。以上述地理背景及文化特征为前提，我们才能进入本文的主题。

本文讨论这一题目，当然是受"9·11"事件触发。在那一次震惊全球的惨案之后，无人不注意到伊斯兰世界与西方世界之间有着怎样的历史纠葛。很自然地，大家想起亨廷顿曾经提出的警告：西方文化将面临中东／伊斯兰文化与东方／儒家文化的抗争，文化圈之间发生冲突势所难免。"9·11"事件之后不久亨廷顿又说话了，他严辞谴责恐怖分子，指控这次惨案为野蛮与文明之间的冲突。同时，《东方主义》一书的作者爱德华·萨义德则提出另一角度的意见，指陈文化之间不但无须冲突，而且文化之间的交流应为人类历史的常事。他还指出，伊斯兰文化曾接受也保存了部分希腊罗马古典文化，而欧洲人经历中古时期的黑暗之后，从伊斯兰世界找到了古典文化的遗产，并由此启发了欧洲文艺复兴及启蒙运动。

这两位学者的意见如此相悖！本文尝试从另外一个角度，讨论不同文化之间的碰撞。首先，今天世界几个主要文化都是复杂的系统：一个体系与另一个体系碰撞时，可能经由不同接口的接触，而呈现冲突、拒斥、交换种种反应，引发文化体系内部的变化。这些接口，至少可分下列三类：

（1）事物类：包括可见的文化项目，例如生活资源、工艺创造、文化活动等；

（2）组织类：包括各种资源的管理与分配，例如国家、社会、经济形态等；

（3）观念类：包括对人类自己及周遭环境的解释与由此建立的价值观，例如宗教信仰、哲学以及各种学术活动。

这三个接口又是互相关联的，牵一发而动全身。借用一个图形作为譬喻：人群是主体，即图形的底盘，三个界面是三边金字塔形的锥体，彼此之间有共同的棱边，另有底面与三个接口共同合成的内部空间。于是经由任何一个接口传达的外来影响，都会达于文化体系内部结构。两个不同文化体系在接触时，其接口之间如果基本上同质，应当不会有强烈的反应。但当两者之间是异质相遇时，则会呈现拒斥或交流的反应。至于反应之后引发的变化，则也因应上述三个接口的特性而有久暂深浅的差异。我以为，在事物接口的变化方面可能较浅，也可能较短暂，而在观念接口上如果经过抵拒，终于有变化，则其影响最为深远。组织接口，有关资源的分配与管理，任何变化都会触动人群的主权边界及其相应的"认同"，而可能引发人群内部的重组，以至由此产生分异甚至解体。

如果以这一系统结构及相应变化的模型来考察亨廷顿的理论，其实亨廷顿对"文化"并未有清楚的界定，也未厘清人群与文化之间的范围边界。他指陈的文化冲突，可能是在观念接口，而他指陈的冲突，可能以模型底面即"人群"为冲突行为的主体。亨廷顿提出的文化体系以伊斯兰文化与儒家文化为名，而他对文化冲突的接口似乎注重在宗教信仰（或理念）及其引申的价值观念方面。由这一角度论，其实伊斯兰教义与基督教同出一脉，都源自犹太一神教的信仰。基督教《旧约》所述的理念，也均见于伊斯兰经义。穆罕默德是最后一位先知，而耶稣也是前此许多先知之一。除了一些仪式，两个信仰系统提出的行为规范，彼此之间并未抵触。两者最大的冲突之点，是在各自坚持其尊神为真神——其实，两者都由沙漠生活中风暴之神演化为部落神，再升格为创造神，以至普世的主宰，两条演化脉络几乎是叠合的。两个信仰系统的信徒加上犹太教的信徒，在"十字军运动"之前，大致都生活在一起，并无严重冲突。即使在两个宗教已有严重冲突之后，伊斯兰教衍生的大同教（巴哈伊信仰），将两教尊神解释为同一主宰而以不同的名字为人崇拜，已可知其间并非没有调和余地。亨廷顿以信仰不同当作文化冲突的主要理由，似乎不能服人。

伊斯兰和西方的交流

萨义德指陈，伊斯兰世界与基督教世界之间的文化交流，应是人类社会常见的现象。不过，两者之间的交流规模宏阔，影响深远。伊斯兰文化的形成，本身即受拜占庭基督教文化影响，又接受了波斯文化与印度文化。在阿拔斯王朝的哈里发手上，在8世纪至11世纪间，阿拉伯人大量翻译上述种种文化的哲学与学术著作。阿拉伯人从古希腊罗马传统汲取哲学、逻辑学、医学、星象学、数学、化学等，从波斯文化中继承语言、文学、史学与政府制度，从印度文化中学到数学、天文学、神学、医学、语言学与文学。阿拉伯语文正是在吸收与融合这些文化的过程中，由素朴的日常语文发展为丰富成熟的语文。反转文化交流的方向，正是萨义德特加注意之点，即为欧洲人从伊斯兰世界找到了希腊罗马的古典传统及经过阿拉伯人融合的东方文化。这次交流启发了欧洲文艺复兴，其影响极为深远。数学中的"零"，本是印度的数学符号，经过阿拉伯数学家花拉子密（约780—850）的著作传入欧洲，"代数"（algebr）一词，也来自他的数学著作中的"还原"（al-jabrwa）。又例如，天文学名词"方位"（azimuth）、"天底"（nadir）、"天顶"（zenith）都来自阿拉伯字根。

阿拉伯人的翻译工作则是从18世纪开始，西方的进步突飞猛进，阿拉伯人面对压力，大量引进了西方科学与哲学的著作。这一运动与中国在面临救亡图存的急迫感时，大量翻译西方著作相若。西学东渐，实是这两个东方文明认真反思过程中的一步，也是现代思想运动的肇端。在伊斯兰世界，瓦哈比（Muhammad Abdul-Wahhab，1703—1792）的思想，启动了回归一神论的运动后衍发为马赫迪（Muhammad

Ahmad al-Mahdi，1844—1885）领导的马赫迪运动，这一运动主张政教再度合一，以进行社会改革；一方面旨在反抗西方殖民帝国的压力，另一方面洗涤已经腐朽的专制政治。这一思潮一转而到20世纪中期，引发伊斯兰世界各地族群的民族主义运动及追求现代化的再思考。阿布笃（Muhammad Abduh，1849—1905）的伊斯兰现代主义改革运动，主张以理性检证传统的伊斯兰教义。

迄于今日，伊斯兰世界既有基本教义派的闭关心态，也有走向世俗化以求现代化的呼声。伊斯兰世界已裂解为许多独立的政治体与许多不同的思想路线：有土耳其、叙利亚这一类基本上走向西化的国家，也有霍梅尼领导下转向闭关的伊朗，还有以阿富汗为基地，与西方世界斗争的激进教派。萨义德指陈的文化交流，确实非同小可，因为阿拉伯世界的整合与分解，与上述文化交流有密切关系。这是从观念接口引发组织接口的变化，于是撼动了文化秩序的主体性及主体的疆域范围。

中国与伊斯兰的接触

中国的文化世界与伊斯兰的文化世界之间的互动，主要在于事物类接口。东亚与西亚、中亚之间也曾有过战争，例如751年唐朝将军高仙芝兵败怛罗斯河，唐朝以羁縻府州维持的中亚霸权从此一蹶不振。

当时阿拔斯王朝的哈里发俘虏不少唐朝的工匠，其中有造纸等技术工人，阿拉伯人从此学会造纸，这为伊斯兰文化的发展提供了帮助。除了这一比较具体的项目，中国发明的罗盘及火药也为阿拉伯人采用，前者可能是中世纪时期太平洋、印度洋上诸国航海都使用的工具；后者则改变了作战方式，火炮是最早的热武器。至于伊斯兰的天文学与历法学，则在元代传入中国，其观测仪器及制历方法在当时可谓最精密者。中国宫廷的钦天监沿用了阿拉伯的历算，至明代始为耶稣会士带来的更为精密的西方历算所取代。

中国与伊斯兰世界接触的接口，也有宗教与哲学思想一项。自从汉代通西域，这条贯穿欧亚大陆的交通路线即以丝路著称。正如佛教从丝路传入中国，伊斯兰信仰也由丝路上的商队带入中国。唐朝安史之乱时，回纥与大食（即阿拉伯人建立的哈里发政权）都曾有军队进入中国。今天中国境内的回族族群常以这些大食军队作为回胞入华之始。蒙古人狂飙掠过欧亚大陆，成吉思汗挥军灭了中亚的花剌子模等国家，其孙旭烈兀的大军破了大马士革。1258年阿拔斯王朝的最后一位哈里发死在蒙古人的铁蹄之下。1260年埃及马穆鲁克的苏丹在巴勒斯坦击败了旭烈兀留下的蒙古骑兵，这才终结了蒙古大军的西进。元朝时期不少来自西域的色目人为蒙古统治者服务。这些商旅军人及官员无疑都会将伊斯兰信仰传入中国。然而，伊斯兰教教义似乎并未给中国的哲学思想带来重大的冲击，伊斯兰信仰历来仅在其信徒中流传。将伊斯兰教与佛教传入中国的情形相比较，前者对中国思想的影响远不及后者强烈深远。伊斯兰教义的重点在独一尊神的信仰，也许正如基督教初入中国时的情形相仿佛，不能与中国习惯的多神信仰及事奉祖先的孝道观念相容，遂致伊斯兰信仰至今只是族群性的宗教。

伊斯兰世界与中国世界相接触的最大接口，当是中国丝帛与瓷器的贸易。在穆罕默德创立伊斯兰教之前，连接欧亚大陆的丝路早已是东方与西方贸易的通道。沿着丝路，草原与绿洲的居民一站一站传递转输，在此过程中人人分沾利润。中亚与西亚进入伊斯兰世界后，这一广大地区不再有中途小国阻路，中国丝帛运销欧洲的厚利，当是伊斯兰世界经济繁荣的因素之一。有时，中国一端的丝道为人阻隔，例如唐代的回纥、宋代的西夏与契丹，都地处中原与中亚的通道上。但是，这些地方势力还是以马匹换取丝茶，或者直接以岁币的方式，要求中原王朝交出大量丝帛。因此中原王朝的丝帛并未停止西向运销。中原王朝可能获利甚少，如系岁币中原王朝更是全无利润；伊斯兰世界掌握着中亚西亚的转口贸易，却有大利可图。

红海、波斯湾及印度洋的海道交通，在伊斯兰势力大涨之时，也日益发达。绕道马六甲，印度洋与中国南海的航路成为海上的通道。除了丝帛之外，中国瓷器也是可以博取厚利的商品。陆路运送瓷器，运量小，并不上算。海运运输量大，而且较少破坏损失，于是中国运销中东及欧洲的商品中，又加上了瓷器及其他工艺品。中国瓷器由红海尽头起单转运地中海边，埃及成为中国瓷器的重要转口地。今天福斯塔特一地留下了无数瓷器残片，堆积如丘，即是海运起单时留下的废品。中国瓷器的产地不局限于今日的江西、浙江；唐末五代以至宋代，湖南、福建与广东都有生产大量外销瓷器的窑场。丝帛出于中国的东南与南方，当然更是众所周知。于是，广州、泉州、明州、扬州都有发展为外销商品的启运港。唐中叶以来，南方富足殷实，外贸之利不容轻视。统治中东的伊斯兰诸帝国，自然也以中间转贩，从中国贸易中取得丰厚的经济利益。欧洲教会发动十字军东征，其实也是为了争夺这一获利甚丰的东方商机。

14世纪，蒙古族裔帖木儿崛起，于1400—1401年攻击叙利亚，劫掠大马士革，再加上蝗灾瘟疫及沙漠中贝都因部落群起攻略城镇，以致埃及的马穆鲁克苏丹在军事与经济两方面都大有损失。苏丹巴尔斯拜（Barsbay，1423—1438年在位）遂决定由政府垄断东方贸易。断了财源的地中海商人及其后台欧洲的王公贵族，遂设法另寻出路。1492年哥伦布发现美洲，1497年达·伽马绕航好望角，从大西洋进入印度洋，欧洲寻找新航路的努力终于成功。此后，欧洲以墨西哥白银支付东方贸易。中国享受了三百年的贸易顺差，东南及华南地区长期繁荣。相对的，伊斯兰世界与西方世界的主客形势逆转，奥斯曼帝国终于在欧洲帝国主义的持续侵略下，分崩离析为数十个政治体。中国呢？三百年的繁荣，也不能避免西方资本主义及工业生产的侵夺。在组织类接口上，中国世界与伊斯兰世界同样经历了前所未有的冲击。经过一千年的繁荣，今日的伊斯兰世界，以石油储量丰富为巨大优势，其世界枢纽的地理优势也一去不返。

难解的课题

综合上述诸项变化，可知复杂文化体系之间的接触，经由不同类型的接口，虽然其影响都可能及于相关体系中的其他部分，但由于进入接口的途径当以进入事物类接口为最容易，而进入观念类接口最难，而在组织类接口受到冲击时则可能撼动整个体系的主体性，竟可能导致该体系的解体或者产生根本性的转化。一方面，冲击组织接口，可能是强力的侵入，例如军事性的征服。另一方面，经由事物类接口，则可能改变体系的资源能量；而经济资源方面的改变，可能是生产能力的变化，也可能是贸易的顺差或逆差；若经由观念类接口进入，则可能由于新观念的引入而导致对原有价值体系的质疑。因此，由事物类接口或观念类接口发生的干扰，都可能牵动组织类接口的变化效应。本文所举三个文化体系的互动，过程十分复杂，尚不足以涵盖其全貌，仅是举其梗概而已。

最后，目击中东多事，从美国俄克拉荷马联邦办公大楼及纽约世贸大楼的两次爆炸，不禁想到汤因比所说，资本主义发至极点时，内部的普罗群与外部的普罗群都会愤怒而绝望地反击！在苏联解体以后，冷战已经终止。然而资本主义体制到了巅峰之后，何以持盈保泰？世界文化本来多元，现在却难免定于一。此时此际，整个原有的文化体系如何在组织层面仍能保持其主体性？在观念层面，如何能多元共存？在事物层面如何能互通有无，交流互利？凡此课题不得良好解决，今日世界当令之主流，必不断遭遇被遗置于边陲的内外边缘化弱势群的袭击。世界不会因为消灭一个本·拉登而安定和平，我们有无其他途径？我们必须反思。

体系网络与中国历史上的分合

本文从系统构建与网络关系的角度,来讨论历史上的分合问题。首先,我必须界定系统的意义。一个系统,可能是生物体、机械结构,也可能是大小不等的社群。本文讨论的是人类历史,因此只以人类社群组合的系统为限,此处以政治体系、经济体系、文化体系三个族群体为讨论的主题。政治体系是任何一种确定的权威所统御的团体,政令之所及即体系秩序的依归。经济体系,是对共有资源予以一定程度的交换与分配之方式。文化体系,是一群人以共同的观念与价值建立的群体,其认同有时可能超越了种姓的限制。

上述"体系"的简略定义,包含了流动、传送、分配诸项动态的观念。这种观念,即"网络"定义之所在。网络是构建与维系体系的条件。政治体系是行政管道及人才流通的管道；经济体系是运输资源的道路，交换系统的管道；文化体系是观念的衍生与组合，也是反映观念同异的学派谱系。

体系之间有其层级的组合。一个体系下面，往往有若干层级的从属体系。主要体系越大，从属体系的层次及数量也越多。从属体系可以分为两种：一种以同质的单元作主从的排列，有如总公司的子公司；另一种以异质的功能排列，有如公司的各个部门。前者以"机械的"挂联方式系于主要体系，而同级从属其体系之间未必有直接的关系。后者以有机的套联方式，从属于主要体系，而且各同级的从属体系之间环环相扣，不能分别运作。

至于"网络"的性质，如前所述，是以线型的结构将各个体系联系为一体。网络可以是有形的，例如道路；也可以是无形的，如公文的层转。有形的网络，因有常在的设备而不易改变，也不易消失。无形的网络则是人为的制度典章，经常会有变化。

现在将上述观念试用于实际的史事中。政治体在近代数百年来，当以"国家"（尤其民族主权国家）为最显著的形式。在过去，国家只是大型帝国的前身，或为其从属。帝国往往是普世的，并不具有明确的民族与主权界限。在近代，国家几乎一定是认同的主体。经济体系与文化体系由政治体系界定其界限。但这一现象正在转变，经济体系与文化体系都已脱离了政治体系，或向上整合，或向下分化。而在人类的历史上，经济与文化的发展从来未必与政治发展同步。

公元前后的几个世纪，中亚一带即汉朝历史上的西域地区，数十个小型国家中，有部落的行国，有城居的居国，它们都是独立的政治体，其文化亦各有不同的归属。但是行国与居国的功能互补，由丝绸之路的网络而编织为一个相当庞大的经济体系。这个经济体系独立于汉朝的体系及西亚的体系之外，却又彼此相通。

在印度次大陆，自从印欧民族一波一波地侵入，印度出现了数十个大小不等的政治体系，它们或为部落，或为城邦，或为王国。这些制度不同的单元，都有相同的宗教信仰，以婆罗门教团的仪式为网络而结合为一种文化体系。同样的现象也见于古代的希腊，政治体系是其大小城邦及殖民地；城邦之间，有若干联盟的组织，互不相干。希腊的经济体系也是扩散的，因此不易凝聚。但是，希腊人的文化认同是以宗教信仰、文学艺术甚至体育活动而凝聚为一种文化体系的。

日本群岛内，政治、经济为文化体系的整合，为时甚久。日本的地理条件使该地区的人群逐步扩展至其地理上的极限，也促成他们在这一极限范围之内，不断充实其凝聚的程度。是以，日本内部的海道与陆道都有长久的历史，也很早就达到相当绵密的程度。日本的文化体系，如以神道信仰为主要成分，则是伴随着政治体系的凝聚而逐步编组统一的。如以接受亚洲大陆的文化影响而言，则是由政治体系的网络逐步转输于大众。这三个体系的重叠，大致以经济体系的整合在先，政治次之，而文化的整合为最后的结果，却又以文化整合加紧其政治整合过程。所谓万世一系八纮一宇的神权政治,其实只是他们政治整合的口号。

传统中国的诸种体系也是高度整合的,而且各体系之间也有极大程度的重叠。学术界平行的研究大致都有相似的看法。中国文化体系的天命观念与政治体系的王权理念相叠,儒家选贤与能及淑世的理念和政治体系中的文官制度相叠,儒家修齐治平的理念则与政治体系在社会程度的部分相叠。经济体系中精耕细作的小农制度,发展为农舍产业后,也与儒家以家族宗法为基础的小区自足性相叠。经由上述修齐治平的理念,跨越城乡的分野,既联结了国家与社会,同时又兼顾"小区"与"天下"这两个极端。中国的整体格局是层级的上升、同心扩散与世代的延伸三重延续,而不是城乡、上下、世代之间的断裂。

这样的三重体系,内部有同质的次级体系(例如郡县、省区等地方体系),事实上是普世体系的缩型。因此,县太爷即是微型的天子,扩大的父母(父母官)。政治中的分曹理事、文武分途等则是异质次级体系的套体。同质次级体系的存在,在平时可以照顾到中国广土众民的巨大规模;相对的,在变局出现时,各个次级体系也可脱离主要体系(普世政权的中央),仍有其独立存在的能力。政治体系的维系网络不仅在于文官制度的运作,也在于考选登庸人才,其本身即是一个凝聚政治体系的网络,而人才的流转又有助于整合各个地方主义的次级体系。

传统中国政治体系与经济体系息息相关。以农舍产业为基础的市场交换网络，维系了经济体系的整合性，却也相应于政治体系的分合，可以或分或合。不过，经济的市场交换网络不能长期分裂，资源转输是供需要求所决定的。中国经济网络在分裂之后，若没有中国以外的其他经济体系的吸引，则这一片广大疆域的次级体系势必再度凝聚为一个个整合的体系。于是，经济体系的整合再度促成政治体系的重新整合，也许这就是中国历史上所谓分久必合、合久必分的原因。

中国的文化体系本是儒家思想为主，但是逐渐成为三教合一的整合体系，这一个淑世而又普世的体系，为政治与经济两个体系提供了种种趋于整合的理论与解释。在政治体系分裂时，这一文化体系继续存在，并以孝道理念来确保宗族乡里的基础，教育培养未来的文官人才。这些未来文官的理念是普世的，因此他们致力的工作即是重建普世的秩序。普世的秩序可以是出世的，也可以是入世的。若以出世的秩序为目的，文化精英不必费力重建普世的政治体系。惟其中国的文化精英持守淑世的理念，他们在"退藏"的时候，也不断地准备有"用进"之时。一有机缘，这些精英又会致力于重整政治体系，以恢复普世的秩序为职志。

中国的体系也有"分"的时候，中国历史上分裂的时期从春秋算起，总数有一千五六百年之久。地方主义与宗族主义都有导致分裂的趋向。大致维系全局的网络一旦分解，中国就会有几个地方性的网络各自维系若干地方性的体系，这些体系原本是全国体系的次级体系。一方面，这些体系呈现地方特色，另一方面却也反映全国体系的三重叠合特性。为此，每一个地方体系仍可保持相当程度的内部整合，也能相当地充实内部与对外扩张。对外扩张的后果，当然会引发全国再整合的契机，而内部的充实则会增加这一体系的资源（其中包括人力与物力的资源）。以实际史事来说，春秋战国时秦楚燕赵的开疆辟土，三国时代江南、南中、辽东的开拓，残唐五代的南方拓殖，辽与金在北方的扩张，凡此诸例，人人知足，不烦赘述。总之，在中国分裂时，中国整体的资源，固然不能集中运用于建设，其总和则往往有大幅度的增加，每一次的"分"似乎都为下一次的"合"蓄积更多的资源，也使整体的网络有更为绵密的分化。道路的网络是如此，行政单元的网络是如此，甚至文化精英的扩散也是在"分"时更能渗入各地的基层中。

与中国体系可以比拟的巨大体系，只有地中海基督教世界与中东伊斯兰教世界。地中海世界在古罗马的时代缺乏文化的整合，政治体系也只是依仗罗马军团的征服而形成一个庞大的帝国，但是其中各个地方性政治单元，其实各自仍保持其传统，并未真正整合于罗马体系之内，甚至其经济体系也不是完全整合的。虽然意大利半岛及大陆上有若干驿道，条条大路通罗马，却并未构成全盘的道路网络；地中海的海道，一帆所至，无远勿届，也不成为固定的网络。基督教统一了地中海的文化，宗教力量维系地中海世界的统一长达千余年。但是，各地的经济体系是扩散的，不是凝聚的。各地的政治体系也经常有政教之间的冲突，俗世的政权之间更不能整合。中东的伊斯兰教世界也不能整合：一方面，其经济体系的特性是建立在"过路"中介的角色上，内部的凝聚力不能超过向外的发展；另一方面，其政治体系经常与种族部落相结合，区间的竞争阻止了真正的整合，也因此不能界定其疆域的四界。即使伊斯兰教世界有一个非常严整的文化体系，这一文化体系也受经济与政治两个体系的离心力影响，不免呈现显著的宗派分裂。

中国已经走出传统，进入了现代多体系竞争的世界中。过去那种三重叠合的情势已不能长期延续。一方面，同质的地方性次级体系，不易再出现，因为功能性套联，不容次级体系轻易脱幅而去。但是，另一方面，中国以外的其他体系，尤其经济方面有其强大的吸引力，势将超过中国本身的向心力。同时，数千年来维系中国为一体的文化体系已经式微，而一个相当同质的现代科技工业文化在形成之中，中国不能自外于这一全球文化的影响。过去中国分与合的条件，在今天都已不存在了。

汉末至南北朝时期的气候与民族移动的初步考察

七十多年前亨廷顿提出了气候与文化变化的相应关系，自此，历史研究中即有了这片以天、地、人三角关系为讨论主题的园地。[1] 最近，研究气候变化的方法开始有了长足的进步。太阳放射能的变化，可由树轮变化及冰川冰块含同位素数量得到精确的量度，而花粉分析对于植被及自然环境之关系也提供了新的依据。另外，史学工作者从过去未曾用过的史料中（例如葡萄成熟时间、谷类市价的波动……）摘出不少气候与社会经济之间的因果关系。天人之际与古今之变

---

[1] Elwarth Huntington, *Civilization and Climate,* New Haven: Yale University Press, 1915.

遂出现密切的呼应。[1]

从长期的演变看,人类文化的演变在若干时期出现了比较剧烈的变化,而这些时段也正在气候发生显著变化的时期。布赖森(Bryson)及 Christine Padoch 编制了两个表,以对比人类文化与全球气候变化的同步现象。虽然两表之间的年代尚不能十分密合,然而其相应之接近,已足以显示气候当是人类历史变化的因素之一。[2] 另有些学者,将气候变化的若干指标与农业产量数值的曲线平列,发现其间大致平行的关系。甚至气候指标、农业产量指标与人口数据对比,也有其相当平行的曲线,因而具有全球性的呼应。[3]

如此大处着墨的比较研究,到底仍未能细致地解释人类历史与自然条件的关系。个案的考察仍当是验证解释的可靠方法。本文从联系中国的史事着手,尝试实践太史公"天人之际"与"古今之变"的工作。本文以中国北方游牧民族的移动作为个案,因为欧亚大草原地居高纬度,气候干寒,植

---

[1] T. M. L. Wigley, M. J. Ingram, and G. Farmer (eds.), *Climate and History: Studies in Past Climates and Their Impact on Man*, Cambridge: Cambridge University Press, 1981, pp. 3-137. J. De Vries, "Measuring the Impact of Climate on History, The Search for Appropriate Methodology," *Journal of Interdisciplinary History*, 1980 (10), pp. 599-630.

[2] Reid A. Bryson and Christine Padoch, "On the Climates of History," in Robert I. Rotberg and Theodore K. Rebb (eds.), *Climate and History: Studies in Interdisciplinary History*, Princeton: Princeton University Press, 1981, pp. 3-17.

[3] Patrick R. Galloway, "Long Term Fluctuations in Climate and Population in the Preindustrial Era," *Population and Development Review*, Vol. 12, No. 1, March, 1986, pp. 1-24.

物的生长期相当短，人与自然的生态关系极不稳定，以此为考察的个案，"天"的因素比"人"的因素易于察觉。大致言之，在日常生活中，上下一两摄氏度的温度变化，不能严重地影响人类生活。但是平均气温的变化，即使7月份平均气温只冷了一度，在温差起伏较大的内陆气候地区，即可对作物有严重的影响。在冰岛地区，年平均气温下降摄氏一度，可以缩短植物生长季节27%。[1] 中国北方的草原也是一个边际地区，微小的气候变化可以立刻引发生态改变，从而导致人类行为的变动，其显著的现象则是因此而使中国北方草原族群向南方迁徙。

中国与北边草原的游牧民族之间，自古和战靡常。不少人以为游牧民族总想入侵中原，其实按游牧民族的生活方式，中原并不是他们理想的居住地区。大致说来，游牧民族只要能获得中原的若干物质（如丝帛、茶盐及谷类），能有出售北亚畜牧产品（如牲口及毛皮）的市场，他们并不想侵略中原。若游牧民族大量移入中原，必是在北方草原上出现了居住不下去的困难。天然灾难，每是使他们不能不迁徙的原因。在北方干冷的地区，水灾不可能出现，天然灾难不外瘟疫与虫灾及过寒或大旱。蝗灾造成的灾害，可以造成游牧民族生活上极大的困难。举一个例子，汉章帝建初元年（76），匈奴因为蝗灾而大饥，南匈奴向汉朝告饥，汉朝禀给其贫人

---

[1] Bryson & Padoch, op. cit., p. 9.

三万余口。建初八年（83），北匈奴大人稽留斯率三万八千人，马二万匹，牛羊十余万，趋五原叩塞降汉。到了章和元年（87），匈奴降者五十八部二十万人。次年，匈奴大乱，加以饥蝗，降者前后而至。于是窦宪在永元元年（89）出兵，将南匈奴击北匈奴，匈奴遂弱，漠北地空。[1]

蝗灾是突发性灾难，颇难在历史中找出规律。自然灾难中，由于气候引发的天灾则多少有地理因素可以追寻线索。北边常有天灾，最严重者为酷寒及苦旱。前者缩短植物的生长季节；后者剥夺了植物生长的水分。塞外民族以牧畜为生，野无青草，则牛羊不能生息繁殖，饥馑接踵而至。二者之中，酷寒可由长期气象资料中求取线索，本文之作即为尝试追寻史料中酷寒记录与中国北方游牧民族南迁的关联性。

中国历史上，南北朝时代长期有过北方游牧民族不断入侵中原的记录。五代至辽金元诸朝，中原也曾屡次受到北方民族的入侵。竺可桢根据中国物候史料推测中国历史上气温的变化，并与从格陵兰冰川冰块测得的一千七百年来气温变化曲线相比，从这两条几乎平行的曲线图中，我们可以看到，三国到六朝时期有过长期的低温，隋代开始回暖，唐代是高温期，五代开始又渐寒，南宋有过骤寒，中间虽短暂回暖，但仍比现今温度为冷。元明均偏于寒冷，而清初又骤冷，直

---

[1] 《后汉书集解》，89/8—11。

到民国时期，始渐暖。[1]

气温变化与北方民族入侵的时代如此契合，不能说完全是巧合。竺氏发现的只是长期的趋向，气温变化与民族移动之间的关系仍须由具体的实际史事考察。本文即拟从南北朝的气温变化及民族移动来观察其间的相应关系。

竺可桢的气候曲线是由物候史料中求取的。本文则从东汉到南北朝之间正史五行志或其同类的记事中，摘取寒冷、大雪、陨霜及大风数项以观察当时气温变冷的年度。凡此记事都属于中国本部的气象报告，但是，中国本部的气候，受西伯利亚高气压的影响至巨，而西伯利亚的气温尚不及蒙古地区冷，则在中国本部趋寒时，其冷气团的来源即北方的草原及沙漠自然更为寒冷。记事中也有取自南朝诸史的，其未有五行志的史书则从本纪中摘取南朝在长江流域的辖地，这与北方又多了一层间隔。但是，长江流域尚且趋冷，则北方自必更寒。在排列这些记事时，如南朝正史所记为黄河流域的气象，则该项记事仍列入北方。东汉及魏晋时期，中国当是统一的，本应不分南北；本文也依个别记事所系地点，以决定其在北抑或在南。大风之中，原可能有来自海洋的台风。然而台风路线均在南方沿海，北方受台风影响的地区，据竺可桢的分析，只有8月份台风可能到达山东半岛及渤海边

---

[1] 竺可桢，《中国近五千年来气候变迁的初步研究》，《竺可桢文集》，北京：科学出版社，页495—496。

缘。[1]华北的大风大率均因西伯利亚高气压而起，由于气压差距太大，强大的北方气流便冲入华北。

西伯利亚及蒙古地区愈冷，吹向华北的干寒大风则愈强劲，也愈持久。[2]因此，南方大风记事，遂以明白标为西北风及北风者为限。下文即为寒冷、大雪、陨霜、木冰及大风各项记事的编年，并分为北方黄河流域及南方长江流域两部分。

兹以寒冷年份每十年为一期。有几个寒冷期：（1）90—130年，（2）180—200年，（3）270—330年，（4）410—540年。其中第一及二期的幅度小，有寒冷的记事也少。第三及四期则寒冷记事多，延续的时间长，而尤以第四期为甚。以北方与南方对比，南方的寒冷记事较少，延续时间也短，但仍能与北方大致相应。有了这几个比较集中的寒冷年份，即可考察这几个时期内中国南北两方边外的民族活动了。

在上述第一期以前，北疆草原上的匈奴已经分化为南北两部。汉永平十六年（73），汉军与南匈奴四道出征，建初元年（76）乌桓兵也参加了战事。这一年南匈奴有蝗灾、大饥，汉廷还须出粮食禀给南匈奴的贫人。建初八年（83），北匈奴大批人口叩五原塞来降。其时匈奴北面的丁零及东南的鲜卑都向匈奴攻击。一方面固然是匈奴衰耗，另一方面也未尝

---

[1] 竺可桢，《远东台风的新分类》，《竺可桢文集》，页34—40。
[2] 竺可桢，《华北之干旱及前因后果》，《竺可桢文集》，页179。

不是由于草原上的生态有了改变。到章和二年（88），北匈奴内乱已数载，加以饥馑，降汉者相继而至。永元元年窦宪大举北伐，破灭北匈奴，都未能将南匈奴迁回匈奴故地，南匈奴仍居住在塞内，尤其是五原一带。永元五年（93）是十分寒冷的一年，南匈奴有内乱，次年新降胡人二十余万俱反。汉军与乌桓、鲜卑合击新反匈奴，汉兵乘冰度隘大破匈奴。永元八年，匈奴余部亦降，分处北边诸郡。此后，匈奴余众仍时降时叛，又常受鲜卑攻击，逃入塞内。永和五年（140），北匈奴余众最后的领袖也为鲜卑所破，诣朔方塞降汉。[1] 这一时期的匈奴中，有一批人想要北返漠北故地，也有一些人南迁入塞，似乎无人愿留在近塞的南匈奴地区。《后汉书·匈奴传》中不见气候资料，但从上文"乘冰度隘"一语，匈奴似乎未料到汉军的进军路线，则94年当也遇难得的寒冷。

汉朝西边是羌人。自从东汉初年，马援将先零羌移置于天水、陇西、扶风三郡，羌人即已与汉人杂居。章和元年（87），迷唐羌反于小榆谷，次年汉军反击，在黄河上造河桥，后迷唐率部远依赐支河曲，此后数年迷唐与汉军即在河曲与大小榆谷出入。永元十年，和帝令迷唐将其种人回到大小榆谷，迷唐辞以种人饥饿不肯远出。永元十二年，羌人降者六千余口分徙汉阳、安定、陇西，汉在大小榆谷一带夹河列屯，陇右无复羌乱。此时降羌布在郡县，"皆为吏人豪右所徭役"，

---

[1]《后汉书·匈奴传》, 89/9—15。

积以愁怨。安帝永初元年（107），汉发诸羌征西域，诸羌尽反。永初五年（111），连年旱蝗饥荒，汉人流亡，羌人也败于汉军。元初元年（114）以后十余年间，兵疲师老，终不能平。[1]

由这一大段羌祸的记载看来，羌人活动的地区旱蝗有之，但未见寒冷。而且汉人在河上立屯置守，也似乎并未遭遇十分恶劣的气候。是以这一地区游牧民族移动大约与气候变冷没有明显可稽的关系。

第二个寒冷期，188—193年之间，霜雪寒风常有记载。这一时期正当汉末，黄巾起兵，董卓入洛阳废立，以至曹操兴起的几年。这一段寒冷期，大致开始得更早，桓帝延熹七年（164）有大寒的记载，而光和四年（181），中平四年、五年、六年至献帝初平元年（187—190）连年太阳中有黄气、黑气、白虹等记载。[2] 这些在中国传统上被当作不祥之兆的天象，事实上是日中黑子、日珥、日冕诸类太阳活动的迹象。竺可桢认为，凡此活动往往也与寒冷气候有相当的关系。[3] 在中国内部，确有翻天覆地的大变化。在北方的草原上，南匈奴已在美稷安定，也经常受鲜卑的侵轶。灵帝末年，天下大乱，南匈奴须卜骨都侯与白波军合兵侵犯河内诸郡，不利还军，匈奴国人不愿接受退还的军队，须卜骨遂留军河东。献

---

[1] 《后汉书·西羌传》，87/10—17。
[2] 《后汉书·五行志》，18/10。
[3] 竺可桢，《南宋时代我国气候之揣测》，《竺可桢文集》，页54。又同氏《中国历史上气候之变迁》，同书，页61。

帝兴平二年，南廷空虚，而鲜卑抄扰不已，匈奴也卷在中国的内乱中。[1]乌桓与鲜卑都在兴兵。乌桓本来在匈奴的东北方，东汉初乌桓已渐南移近塞。匈奴乱,漠南地空,乌桓遂居塞内,布于缘边诸郡。安帝永初三年（109）开始，乌桓常连结其他种族（如匈奴、鲜卑）侵犯边郡。延熹九年（166），乌桓、鲜卑及南匈奴俱反，连兵寇缘边九郡。灵帝初，乌桓诸大人纷纷称王，寇掠青、徐、幽、冀四州。献帝初平二年（191），蹋顿统一乌桓诸部。中原内乱，乌桓助袁氏，为曹操所败，乌桓万余落均徙入中原。[2]

鲜卑原在辽东塞外，与乌桓相接，不通中原。窦宪破北匈奴，鲜卑遂居北匈奴故地，匈奴余众十余万落，皆自号鲜卑。此后，鲜卑时时侵轶边郡。桓帝时，檀石槐统一鲜卑，尽居匈奴故地,但每次寇边，也不过数千骑。延熹六年（163），鲜卑千余骑犯辽东属国，但在延熹九年以数万骑入缘边九郡。灵帝立，幽并凉三州缘边诸郡无时不受鲜卑寇掠。熹平六年（177）鲜卑寇边，自春至夏，凡三十余发，汉兵三道出塞，大败而归。光和（178—184）中以后，檀石槐死，鲜卑的统一局面结束，大人世代传袭，各为雄长。[3]

乌桓鲜卑的发展，都以延熹九年为划时代的一年。在这一年以前，其侵犯中原的军事活动规模都比较小，而在延熹

---

[1] 《后汉书》，87/18—19。

[2] 《后汉书·乌桓鲜卑列传》，90/2—5。

[3] 《后汉书·乌桓鲜卑列传》，90/5—11。

九年夏天开始都是全面的入侵。这一年是延熹七年冬大寒之后的第二个夏天。塞上的牛羊，经一年大寒，春天未必有足够的青草；再一年，生计即大受影响。则乌桓鲜卑的忽然大举，殆因气候大寒而促成？

汉末大乱时，乌桓鲜卑都未十分发达，紧附边塞，乌桓成为中原势力的雇佣兵，乌桓骑兵是曹操打天下的一支劲旅。鲜卑在汉末也甚不振，只有云中五原近塞的轲比能，在220年代因汉化而比较强大。乌桓、鲜卑承继了匈奴的人众与地盘，不能长久在草原上发展，骤起骤落，终于仍以逐步移入中原为其大势。其中是否隐含着草原已不是有为之地？是否因为2世纪最后二十多年及3世纪初的十多年中，草原上的气候太寒冷了？甚至原在匈奴东北更寒冷地区的乌桓与鲜卑，尽可能南移，造成东亚古代一次大规模的民族迁徙活动，是否也是受了寒冷气候的影响？

第三个寒冷期在270—330年间，尤其277—291年连年都有寒冷的记事，霜雪风寒，史不绝书。在这以前，三国鼎立，在北方的魏与西方的蜀，都曾招引不少羌胡人口入居中原。在西晋初年，塞外人口移入中原者次数更多。武帝时，匈奴又有二万余落归附，入居河西故宜阳等地。曹魏时已居住在今日山西汾水流域的五部匈奴分散在平阳、西河、太原、新兴、上党、兴平诸郡。太康（280—289）中，又有三批匈奴归附：一次二万九千多口，一次十余万口，一次一万多口。匈奴共分为十九种，各按部落分布在幽、并、雍、诸州，而以并州为最多。除匈奴以外，北边的杂虏内附者，咸宁二年（276）有千余辈，太康十年（289）有男女十万口。[1] 而从气候的起伏看，3世纪末的二十多年，正是酷寒的时期。

匈奴的后面，乌桓与鲜卑已迁入其故地。乌桓进入中原正在三国纷扰之时，乌桓骑兵先后成为袁曹势力的佣兵部队。嗣后在中国的内地，乌桓仍时时出现，如石勒曾徙平原的乌丸部落三万余户于襄国。苻坚曾徙关东诸杂夷十万户于关中，处乌丸杂类于冯翊及北地。基本上，乌桓已在中原，其移动也并非自动的。[2]

在晋初，关中地区羌人已不少。魏蜀相持，双方都引羌胡以困敌自重，是以关陇一带鲜卑氐羌无不有数万人口，江统《徙戎论》即明白揭出当时的民族问题，所谓"关中之人，百余万口，率其少多，戎狄居半"，而六郡匈奴，"五部之众，户至数万，人口之盛，过于西戎"。甚至本来徙入中原时只有户落百数的句骊，也已"子孙孳息，今以千计"。[3]

大批已居住中国境内或邻近中国边塞的外族，终于造成中国历史上的"五胡乱华"。若以泰始六年（270）凉州鲜卑秃发树机能起兵，及元康六年（296）冯翊北地的羌胡起事，氐帅齐万年称帝当作"五胡乱华"的开始，而以淝水之役（383）作为一个阶段的结束，则这个时期大部分正与第三次寒冷期

---

[1]《晋书·武帝本纪》，3/10及14；《北狄传》，97/10—11。

[2]《晋书·石勒载记》，104/11；《苻坚载记》，113/7。

[3]《晋书·江统传》，59/2—4；《文帝纪》，2/9。

相当。这一段时期内，人口的大迁徙，基本上是走向南方。汉人往南走，早在东汉即已开始。晋初，北方扰攘，兵连祸结，不少人在永嘉以前已陆续南迁，尤其靠北方的州郡幽、并、司、冀、秦、雍遭蝗灾大疫，并以饥馑，人口大减。[1] 往南逃亡的例子，如河东、平阳、弘农、上党的百姓流亡到颍川、襄城、汝南、南阳、河南者数万家。[2] 凡此人口的移动，天灾人祸兼而有之，天灾之中既已说明了有蝗灾及瘟疫，则气候的变化反而是次要了。

至于北方边外的情形，最堪注意者为鲜卑诸部落的情形。轲比能之后，鲜卑的后续部落如东部的宇文、中部的慕容及辽西的段氏，都从东北方步步内迁。例如慕容廆在元康四年（294）由辽东北迁到徒河的青山，在大棘城（今辽宁义县）建国。[3]

拓跋鲜卑是鲜卑部族中另一后起的"别部"，在第三次寒冷期中也有重要的发展。拓跋鲜卑的发源地，最近因为发现了其先世的石室宗庙，已可确定为鄂伦春旗阿里河镇西北的大兴安岭。[4] 拓跋氏祖先宣帝，所谓第一推寅，时当东汉初年，北匈奴西迁，南匈奴南移近塞，拓跋鲜卑遂南迁大泽（可能为内蒙古的呼伦湖附近），因为地土昏冥沮洳，更谋南

---

[1] 《晋书·食货志》，26/8。
[2] 《晋书·王弥传》，100/2。
[3] 《晋书·慕容廆载记》，108/1。
[4] 米文平，《鲜卑石室的发现与初步研究》，《文物》，1981（2）1—7。

徙。七代以后，献帝，所谓第二推寅，又率部南移，其子诘汾经历"山谷高深，九难八阻"，历年乃出，始居匈奴故地。拓跋鲜卑并不只是留居在塞外，其中一部迁河西，晋武帝时起兵的秃发树机能即出此部。拓跋的本部原在云中，在始祖力微时代，已兼并数部，控弦二十余万。力微三十九年（258）迁居定襄之盛乐（和林格尔县北）。其子猗卢等三分部众分居上谷、代郡、定襄，已有四十万众。穆帝猗卢三年（310），拓跋要求晋并州刺史刘琨割陉岭以北马邑、阴馆、楼烦、繁畤、崞五县地，刘琨出五县百姓、空地以让鲜卑，拓跋徙十万家充实这一片代郡西河朔方间的新领土。穆帝遂以盛乐为北都，平城为南都。什翼犍时，拓跋始置百官分掌众职，有了国家规模，国号为代（338）。366年10月，什翼犍征匈奴刘卫辰，河冰未成，什翼犍以苇草散布冰上，冰草相结如浮桥，足见10月已可结冰。376年苻坚遣大军击败拓跋鲜卑，什翼犍率部众逃居阴山以北，国众离散。[1]

拓跋部建国的过程，实与其南迁的过程相重叠。由昏冥的大泽，进入陉北五县的地区，拓跋鲜卑经过了曲折的途径，始得进入塞内。拓跋猗卢在310年要求刘琨割陉北五县土地时，其原有领土其实已相当广袤，而要求的中原土地既非十分肥沃，又不是无人的空地。移入的新领土并无足够的引

---

[1]《魏书·序纪》，1/1—10，刘琨割陉北五县事，亦见《资治通鉴考异》，卷四，永嘉四年十月，"刘琨以地与猗卢"条，引《刘琨集·与丞相笺》。在这条史料中，刘琨说明割地的要求来自猗卢，及迁五县户三万余家于陉南。

力，则其迁徙动机只能归之于原有地区的推力了。3世纪最后二十年及4世纪的最初十年，气候连年寒冷，也许这是拓跋猗卢要求强入塞内的重要理由。

刘卫辰是匈奴别部，原在朔方，受苻坚封为左贤王。刘卫辰曾遣使求苻坚"求田内地，春来秋往"。[1] 这个要求反映了游牧民族季节性的要求。塞上春晚，一冬牧草已尽，春草未生，必须南来放牧。经夏之后，草原上又有了丰草，秋高马肥，是以秋季又回到草原。塞北气候愈寒，春天愈迟，则季节性的移牧遂更有需要。冬天移入向阳的谷地，反而并不必须南牧了。在干旱的年份，"北方沙漠，夏乏水草，时有小泉，不济大众……要待秋冬，因云而动"。[2] 刘卫辰的事，"求田内地，春来秋往"或许也证明了当时气候的情况。

第四次寒冷期在410—530年间，又是寒冷记事特别多的一期，时间也持续最久。其中又有几个小段，408—415年、425—464年及500—511年，这几个时期更是霜雪风寒不断，中国北方的大事则是北魏孝文帝由平城迁都洛阳。迁都在494年，然而迁都的计划则于永兴（409—413）、神瑞（414—416）已有所讨论。这时北魏在平城一带已有相当规模的屯田，农业已部分取代畜牧。北魏在五原有别部三万余家，每年产稷百万斛。[3] 通过计口授田，北魏大约主要依赖北徙的降户

---

[1]《魏书·铁弗刘虎传》，95/8。

[2]《魏书·源贺传附子怀传》，41/6。

[3]《资治通鉴》，卷一〇八，晋太元二十年八月。

及"新民"从事农业生产。[1]但是平城地区太偏北方,出产并不多,而战争的开支甚大,是以《魏书·食货志》说"虽频有年,犹未足以久赡矣"。永兴中频有水旱,神瑞二年(415)又不熟,以致"京畿之内,路有行馑"。太宗拓跋嗣因为饥荒,计划迁都于邺城,后来应崔浩劝谏未迁。[2]

崔浩的建议,是移饥民就食。据《崔浩传》,崔浩与周澹所持理由:"今国家迁都于邺,可救今年之饥,非长久之策也。东州之人常谓国家居广漠之地,民畜无算,号称牛毛之众,今留守旧都分家南徙,恐不满诸州之地……今居北方,假令山东有变,轻骑南出,耀威桑梓之中,谁知多少,百姓见之,望尘震服,此是国家威制诸夏之长策也。至春草生,奶酪将出,兼有菜果,足接来秋,若得中熟,事则济矣。"太宗同意之后,却又提出问题:"今既糊口,无以至来秋,来秋或复不熟,将如之何?"[3]这一段对话,可以反映北魏农业生产量的不足。主要原因,仍是地太偏北,霜冻风寒,植物生长期太短,是以荒歉不断。太和十一年(487),雁门及代郡大饥,秦州也民饥,诏书:"春旱至今,野无青草。"据《魏书·灵征志》,5世纪末叶,西北大风的记载常常不断。大风以春季为多,即是北方高气压造成的强劲气流,干旱寒冷均由此而起。春夏陨霜的记载,常与大风记事相先后,即是整

---

[1] 《魏书·太祖纪》,2/7。
[2] 《魏书·食货志》,110/1。
[3] 《魏书·崔浩传》,35/1。

个北方都为寒冷的高气压笼罩所致。平城一带自然更比黄河流域干寒，北魏六镇的情形也是如此。《魏书·灵征志》记载几次异常的酷寒，如425年10月大雪数尺，447年5月北镇寒雪，人畜冻死，458年9月平城大风，雪深三尺。[1]孝文帝在493年确定迁都洛阳的计划，而487—490年间，正是大风陨霜极为频繁的几年。迁都大事在太宗时即有计议，至此方得实现，也可能气候造成的饥馑已到非南迁不可的情势。

北魏迁都洛阳，塞上及塞外仍是寒冷不堪，接下去是居住在北方的柔然不断南侵，留居北方捍御柔然的六镇，也在6世纪举兵内向。

柔然，在《魏书》称为蠕蠕，原来也是鲜卑的别部，5世纪时在漠北游牧，收匈奴高车，成为北方一大势力。北魏常受柔然的侵略，也曾大败柔然。北魏太宗神瑞年间讨论迁都事时，崔浩即提起迁都以后，将难以防堵柔然的侵轶。[2]487年，柔然可汗后面的高车脱离柔然势力，520—521年高车连败柔然，柔然可汗婆罗门退漠南，然后走投凉州，降于北魏。523年婆罗门的从弟阿那瓌又脱离北魏，但在六镇之乱时，受北魏之命消灭六镇，柔然遂称雄漠南。直到552年，柔然后面的突厥又袭败阿那瓌。柔然的兴亡，充分代表了草原上一波又一波的民族移动，柔然压在北魏后面，高车压在

---

[1] 《魏书·灵征志》，112/4—6，8—9。
[2] 《魏书·崔浩传》，35/1。

柔然后面，而突厥又在高车后面。516年，高车败于柔然，但546年突厥却邀击高车，取代高车为漠北的主人。563年，木杆可汗俟斤时突厥遂蔚为大国。[1]北魏与柔然第一次直接冲突是在神瑞二年，柔然南徙犯塞，北魏太宗亲往抵御。其时"寒雪，士众冻死堕指者十二三"。[2]太延二年（436），柔然又绝和犯塞，这一年，"漠北大旱无水草，军马多死"。[3]正光三年（522），安置阿那瓌于怀朔镇，其地宽平原野弥沃。乞粟为田种，诏给万石。次年（523）阿那瓌众大饥，入塞寇抄。有种子不能生产，当与气候有关。[4]这几次柔然南犯，似乎都与气候有关。

北魏六镇原是为了防卫北边而设。北魏迁都洛阳后，留在北方的六镇军民社会地位低落，生活也甚艰苦，终于起兵向南，造成了北魏的分裂，导致了北齐北周对峙的局面。正光五年，沃野镇的破六韩拔陵起兵，诸镇相应，遂开始了六镇大乱的局面。如上文所述，这时柔然阿那瓌的部众大饥，则同在沃野镇的六镇军民也可能因饥馑而起兵，否则单以一个戍主率下失和，也不致引起诸镇俱应的燎原之势。[5]其实，六镇的饥馑并不在523年开始，早在景明年间（500—504）

---

[1] 《魏书·蠕蠕传》，103/1—9；《高车传》，12—14；《突厥传》，99/1—3。《北史·蠕蠕传》，98/1—11；《高车传》，98/14—16。

[2] 《魏书·蠕蠕传》，103/2—3。

[3] 同上，103。

[4] 同上，103/8—9。

[5] 《北史·魏广阳王建传附渊传》，16/14—15。

已是"北蕃连年灾旱，高原陆野，不任营殖，唯有水田，少可菑亩"，可是较好的田地又被主将参僚占去，佃民生活自必穷困。[1]

从上文的讨论，可见北方草原民族的移动，每以南迁为目的。民族移动，须有引力及推力，否则不能取得移动的实时动机。引力者，中原若有内乱，边防空虚，甚至邀约北族为援，则北族自易成军南下。中原人口减少，劳力不足时，北族的劳力也可能以零散的方式迁入边塞，担任佃作劳力。推力者，原居地生活条件不佳，或是后面更有其他民族压逼，则北族也有南徙动机。后面又有人推挤的局势，仍须归结到更北地区的生活条件出了问题。如果其他条件不变，忽然生计不足，最大可能即是气候变化引起。北土植物生长期本已短促，塞外干寒，可以容忍的变化际极为微小。气候一有改变，愈在北边，愈面临困境，于是一波压一波，产生了强大的推力。本文所拟考察，即是中国历史上中古的寒冷期内，气候与民族移动之间有无呼应的关系。所惜气候史料并不充分，于是天气与人事间难以建立密合因缘。然而由其大势观察，天人之际的呼应，仍可说相当明显。

---

[1] 《魏书·源贺传附子怀传》，41/5。

中国的特质

中国历史特质

我用三个层面来讨论中国文化，这个中国文化是广义的文化，包括吃饭穿衣、观念以及组织。我从这三个层面来讨论。

第一个层面，我找出的特征是，精耕细作的农业，这是一种以小农经营为基础的农业经济。虽然世界上精耕细作的地方很多，但是以中国这样大规模长期延续的传统来说，则不算多见。什么叫粗放，什么叫精耕，我先解释一下。

粗放的意思就是土地很多，土地的肥力基本上也够。土地面积大，肥力足够，人力却不够，那么，收获靠大面积的种植，单位面积产量都不大，这个办法也可取得一定的收获。精耕细作就是，用大量的劳力在有限土地上，使单位面积的产量提高到一定的水平，总产量也达到一定量。换句话说，是用劳力去换土地面积，这是二者之间最大的区别。

虽然中国人的农业与其他国家的农业一样，开始的时候都是粗放经营。最早在新石器时代的农业，大致属于游耕，就是在生地上砍树伐根，挖松土壤，然后种庄稼；收获一熟或两熟，到三熟就不能用了，必须换一块生地垦荒。原来那块土地抛荒了，长杂草长灌木，这是非常粗放的经营方式。新石器时代的中国亦复如此。至于根茎类的植物，例如番薯，种植方法又不同了。

中国古代栽培的谷类作物，北方是小米，南方是稻米。世界上主要的几种农作物的谷类，中国占两项，这两项基本上都可以说是在中国驯化的。北方小米耕种地区，最早的起源地应当是在太行山麓。大米的起源地，过去以为是在浙江沿海一带，在河姆渡。现在我们知道，是在湖南、湖北的大巴山的小山丘田下面。云梦大泽，今天的湖南、湖北以及江西，古代是一个大内海，古代稻作遗址就在云梦大泽的边缘。我说到这里为什么要特别详细呢？小米与稻米都需要相当多的人工，如果粗放耕作，收获量是很低的。

到了春秋的时代，中国农业就进入相当程度的精耕了。中国人口众多，至少有局部性的高密度。古代春秋时期，中原一带人口密度相当大。人口多，土地不够，使中国老早就有一个精耕细作的传统。到战国时候，精耕细作农业已经具备复杂的耕作方法，包括用肥、除虫、选种；作物要求分布均匀，作物挤得太挤，地不够，作物分布太松，浪费土地。作物没有一定的规格行列，不能通风，也不易灌溉。中国这一类的传统，包括前面讲的田地经营管理，在战国已逐渐发展。中原一带以及江汉平原，基本上都已有精耕农业。到了汉代，农业总产量与单位面积的产量已达到相当高的水平。单位面积就是一定面积地上出多少粮食。到汉朝的时候，单位面积的生产量可达现在产量的百分之七八十。那时没有化学肥料，用的是有机肥，包括草肥、动物的粪便、河底挖出来的淤泥。汉代也知道怎样改良土地，酸性的土壤去掉酸性，碱性的土壤去掉碱性。灌溉方面，有蓄水，有深井，有很具规模的灌溉系统。灌溉不仅供水入田，还以水洗田，使碱可以洗掉。所以汉代农业才有那么高的产量。

汉代也发展了套耕与轮耕。什么叫套耕？一种作物没有完，第二种作物就开始了，借用第一季的作物行间的空地，种植第二季的作物，第一季的作物等于做了第二季作物的温室，第二季的幼小作物有保护的环境，又能保温保湿。什么是轮种？不同作物轮流种，使用不同的肥力，这些都是非常精致的做法。精耕必须花费相当大量的劳力。忙季的时候需要的劳力非常集中。耕种时候,犁地翻地。播种的时候好一点，但是要匀称地播，还有除草等工作。田间的经营管理是季节性的，收获是赶时间的，这些情形使得农户必须要掌握一批劳力，否则不能应付劳动需求。

土地经过适当的经营管理就可以持续使用，地力不但不会被利用殆尽，还会不断得到改良。中文"生地熟地""生土熟土"，即是指土壤有没有经过改良。经过经营管理，土壤已经改良到一个程度，不是原生土壤了。别的文化中没有这个观念，用过的土壤就失去了肥力。中国人的观念中，长期用过的土壤是好土壤。大量劳力的介入，使人们留恋这块田地，灌溉设施不能变，熟土不舍得丢掉，这些都是中国精耕细作的特殊情况。

宋代是中国农业发展的第二个阶段。魏晋南北朝之后，北方人口大量减少，所以精耕的传统水平逐渐下降。本来人口密度高的地区，变得密度较低，是人口的移动使单位面积上的人口减少。从魏晋南北朝到唐朝，精耕水平在降低，到宋朝才再度增高。宋朝的若干地区有高度集中的人口，农业进一步改良，使宋朝的单位产量也提高了。但是究竟高了多少，研究者有不同的意见，因为使用的计算方法不同，单位的产量究竟有多大，就有不同的说法。就算最保守的说法，宋朝在若干地区，比如江南，单位面积产量几乎与近代台湾地区的单位面积产量差不多。这是很大的进步，这种精耕细作，使得中国可以保持长期的大量人口，高产量的农业能维持庞大人口，这些人口都在农村，不在城市，那时的城市不需要这么多劳力。

相对于庞大人口现象的，就是手工业的问题，《史记·货殖列传》记载各种各样致富方式，做牛肉干，做酱，都可以成为大富翁，就等于今天的麦当劳一样。假如照《史记》以及汉初文献反映的情况继续发展，说不定在中国早就有资本主义了。资本主义未在古代中国出现，缘故在哪里呢？汉武帝以后，以城市为基础的生产业衰落，生产转向到农村去。当时国家的权力强大，国家有几种原因不喜欢工商业发达：第一，强大的经济力量可能与政权对抗；第二，大量人口在城市集中，社会上可能发展出民间势力，政府也不喜欢；第三，国家对外有战争，对内有公共建设，国家的一般税收不足以使用，便转移压榨工商业。汉武帝的时候，城市基础的工商业基本上都毁掉了，商人付不起税，付不起罚金，也无法积累财富。地方豪富不能在当地生根，必须搬到首都，或者被发配边疆。这些都是国家权力压缩社会力量的手段。

城市基础的工商业被毁以后，手工业转入农村。这一情形也是其他文化的精耕细作里不太见到的例子。我们拿其他国家来比较：法国的农业也是精耕细作，而且有高价位的经济作物，比如说，种葡萄制作酒；意大利种橄榄榨油，也是高价值的经济作物，也是高度精致的农业。但是法国、意大利都没有出现强大而根深蒂固的农舍工业。什么叫作农舍工业？就是手工业的生产在农民家里进行，农村就是作坊。在城市里的手工业被毁掉以后，乡村反正有大量的劳力闲置，大量劳力在闲季无处可去，手工业是另一收入来源。男耕女织，女织不是一年到头织的，在农忙时一样下地。连七八岁的娃娃在农忙的时候一样下田做事情，每一个劳力都要动员起来。农闲的时候，这些次级的劳力就转移到别的方向。大雪覆盖，无事可做，家里必须做别的事，重劳动力也要回来从事手工业。从汉朝开始，中国的农村就负起了中国手工业很大的部分，明代晚期到了巅峰。这时候城市有了相当规模的手工业，并取代一部分农舍手工业。明朝以后，城市手工业才能平衡若干部分的农舍手工业。

另外一个问题：农舍手工业一定需要市场。精耕细作的农业适合当地的地理与生态，从而生产最有利的作物。季节的分布与气候生态有关系，所以每一种农产品都有地区性的特色。手工业于是需要有集散功能与机制，以供应各地需求。中国各地特产的风味，都是相当特殊的。各处的物产周流必定要有一个网络，一个集散的市场系统。

中国的农夫不是英文的peasantry，而是farmers。peasantry是自己种给自己吃，farmers是供应市场，中国的农业基本上是farmers的农业。这个特点，从汉朝一直维持到清朝中叶，基本上是中国经济的特色，我称它为市场取向的农业经济，农业与手工生产不能分开。我计算过，大概一个农户纯粹靠土地生产的收入只有供给64%—70%之间的支出，此外都要靠手工艺的收入来平衡支出。

中国社会学家费孝通先生有三本名著：《江村经济》《乡土中国》与《乡土重建》。据费先生观察，首先，中国的经济是在1840年以后急遽下降的，因为农村里的手工业收入完全没有了，外面来的洋货取代了土产，再加上中国接受西方的现代工业以后，自己发展了机器工业，农舍手工业的市场就完全被夺掉了。其次，现代交通路线，比如铁路、公路的交通网，干扰了原来集散系统的道路网；铁路、公路、轮船，一方面代替原有的网状，另一方面是当时铁路、公路、水运都与国际贸易有关，是对外的，不是对内的。于是中国的经济圈就被区分成两个：沿海中国与内陆中国。这使集散的功能和网络被完全破坏，乡村经济当然凋零破碎。

费先生建议重建的工作，是把工厂再摆回农村去。这个构想体现在邓小平以后出现的所谓单位企业与村镇企业，就是小的工业，放回农村去。毛泽东实行公社化时，也未尝不想要做这件事，希望农业里有小生产业。邓小平时代，单位企业与村镇企业反而向这一方向发展，这是自然发生，不是设计的。这个特色，兼具工农两种产业的特色，全世界罕见。印度大量人口没有发展精耕细作。波兰一片平原，有像中国一样的市场网，但波兰没做到让工业在农村发展。美国、阿根廷、澳洲现在是主要的农产业国家，它们都是粗放农业，使用机器与肥料以及大量土地来生产大量农产品，农业人口比例极少。在中国台湾，农民占的比例在1944年是80%左右，到今天真正的农民不到10%，这一变化是因为我们产业结构完全改变了。传统日本的发展方式肖似中国的形态，但是因为日本封建领主居住的城市里，有大量的产品需求、消费需求。领主的城市遂有相当多的作坊工业。日本农村因此没有发展出中国型的农舍企业。中国那一套，在历史上看来，几乎两千年了，达到人口、土地与产业间的平衡，全世界罕见。

可是这一衡态也有问题，它的单位面积产量，在没有现代化的机械力量以前，依靠人力、畜力与自然力。在机器力量发展之前，已经发展到一定的水平，就提升不上去了。土地使用也几乎到了穷尽的阶段。为了增加农业耕地，不断开垦森林为田，开垦草原为田，使中国的生态大受破坏。中国森林的覆盖面积在全世界中比例是极小的，水的使用也到极限。所以中国只有量的增加，整个国家经济生产量才可以提高。而这个吊诡情形就是，一方面农业需要大量劳力，另一方面当使用大量劳力来提高生产量时，又必须生产大量粮食以供应这一庞大人口。所以土地人口、人口土地，始终是边际程度的衡态。

因为这个特色，人民安土重迁：这是我几代经营的好土地，良田熟土，我怎么舍得丢掉？所以迁移的时候，绝对不是全家拔腿就走。总会留几个人在家乡。大儿子在家，或是小儿子跟爸爸在家种田，大儿子跟叔叔去开垦。多余人口是往外倾送，而不是整个村拔掉。客家人的迁移是最好的例子，客家村落每若干代就会迁移到其他地方去。不是移在近边，近边都满了。他们是远距离地移民，移到相当远的地方，找到土地开垦，再回来娶媳妇，回来搬祖宗神主牌，一波波往前跃进，越过四周拥挤的人口，到新的地区去。遥远的地方，甚至到南洋，等到太平洋也开放之后，更远就是到美国去了。这个情形使中国一直处于一个不稳定的平衡状态，一直要找办法使土地面积增加，以维持一定饱和的人口，而饱和人口需要更多粮食，开田的时候需要更多的劳力，因果相循，永远无法避免高人口的困境。中国人的意识形态、中国社会组织都受这条件制约。

生态破坏了，尤其是山坡地，几乎全被中国人开垦了。中国基本上已没有很多树林。但另一方面，中国的有机农业也解决了一些问题。这么多的人口及畜养的动物，垃圾、粪便都是肥料，反而能做到相当程度的资源回收。一方面破坏生态，一方面又不浪费资源来维持土地，这也是微妙的平衡状态。当然，农业增产也涉及别的因素，比如找到新的作物，番薯、玉米这两种都可以在坡度很陡的山坡上种植。这两种作物传入以后，中国可耕种的地区又增加很多，林地又被破坏不少，人口又增加很多。这些中国人面临的危机，解决办法的途径也包括增加食物种类。中国菜的素材种类世界第一，我们的烹饪也是什么都吃，才发展了多彩多姿的烹饪艺术。

我移到第二个问题上，是以家族为本的社会网络。

人类聚集人群，不外乎几种办法。血缘的组合是最自然的一种，有父母就会有小孩，有父母就有分工，小孩延续家系，一代又一代做同样的工作。血缘组合是很自然的，全世界都有。但中国人以父系家族传承作为血缘的基础，而且家庭不是一个小家庭，而是一个扩大的家庭。这都与小农经济有相当关系。因为农民需要重劳力，男性的工作效率一定占主导与优势位置。中国家庭没有发展长子继承制，日本是长子继承制，西方很多地方是长子继承制。一般言之，欧洲社会家庭里最小的孩子成人后都要离开家，因为农业作业不需要这么多的劳力；中国的生产方式要求维持相当劳动力，随时投入生产，所以每个孩子都留在家里。我想各位记得西方三只小猪的故事。中国没有小猪的故事，日本也没有小猪的故事，中国人基本上不同，因为中国需要大量的劳力，这也决定中国的血缘组织是个大家庭，三代或更多。大族合组单姓村的现象也就出现了。台湾地区的移民社会，一样是单姓村，杂姓村现象固然有，但在开拓期间单姓村现象更为普遍。家族若干代以后，老实讲，感情不怎样，但是大家非要住在一起，因为大家都被生计拴在这一块固定的土地上。

这种聚居，使得人口极为拥挤。在华北的农村，很少看到单栋的小房屋，通常聚成一簇一簇。在客家村落，有了子孙以后，一所房子慢慢变成一串房屋，你今天到香港新界那一带看看，客家村落里，拥挤的程度不能想象，房屋与房屋之间的通道只有一个人可以走过，两个人走过时要侧着走。不管是华北或华南，散村的形态很难出现，只有在开拓的初期有散村，像台湾地区也有散村，此外都是聚村。聚村与族居，两个是一为二、二为一的现象。

从这种家族形态可以发展为另外一种类家族的组织。我姓许，天下姓许的都变成一家人了。姓许的都是宗兄宗弟。在类家族组织里，同姓意识是最常见的现象。但除此以外，帮会的组织也类似家族，大哥小弟，师傅徒弟。佛教道教的组织也类似家族，长老方丈，师父师叔，师侄徒孙，名词与伦理观念跟家族完全一样。这种以家族扩大变成类家族形态的社会组织，是中国社会中最显著的一种组织形态。我们很少有工会，传统上的同业组会是以类家族的大师父带一大群徒子徒孙。同业工会里一定有一个祖师，是第一个从事这个行业的人，木匠是鲁班，铁匠是火德星君，唱戏的是唐明皇。祖者祖宗也。于是，中国的国家政治组织以外，唯一的社会群体结合方式，就是以家族理念、家族伦理构成的一个社会系统。甚至勉强到什么地步呢？海外华侨，同姓的人都有公所，张王李赵都没问题，我姓许是数不出几个人来，勉强能联合一些小姓，合组公所，谈谭谢许，都算一家人。刘关张赵，再加上黄马，合为一个公所，就是刘备加上五虎将就变成一家人，这也是八竿子打不着的。凡此模拟的家法，都表示在没有其他亲人血缘的时候，人工制造一个共同意识来团结一批人。在海外人口不多的时候，这种公所、工会都是以如此的关系组织起来的。亲族有远和近，所谓伦理观念，父亲跟儿子是一种伦理，任何两个人在一起，假如以家族的伦理观念延伸的话，都是对应而不平等的。一定有一个高一个低，一个上一个下。几个人在一起一定有一个近一个远，用费孝通先生的话，这是差序格局，人与人之间有距离，有不同的等级。亲兄弟最亲，堂兄弟远一点，族人更远一点。同校的同学亲一点，同班同学更亲一点。一出家乡，同省同乡很重要，一出这个国，同胞也很重要。

　　差序格局使人跟人之间的关系永远为不同的情况所决定，人与人之间有不同的权利义务。今天已经是工业社会、城市社会，但是差序格局观念还是深植在人们脑里。中国法律一直在差序格局的条件之下决定它的法理，所以中国的唐律、明律基本上都要规定两个人之间是什么关系，才决定责任的轻重厚薄。中国从1904年接受西方的法典，构成"六法全书"。欧洲大陆法典，没有差序格局。所以我们的法律与我们社会的人情始终格格不入。到今天越来越走向个人社会，但人们差序格局的观念还未消失，比如说遗产的继承，与人们传统观念应该有的遗产继承观念很不一样，这都是因为人们在以家族为本的社会网络里，出现了这么一种特殊的社会以及配套的人际关系观念。差序格局有它的坏处：人人不平等；也有好处：人人之间有明确的权利义务。所以中国的社会福利不需要国家来做，是以种种的大群体小群体担起社会福利责任。在我家乡，我们族人有二百余口，祖产收入供给寡妇孤儿，供给年轻人上学的学费，供给贫病，这种社会福利本来应当是社会的责任，但是社会太大无所归属，遂由小型的群来做。不单是亲族有此责任，其他社群也有此责任，比如说铁匠工会可以如此，演艺团体也可以如此。过去中国传统的时代，每年新年开锣五天戏，这五天戏的收入用来周济失业及生病的同行。所以社群有它一定的社会功能。这一套也是中国文化里面相当特殊的部分。

第三个部分是儒家的思想方式，我特别标为是以仁为本的思想方式。这一套思想方式就是关于仁和义的思想方式。各位知道，在孔子以前，仁这个字的定义，并不是我们今天所说的仁义道德的仁，其中包括感觉（麻木不仁，是没有什么感觉），所以仁有一个感觉的意义。仁也有美好的意义，《诗经》形容一个漂亮的年轻人驾马车过来，即以仁为形容词。仁作为一个代表人类性质或特质的词，这才是孔子真正想要界定的一个新的定义。《论语》里面，孔子跟学生的对话，问仁的次数很多，假如已经是约定俗成，有一定内涵的话，不会这么多人问孔子什么叫仁。孔子特地提出这个观念来界定人，界定人异于禽兽之处。

孔子界定仁的意义以后，稍比孔子晚一点的墨子，提出义的问题，墨子以为单单个人好是不够的，社会有没有公义，有没有一个大家要共同遵守的德性或原则？换句话说，仁是个人性的，义是社会性的。孟子又重新界定，他的解释：仁是我们内心的一个自然的本性，义是我们的这个本性表现于外，人与人以义相待。仁义内外两节，实际上是同一个东西。儒家从这个设想发展出社会秩序，这社会秩序是相对的，尊重自己也尊重别人。"尊重自己，尊重别人"与前面亲属的伦理同为人跟人相处的伦理要求。这一套理论，没有神来指定我们的权利义务，没有一个自然力量或者是超自然力量来界定我们的关系，这都是基于我们作为人而设定，不是基于外面的力量来设定。所以以仁为本，人是主体，仁也是本体。那孝呢，就是族群伦理，于是中国的社会有差序格局，人与人有相对应的仁义相处之道。

这套理念的基础在哪里呢？孔子时代，正是封建贵族社会崩溃的时候，周代封建社会的上层统治阶层，依赖家族的关系来维系王室与诸侯亲密的程度。宗法统治的力量，使得全国笼罩于一个网络之中。家族伦理和封建伦理叠在一起，等到礼坏乐崩，孔子扩大家族伦理，认为不是只有统治者需要这个网络，我们每个人都需要下放人类共有的权利与做人的资格。家族伦理与封建人格相对，都一起下放，变成儒家普世性的伦理观念，又与小农经济正好配套。

第一，家族的秩序，要有一套伦理肯定，孝的观念正好可以肯定家族的血缘关系。在战国时代，儒家并没强调孝的问题，孟子固然是讲孝，孝的优先性超过对国家的认同。孝作为一种特别突出的观念是汉代时出现，不但经典中有《孝经》，而且汉朝的皇帝一路孝到底，除高祖以外，孝文帝、孝景帝一直以"孝"为谥号。选拔的人才也叫孝廉，为什么汉朝这么重视孝呢？这就是汉代之际，一方面国家有皇帝系统，另外一方面皇帝的权威与人民的权威之间没有其他中间的力量，中间的力量只有家族。所以家族的伦理就变成共同遵守的重点，与精耕细作需要大量劳力这一保持家族组织的需求正好配套。这三个观念合而为一：第一是孝，第二是家族，第三是以仁为本的伦理观念。

以仁为本，是中国文化与以神为本的犹太教、基督教之间最根本的差异。犹太教、基督教以上帝为本，上帝给我们秩序，上帝保证给我们未来的救赎。中国人与自然的关系中，不把自然当作神，人的世界和自然的世界不单是叠合起来的，还应该互相呼应。自然世界的秩序也可用人类世界的观念理解。董仲舒的理念很有代表性，董仲舒的宇宙论中，天理与伦理观念完全一样，天上的秩序以及星星、月亮各种天体之间的关系是人间世界的投射，人身体从五脏六腑到手足也是人类社会的投射，大小宇宙与人类社会通通相连成一片也依据同一个道理。道理不是神力，道理是上下贯穿的，宇宙运行、人间秩序、身体健康都是靠这个道理。这层关系也依靠道理。人不能虐待自然，人不能滥用自然，人不能滥用身体，人不能使自己的欲望毁坏自己的健康，这都是人间伦理。

一般以为仁义礼智之外，还有信，其实其原义可能是圣，圣是仁义礼智整体的总和，仁义已经讲过，礼是规律，智是智能，智能是从知识来的。智不是对客体的知识，是对自身的知识，也是对自身明白透彻的了解。知识和智能是约束行为，礼是引导行为。仁和义，一个里一个外，这四个配成一套，总合起来就是圣。这一套儒家观念，是不是儒家独有的？不是，是董仲舒将儒家以及与它同时或是稍晚出现的其他各家整合在一起，整出这一个系统。这一系统是中国思想的总合。董仲舒以后，基本上不再有什么儒家、道家、法家、阴阳家，因为董仲舒的系统中已兼摄诸家。任何的大文化系统，都会有这样一位总其成的大师，将所有理论综合在一起。基督教世界也有这样的大师。中国理论的基础，我们用这句话来厘清"天命之谓性"。人的性是天给我们的，是自然而来的。"率性之谓道"，顺这个发展就是人间的道理，也是天然的道理、宇宙的道理。然后"修道之谓教",一个人从无知无识到有知有识,逐渐变成一个里外都可以完足的人。这个道,不是超越我们之外,道就在我们里边,因为是人性。这一套观念发展下去,种田也是道,不能虐待土地,也不能虐待作物或自己的劳力,一切都有一定的规则。合理性合于应有的情况,不能超越,不能不足,也不能过分。取其中,不能偏左不能偏右;取其和,不同的东西放在一起要和谐,不是冲突或代替、征服。荀子曾讲过"勘天",但到汉代就是顺天了,顺着天的道理。这些和中国农业耕种的思想是结合在一起的,今天工业社会跟顺天的思想是相悖的。农业只有顺着天然条件,充分利用自然条件,才能得到最好的收获。现代的农业就是做到过分的地步,大量化肥放下去,农业资源在逐渐流失,这就过分了。现代农业使得其他生物界都受到影响,土壤必须继续加肥,否则不能用。这就是违背了中国传统农业顺天的原则。我们现在是以勘天的方式生产。儒家的这一套综合起来的思想,大的宇宙观是跟中国人的伦理观完全符合的。这三套东西相配,就变成中国文化互相辅助的几种特色。

到今天,整个大环境变了,工业生产发展到这样的地步,农业已经受到打击。个人主义代替族群、代替亲族的结合,也使得社群的结合要求之于别的方式(比如说自愿的结合,或利益的结合来代替亲情的结合)。中国传统的三大基石都已动摇,动摇之后要如何处理?是不是就可以抛弃过去算了?不能这么说,其中有若干可以矫正今天失误的部分,要留下来。"中研院"李院长常讲永续的成长，就是他见到现在的工业破坏了自然的平衡，在快速浪费天然资源（包括水、土地，还包括能源）。人们现在快速度地使用能源，聚居在城市，城市是大量耗费资源的地方。现在的空气质量非常坏，水的排泄也使河川都受到影响。到了今天，在勘天、顺天这两种选择中，究竟哪一种对人类永续存在这个世界比较合适，是值得我们思考的。李院长最近经常谈这个问题。究竟怎么做，要我们大家一起想。两个极端之间要有所调整，要重新解释，要做新的配套，凡此都需要大家的努力，需要各位都加思考才能完成这个任务。

人类似乎是整个地球生态系统里的"癌细胞"，因为有人的存在，因为人的快速成长、快速使用资源，地球生态系统被人们快速破坏，当地球生态被浪费毁坏到尽头的时候，人就与之一起灭绝了。一个生病的人身体里的细菌或病毒，身体死了细菌不会死，它会移到别处去。但是人类死了细胞也跟着一起死。同样的比喻，地球生态系统里的人，在地球生态系统消失以后，也没地方去了，我们跟它一起死。中国人的一套宇宙观，恐怕是可以匡正今天滥用的勘天用天的宇宙观。我们要为今天的文化做出相当有力度的调整，但是怎么调整需要大家一起思考。

下一个问题是，上面三套交叠后出现的问题，我提过的人口与土地的问题，永远在循环。今天全中国的人口，包括大陆和台湾，已经很多了。大陆号称是十三亿，但大约不止这个数目。台湾从五十年前六百万人,到今天二千三百多万,这都是很可怕的现象。但我们的土地呢?台湾土地就这么一点点,大陆土地可用的地方也很少,山地多于平原,森林覆盖地区也不能全部转换为农地。在毛泽东时代,以粮为纲,砍伐了大部分的森林来作为耕地,其后果是长江中上游森林受到损害。我在黄河走过风陵渡,一条鱼,曾放在小网里面,是从水面下不到一尺就拎起来了。一尺的水面下,看不见鱼,那一摊黄水,比小豆浓汤还浓。这些都是上游林地被大量毁灭造成的结果。中国因为以粮为纲,已经将天然资源弄得一塌糊涂。印度人口本来世界第二,很快赶上中国成为世界第一。全世界的大城市,一千万人以上的城市,五十年前没两三个,现在十几二十几个,这些问题是人类共同面临的。

再谈到公与私的问题。公如果是国家,私应该是社会。但是中国社会是以家族为本体,以家族观念为本体的社群,是胳臂肘向里弯。家族或同一社群的福利是不施之于他人的。换句话说,这个国家对应的社会,事实上是被割裂成一群一群排外的群体,中国没有真正整体的社会与国家对抗。中国只有许多家族形态家族理念的社群,它们没有办法联合起来与国家对抗,因为张王李赵不统一,没有办法构成共同的社会。今天是 7 月 14 日,法国大革命的日子,法国大革命是人类历史的里程碑,有一个社会可以向王权、国家挑战。这个社会的口号是民主,是平等、自由、博爱,有一个社会体可以超越国家之上,而这社会体是人类共同的社会体。中国家族系统构成的社群却没有办法走到这条路上去。中国人永远爱家人比爱别人多一点，以满足善待家庭的义务。这是当年孔子以下，儒家与墨家辩论之间就相持不下的问题，到今天这个问题也没有解决。孟子提到一个难题，舜是一圣君，他父亲杀了人，舜是做孝子还是做圣君？孟子最后解决了，舜背着他父亲逃到海边去过日子，这是逃避，不是解决。从孟子时代起，这个难题始终就存在。一直到今天，台湾所谓的家族企业，没有真正的上市公司，每一个上市股票仍由原有家族掌握优势，以亲戚、朋友的私利损害公益。中国文化在这方面一直有无法解决的难局。

再说城乡之间的问题，过去大片的农村是中国的基础。城市没有很大的力量，城市是一个管理系统的末梢。等到明清以后，开始有大城市出现，尤其江南一带。但城市始终没有得到一个相当于欧洲自由城市的自主权，城市仍是统治机器的一部分，而不是与统治机器相对抗与平衡的力量。我在美国住了几十年，美国的市是一个公司组合一样的法人，美国行政系统是县与州，市是自治的组合。市民构成共同体，互相依附，互相帮忙，共同解决交通、水的问题，等等。城市共同体在欧洲出现很早，中古以来即有自由城市，这些是沿着海岸沿着内陆交通大路要道口上的城市。商人与工业家可以用金钱向领主换取自由，中国从来没这个事情。中国上面三套观念配套以后，统治机构最后的末梢是城市，被统治的基盘是农村。城乡之间的分野一直到今天还存在。

第四是知识分子士大夫或文官制度的问题。儒家的士大夫都自认为是知识分子，他们自己有责任感。因为儒家没有神只有人，所以他们的责任感是在人群中造成一个理想的社会，这是好的知识分子。当然也有人向统治者屈服，以换取官禄。于是知识分子士大夫永远与统治的力量有矛盾：对抗它，针砭它，还是依附做它的工具？这个矛盾始终解决不了。不做官，也可以做隐士，知识分子始终不能创造一个系统，以另外一种社会力量来对抗政权。中国社会根深蒂固的对知识分子的盼望，是有限度的盼望。今天我们知识分子没有办法组织社会力量争取人民自己的权利，既没有机制，也没有组织。

我再谈一些文官制度的东西。中国的儒家在汉朝要发挥选贤与能的理想，汉朝的选拔制度理想中要选出一批有知识有能力也有良心的人参与治国，这个理想当然是理想，有部分是实践了，文官在理论上是代表应该有的秩序，代表道。君王代表的权力，文官应当给予平衡的作用。汉朝在若干程度上也曾经做到了，宫中府中，各有各的权力，从汉朝以来，一代又一代士大夫向君权抗争，这理想始终在。选贤与能以及合理的管理机构的理想，确实是中国的文官制度的最佳理念。这一文官系统有其工具性的理性的成分，为了管理，有匡正错误、预防错误、校正错误等机制，有设计者与执行者之间的平衡、监督者的平衡，甚至在理论上可以监督皇帝。当然在明清以后，文官根本不能监督皇权。中国的文官制度，是在世界官僚系统中发展相当早的。韦伯所谓的管理系统，是科层制。科层的分工，韦伯以为是一个工具。工具本身就像汽车一样，它自己也没有方向感。方向是坐在驾驶座上的人定的，但是这个机器，一定要有效。中国的官僚体系是自己会动的体系，儒家有理想社会的目标，能不能做到是另外一回事。但是至少理论上有它的理想目标。好的官员，不仅是官员，也是推广儒家理想的人员，相当于传教士的功能。他的理想是人的理想，所以中国的知识分子，在这么一个相当特殊的文官系统之中：如果有大量知识分子保持自己的良心，就可以在某种程度上约束君权；做得不好，就会有很多文官依附君权，成为帮凶与工具。

中国文化的思维方式

中医药

中医药应分为中医及中药两类。我是个老病人，因自小伤残，现在又渐上年纪，接触中医从跌打损伤到心脏内科都有，多为复健止痛等目的。中药基本上有一定的用处，这是证验的结果，不知是否是经历数千年无数人食用实验出来的结果。

"神农尝百草"很有道理，神农大概死过九十九次！但尝百草绝不是只有神农一个人尝，是所有的病人一起尝试的结果，"神农"也许是集体尝试与集体智慧的代称，所有人试用药性的结果。针灸亦然，比如雷火灸、艾灸、梅花针等也都是证验的成果，进化的结果。

验方是根据临床经验的结果所开的处方，曹元方和孙思邈的处方都是验方。验方是成药，只是未在药房里做成药丸而已，不管病人是什么人，只是解决一套类似病征，不是针对个别状况解决的方子。中医若要融入世界，则在药的部分而不在医的理论部分；中医的理论，许多部分，正如有位先生讲的，与"巫"相去不远。许多具有仪式性的解决方式，如果小孩子跌一跤，打地板以平气。但实际上这些仪式不一定真正与药物相配合。

中医是问题取向，西医是观念取向。一位学者也谈到，中国的科学是从问题着手，并非从观念着手。中医的问题也正好证实这个说法。中国的思维不在思维本身，而在寻索解决的途径。

李约瑟曾说中国人的思想是直观的、有机的；相对的，西方文化的思维是分析的、结构的、集结的。这些对比充分说明，这两套思维基本上很不相同。将来我再讨论这实际的差异是在何处。以上所述皆属印象式的，也是老生常谈。

宗教信仰

在犹太教、基督教传统中，上帝是最重要的，上帝有其意志。在西方的观念中是上帝创造了宇宙，上帝是宇宙之主，是创造者，也是统治者。基督教《圣经·创世记》中，上帝在第六天说：我造好了，世界就这样子。这个东西是固定的，上帝的意志在此。固定的东西，是可分割的。一个部分加一个部分，累积了对整体的了解。

反观中国，中国自古以来并无真正创造世界的神。盘古也是被创造的。中国没有创造神，只有功能神。众多神祇各司不同之职，譬如：雷公管打雷，风神雨神管刮风下雨。汇集所有的功能神，也没有整个统治权，诸多功能神要互相配合，因此变成一个协调合作的系统，相当于政府机制，并非创造者而是管理者的角色。管理是多层套套相关，正如李怡严教授所引董仲舒的说法，天、人、身体各个层次都是宇宙秩序的映照。

董仲舒的天人感应之说，假定宇宙有常态的均衡，均衡失衡即表现为灾异，"灾异"是个征兆，是警示背后的系统失调，宇宙秩序失调，就必须重新调整。而人可参与其中，介入调整，随时调动调适，正如李怡严教授所说的想要走到和谐，"和谐"在我看来是动态的、有机的，从大系统到小系统套套相关。

在此观念下，理解部分就可理解全体，一个部分一个部分地累积。中国人观念之中的宇宙秩序处处相关，牵一发动全身，这也是东方思维模式（holistic）与西方思维模式（analytic）之不同，必须要在部分中找出全体的大问题来。所以在中国头痛不医头，脚痛不医脚。人和宇宙是干涉的、参与的、互动的。人对大自然感应敏锐，天象宇宙，无时不在互动。

人具有调整秩序的一部分杠杆作用，在宇宙杠杆的那一端，人与神都有作决定的意志，人可以作决定，众神也可以。人可以经过巫术、经过行为或政府的施政，参与宇宙秩序的调整。因此人与宇宙的关系基本上是一种参与的，甚至是完全干涉的。

合天论，就是人与大自然的互动问题，中国人对大自然的感应非常敏锐，因此天雨天湿，节气相交，绝对影响人体反应；二十四个节气，前三后五，人会不舒服。西方人就无法明白。我们与宇宙之间，可说无时无刻不在互动。

因果律，在中国来讲就不只是转世轮回的因果，不仅有现世报，更多的是祸延显考，泽及子孙。父死也是其子的责任，儿子的一切也和父亲的所作所为相关。印度的果报律，变成了中国宗族血统的关系，中国把社会时间即家族的世世代代，放进因果律环环相扣的作为中。社会时间是印度所缺乏的，印度的因果律是加减乘除的规则，是转世的问题，非属社会次序，也不在社会时间轴在线进行。社会时间代表人的力量、人的干预，也代表人必须承负的影响。

因此中国的宇宙观一方面是生生不绝的，另一方面是随时转向的，每一代都可以参与，每一个人都可以发挥影响。犹太教、基督教传统的观念是"内在"(being)，而中国人的思考是"生成"(becoming)。中国的整个思考方式是针对becoming，不是针对being来想，being是固定的，已经存在于那边的东西。印度的佛教讲being（"如是"，as such），是因果律不断在扩散,周而轮转。而中国的 becoming 针对印度佛教的 being("如是")来讲,《易经》关注变化过程,不断在变动的过程。

按李弘祺早期翻译的德日进 (Teilhard de Chardin) 的《人的现象》,德日进的神学是 becoming 的上升过程。从开头到结束,本身是在不断进化提升的路线。再差一步,人就可以提升到神的位置。也许因为他在中国太久,受了中国人思考方式的影响。

由此观之,中国的 becoming 的思考,与犹太教、基督教传统和印度的 being 大不相同,这是一种非常独特的思考方式。于是中国人注意的对象,比如《易经》,人们注意的是变化,是注意过程,而非实质。读《易经》,不须注意小狐狸过水,其尾巴是否濡湿。而是注意小狐狸过水前与过水后,注意其过程,而非内容。

因此中国是一个不断调整的宇宙,中国人的信仰与西方人的信仰不同,西方人的信仰与其宇宙观有关,中国人的信仰却是一个系统论的宇宙观的信仰。

艺 术

再从同样的角度去思考艺术,人不仅参与,也在阐释,在转译。例如到故宫观赏展览的长卷,从此端到彼端最长的长卷大约有四十五尺,没有一个观画者可以只站在一个角度端详这个长卷。欣赏中国的山水画，观画者必须走入画中，走完画中的动线。

比如看《清明上河图》，观者是跟着长卷逐步而走，观者的解读，是跟着画一路而走所产生的，观者是读画，而非看画，是进入书画。站在一幅大画前，比如范宽的《溪山行旅图》或郭熙的《早春图》等，画有其脉络可循，读画读懂了以后，观者就顺其势而走。画有其"势"，典型的中国画，构图脉络走势，顺着溪流、道路、山脉，曲曲折折，一步一步跟着走，是观者在读画，在参与解读，而画者仅提供了一个线索而已。

更清楚的是，中国的诗所提供的每个点都是独立的。要读者去把每一点串起来，串出意义来。每一点是所有交叠的圆圈集中的共享的那一部分。那一个迭会之点，便是那位诗人所隐喻的含意。而对于每个点的理解，则是读者的事。

看中国画时，画上有题诗，有书法，有篆刻。还有读画人，题跋者，每次看画，都是诸人对话的结果。题跋者的跋，随时随刻可以参与读画人的活动。观者随时都可能被题跋者引导，或与之对话。因此中国人看画，每次都可以看出不同的意义。欣赏书法亦复如是，僧怀素的醉草没有多少人认得，至今仍有许多字无法辨认。尽管如此，他的书法却普受喜爱。也就说明抽象艺术，是观者在读的同时，赋予了自己的意义。我举此例，说明中国的诗与画，中国的艺术代表阐释性的思考。

诗及意境

> 子夏问曰:"'巧笑倩兮,美目盼兮,素以为绚兮。'何谓也?"
>
> 子曰:"绘事后素。"曰:"礼后乎?"子曰:"起予者商也!始可与言《诗》已矣。"

孔子与子夏对话,形容漂亮女子的话,也大有学问。两人对诗的理解,除阐释诗本身,还阐释礼和仪式、仪式和意义的先后与主从问题,阐释感情和礼节的直接关系。这一段话,迫使我们在欣赏艺术与体认现象的同时,不断思考,不断主动参与其内去解释。

王国维的《人间词话》,评词讲境界、意境。他讲解一个意境,要分别用三段词来解释对照。禅宗亦复如此,中国的思考一向都是旁敲侧击,有时正打正着,有时歪打正着。中国人用这两种方式交通,这是我们思考的方法。

李怡严有篇《隐喻》与李弘祺的《类比》相同,都是做阐释的工作,中国做类比的工作特别多。而其基础是人同此心、心同此理的根本假设,无此前提,无法明白隐喻,因此都希望对方的思考方式与自己相同。换言之,"人同此心,心同此理"也意味着人在大宇宙中,属于大宇宙,分享大宇宙。

理与道

"理",道理、道理,一个道,一个理,两件事情是不同的。"道"是全部在那里的东西,大本体,先天地而生;"理"是表现的东西。两者一里一外。这与西方的自然法又不同。自然法(law of Nature),是自上帝而来的;中国的"道理"则是先天地而生,谁都无法"给"它,连神都无法赋予。中国的"道"是先天地而生,没有开始,没有结束;"道"所证的宇宙,不是意志赋予的宇宙。意志赋予的宇宙,有开始有结束,一动念头就是开始。"道"没有开始,没有结束;"无"以前的是什么?是没头没尾的过程,不是固定存在的东西。先天而生,要由每个人面对"道"时找出"理"。"道"中的"理",是自己找出来的,是领会(悟)来,不是思考而来的。"人同此心,心同此理",所以自己去体会、去悟。至今我找不出一英文字表达"悟"和"领会"。"悟"这个字只好自己去"悟"。

我们从对现象的观察,悟出理,悟出道,不断从现象到本质去寻索。孔孟时代以降,都在现象与本质两个内涵意义上争执。到汉朝以后,才性合,才性离,才性分,才性异,"性"是本质,"才"是表面,不断辩论两者之间的关系。再如佛学的"空与有",实相与真如,理学中的"理和性",王阳明的"心和性",一直不断地在讨论如何由现象找出背后隐含的意义,靠"悟"来解套,以悟来融会贯通,我们基本上相信二者是连贯的。

经过物质的程序,把看得见的与看不见的都连在一起,使本质和现象完全重新融合在一起。看见看得见的,实际上已看见了看不见的。看见的山还是山,看见的水还是水。第三阶段的见山是山、见水是水,事实上与第一阶段的见山是山、见水是水不同。

最后是谁在归纳?王阳明提出"心"在归纳,最后的心,"心"就是自己。所以宇宙在我内,我就在宇宙内,天人合一,心在联系一切,用"悟"结合内外。这不是思辨的理性,是透视的智慧,中国文化重视智慧而不在思辨。

因此,人之于宇宙,同时是创造者、管理者及诠释者。在中国的"天地人"三才中,人是最大的,因为天视自我民视,天听自我民听。民视民听,要由人来解释。接受这所有信息的是人自己。所以中国人对宇宙的看法是非常正面的,掌握与关注;人不是将宇宙当作外面的壳,完全把"它"当作自己。

好比华严宗的"因陀罗网",每个人都是因陀罗网中的一颗珠子,每颗珠子都不断反映别的珠子,也不断反映自己。于是自己的形象也不断从别的珠子反映回来,让我们一再地看见自己。看见自己就看见全体,看见别人也可以看见自己,再看见全体,这是不能分割的,是直观的。

中西二元论

"里"与"外",如以阴阳来分,是二元的,是表与里。二元的关系,正是《世说新语》的"将无同"。表与里应该是分别的,但在中国人看来是"将无同",在因陀罗网中的无数个珠子挂在那里,也是"将无同";没有别的珠子,也没有我自己的珠子,所有的珠子都在一颗珠子里面,每颗珠子都在别的珠子里。表象和实质是一致的,所以是"将无同"。有无差别?大概没有差别。所以他的质是"将无同"。既非异亦非同,是个辩证的过程。

所以中国的"二元"的想法是"二元相成"。二元相成的思考方式,运用在社会关系方面,如相对的伦理,父慈才子孝。每一个人跟人的关系是双边而统一。二元相成与西方(古代中东)二元相背或二元相抗大异其趣。

古代两河流域最常出现的文学作品是"对话":"苦水与甜水"的对话,"农夫与牧童"的对话,"斧头与树"的对话,"雨与风"的对话,"太阳与风"的对话,"热与冷"的对话。对话双方永远互有意见,永远是"善与恶"的对抗。而基督教承继了这个传统,也是永远的对抗。基督教的浮士德最后必然有胜利或失败,在中国则是仁至义尽,"死亡"是宁静的归回。

中国文化的思维方式,我以为是由轴心时代(Axial Age)大突破以前的素朴思维延续转化而来。当初人与自然间的关系亲密，人的思维依靠直观。初起的抽象思考是由模拟抽绎的。经过商周之际出现了道德意识的天命观念及《易经》代表的程序理性，然后孔子以"仁"为人性的本质，也是人际关系的准则，中国文化遂有了重大的转化。相对而言，希腊文化在轴心时代的突破是对思考本身的思考，亦即逻辑理性。这是西方现代科学思维的基础。"仁"是有关人类情操的观念，理性则切断了情操。这一分歧决定了中国与希腊两个传统的不同走向。

然而，中国文化的思维方式，尤其人对于宇宙秩序的知识，既是参与的，也是阐释的，竟与目前"后现代"的思维方式颇为类似。这种思维是否终于能与现代科学的思维相契？现代科学的趋势（亦即爱因斯坦以后的思维方式）走向何方？则非我所知了。

中国文化发展的点和线

从小学教科书开始，人们不断地读到世界古文明都是从几条大河流的流域开始发展的，中国人更是经常以为中国文化的起源与发展都与黄河有脱不开的关系。

其实，真正从人类古代的文明史看，河流有其作用，却未必是一句话就能作结论的。亚洲西部两河流域的农业，并不真由河边开始，麦类为人培育的农作物，实际是在离河岸颇远的水坡上培育出来。埃及的尼罗河诚有灌溉之利，使沿河一条泛滥地带累积了一层肥沃的土壤，而在下游尼罗河入海的三角地带，沼泽遍布，却又不是良好的农业区。印度的恒河发展较晚，农业也是由山坡地逐步向五天竺发展，然后才向肥沃的恒河流域延伸。

中国文明的源头不必在大河

中国的新石器文化，在中国今日的领域上遍地开花。至今已可大致确定，在高原、湖泊、山地、河旁，均有自成体系的新石器文化茁长，然后互相影响，经过交流与刺激，汇合成后世中国文明的远祖。中国文明的源头，其实不必是在任何大河。

大家误以为古代文明一定与大河有关系，一部分的原因是将农业发展与灌溉相连，一部分的原因则是将国家的起源与大灌溉相连。前者之误，在于将各种生产方式排列为演化的程序。实则草原上的文明并不依靠农业，一样也有不凡的成就。丛林中出现的人群，也一样可以发展相当高度的文明，而以畜牧—农业—采集的三结合作为其生产的方式。

国家起源与灌溉的关系，由马克思发展其论，由魏特夫集其大成，以为农业依赖大规模的灌溉而建设大规模的灌溉系统，则又促成了能够动员与管理大批劳动力的政治权威。这一说法，在考古学及史学上均站不住脚，中国历史上的大型水利建设，经常被这种水利国家论者取为佐证。然而中国古代的水利网大率由地方性的政治权威建设，如西门豹、史起诸人，其时间远在有效率的中央集权的国家权威出现之前。国家不是因建立水利而出现的。大禹治水的传说，当然更是水利国家论者的佐证。然而如果大禹果有其人，治水果有其事，以当时（新石器时代）的条件而言，一个政权命令之所及，不过几个或几十个村落，一场洪水也不过是地区性的泛滥，谈不上建立王国的规模。中国的农业，灌溉以井及池塘为最普遍，这种小规模的水利体系，占了中国农业水利结构上最重要的一环。中国古代以黍稷为主要农作物，稻米与麦类的重要性是后世才逐步发展的。黍稷为旱地作物，对于灌溉水利的依赖就更小了。

若将河流与水利放在一边，中国文明的特质中若从古代算起，当以筑城及筑道路最为大家所忽视。

筑城与筑道路

筑城，渊源于中国人的筑土围。黄土平原上土质易于挖取，但在"夯"实之后，黄土的墙却又极为坚实，是以土围可以防水，也可以为自卫的工事，建筑不难，而为用则甚可观。是以李济之先生以为筑城是中国人最出色的技能。村寨有墙垣，河岸有堤防，以至一国的国都，必有城墙围绕，由内城而外郭，一圈一圈地围住，驯至整个国家可有长垣，而中国人的农业世界与北亚游牧人群之间也有一条曲折绵延的万里长城，隔断了牧场与农地的中国。今日的大城市，城墙拆剩了城门，聊为纪念物。但是在广东、福建的土楼，仍是筑城心理的具体表现。几百口人聚居不散，由高大的土墙围成保障，甚至某些强权如水银泻地，无孔不入，却也进不了这一个大圆圈。

由城墙围绕的聚落是地面上的"点",点与点之间的联系则是道路。作为聚落之间的联系,道路将若干孤立的小区结合为一个整体。及至成为更大的政治单位——国家,道路依旧是主要的联系方式,将各个地区结合为一个整体。《诗经》的周道,其直如矢,其平如砥。《国语》中讨论一个封国的政治是否良好,君臣是否称职,也可由道路的维修情形加以判断。周代的道路,有行道树,有路标,有行人休息的亭,有夜间投宿的舍。修治道路桥梁,是国家重要的政务。在没有其他通信设施的时代,驿亭与信使是唯一传信的工具。水运比陆运易行而载运量大,但是河流不是处处能通,也不是时时能通,中国无内海,遂必须发展庞大的道路体系,以凝聚如此庞大的国家。固然西谚有"条条大道通罗马"的说法,地中海的航运使罗马各地有风帆之利。一苇可航,四通八达,然而水运可以由一个港口转移到另一个港口,海面上却没有永久的联机。与水运相比,陆上的道路体系则是一条一条长存的脉络,将各个部分更长久地结合为一体。也许罗马与汉代中国的不同,即在前者易合也易散,后者则结合难,而一旦有了具体而持久的联系脉络,这一整体也就不易分散了。

中国的道路体系成长的过程是缓慢的。两点之间的联系逐渐延长,连接许多点而成为网状。由核心地区辐射,先成为线型,再成为树型,然后支线与支线之间有新的联系,终于演化为密布的网型。因此,中国的扩展,不是面的扩大,而是线的延长。一般人可能以为秦汉帝国的疆域已经远达南海，其实，秦汉时代，在南海政令所及，只是由两湖盆地向南延展的一条线，线的末梢是番禺。道路线的两侧，却还未整合为中国的部分。

道路的文化

中国文化的扩展随着道路的延伸而进行。以中原与西南的关系而言，第一阶段是由汉中一线联系关中与成都盆地，然后才逐渐发展为几条路线，分别将巴与蜀联系于关陇及荆襄。诸葛亮南征，始于开西南夷的路线，发展为一路向今日的云南，一路向今日的贵州，成为中原益州干道的延长线。直到今天，西南的少数民族仍分布于道路网之外。

线性的分布，即使已呈网状，线与线之间仍有空隙。我们可称之为"隙地"。隙地可能离道路网的主线接近，但因在网状之外，其接受道路网上文化与经济的浸润，可能逊于空间距离遥远却在网络结构上的另一地点。举实例言之，重庆与宜宾都在道路网的主要路线上，两者间文化与经济的相关性，即超越重庆郊外数十里的小县份与重庆的关系。这一隙地的特点，可以解释中国人才与资源的分布，也可以解释中国"地缘政治"的特性。

道路的延伸与发展，在中国的地方行政体系上也有所反映。汉代在边区的治理，不是郡县而是"道"，例如越巂道、青衣道。"道"正代表了开拓的路线，然后始逐渐列为郡县。

唐代的地方行政单位是道，例如剑南道、淮南道，宋代的地方行政单位是"路"，例如广南东路、荆湖北路。这些地区，幅图相当于后世的行省，或行省中的一部分，但细审其疆域，大都是有一条大道贯穿，或有一个地方性的道路网集结其间。中国的分省制度在元明以后方形成今天的界限，其分省的原则颇为依照贫区富区相参，使一个省区多少可以自给，而又将战略形胜分别划归不同的省区，使疆吏不能有专擅的力量。元明以后行省制度改变，一方面是因为帝制威权更盛，另一方面也是因为人口渐多，人烟渐密，内地开发已毕，路已成繁密的网络，不再可用线型的交通来规划了。

"道"字具有抽象的意义，其渊源当是与"道路"，与"经由""履行"有关。于是治道、大道、小道、王道，以至至道，均由道路一义衍生而来。中国文化特重这一"经由"与"履行"的观念，其发展的经过源远而流长，可能就因为中国文化处于大陆，陆上的交通非经道路不可。中国的文化，与其说是由河流（尤其指黄河）衍生，竟不如说是道路的文化了。

从考古学看中国古代文化发展

因为我研究的是上古史,所以对考古学有特别的兴趣,也因为中国台湾近年来考古学的发展比较式微,在中国大陆,考古学的发展相当蓬勃,为我提供了一些数据。在解释考古学方面有一个发展的过程,从比较教条式的发展,逐渐走到今天,又走到一个转折的轨道,所以我想让大家了解考古学在中国文化方面的情况。

我想各位最近看见台北故宫博物院一些重要的考古展览,展品都是重要、有趣、好看的文物,例如三星堆、汉代文物,等等,但考古学不仅是对文物的研究,也不仅是对古物的研究,考古学是要看到古物后面整件事、物、人,那些制造古物的人、使用古物的人,等等,这些才是考古学的本体。再进一步看,也不单是古物,更重要的是古物所出的地方(所谓遗址）即遗址本身的情况，遗址内部各个单元之间的关系，若干遗址形成了遗址群，群与群之间的关系，再更往前一步，遗址群与自然环境的关系，一重重推演下去的主要目的，是要看看古人在他们当时的生存环境下过着什么样的日子、组成什么社会及他们的思想方式。换言之，考古学是在使用文献以外的历史重建过去的学科。史前时代没有文字记载，人们几乎要靠古物来重建历史，等有了文献以后，我们再拿文字材料和实物与古代史相结合，重建更清楚更周延的系统。重建出来的系统，当然和古代传留下来要靠传说与官家的文书建立起来的故事有相当的不同。民国初年王国维先生特别提出"考古是二重证据说"，考古学提出证据可以证实或否定文献上的东西，要两种证据都证实，我们才能认为那段历史或那一件事可信。王国维先生说的基本上是制度、典章及史事。在好几十年后我们更注意的不只是单一的史事典藏文物，我们更考虑人的生活。在考古时代，没有形成国家和相对稳定的疆域，我们对考古上所见的古代史的解释，人类在某一地区、某个时期所过的生活，并不当成某一国家或民族的历史来看待，而是当作全人类历史在某一地区的实况。

中国的考古开始与历史研究所有相当大的关系，"中研院"史语所与中国考古的关系对我们来说是自己家里的事情，我也一直在史语所，第一次中国现代考古学的出现是李济之先生在山西西阴发现新石器时代的遗址，梁思永先生在山东的城子崖又做了一次发掘，这两次发掘是中国考古学开创纪元的事情。从城子崖讲起,城子崖以后在山东发现黑的陶器,很薄而精美的形式,没有花纹,我们称黑陶。在黑陶出现早一些时候,在河南渑池县仰韶村有一些红色、黑色的陶片被外国人搜集到,当时的外国学者一致认为彩陶的形式与花纹与俄罗斯西南部文化相当类似,认为中国文化是由中亚、西亚经过俄罗斯传入中国的。傅斯年先生则说,中国文明事实上是有夷夏两种族,夏人在西边,夷人在东边。有了彩陶、黑陶的观念以后,新石器的面貌和过去看文化的方式又不同了。古代文化的差异说明,古代民族进退分合,完全代替了三皇五帝的传说系统。《史记》记载的古史也因此未必是信史。史语所又在河南安阳发掘殷墟,使我们对殷代历史更清楚,不但证实其存在,而且许多文献记载是相当可信的,对于商王的世系与《史记》记载是相符的。除了文献,从殷墟本身土层中可发现制陶和建屋造车的工艺,我们都从实际的遗址上得到文献中没有的知识,也奠定了中国古代历史研究坚实的基础。到今天,安阳的发掘还没有完全做完,安阳的邻近地带还不断有人在发掘,史语所对安阳的发掘工作到1937年因抗战而暂缓,等到1949年10月以后,大陆的考古研究所又继续在安阳进行发掘工作,直到现在;在两个月以前,西花园附近,又找到至少一千五百米的城墙,它大概也是殷商的城。如果这个城确实出现,我们对于安阳是不是政治中心、是不是礼仪中心就会有更好的答案。早期的工作说明,依靠考古学的发现,我们对古代增加了更多的了解。1949年以后到1980年也是中国考古学非常发达的时候,大陆常在修路、建工厂、造水库的过程中发现遗址,偶然发现及各自发现的总加起来,单单新石器时代遗址就有三千多个,在遗址的计算上有的以层来计算,有的以发掘次数来计算,所以我们无法给一个精确的数字,我所谓的三千多个大概是指"地点"而言。这个数字就世界考古学而言,可谓罕见的丰富。

解读了新石器时代的考古数据,我们便可以真正了解古代的文化面貌;但是,大陆在使用这些材料时,有一大堆宝库却不会用,其中的盲点是框框套套,认为社群演化是从母系转化到父系的。他们忽略了多样性、演变的不同步骤及自然环境对人类的影响,忽略了各地做不同的选择,他们只是用哑巴材料证明其固定的学说。

另一个盲点是"中原中心论",中国人常把中国的中原当作古文明的起源,这当然与中国人的大中国主义有深厚的关系,也和20世纪初期"大河文明"理论有相当关联("大河文明"说认为,埃及的古文明是在尼罗河发展,两河流域古文明是在其冲积平原发展。到了20世纪中叶以后,这一套说法被证实有误)。

经过五十年不断地发掘,陶片、遗址这些哑巴数据堆积久了也会说话,材料中有内在的逻辑出现,反映了历史面貌。最近苏秉琦先生提出中国文化起源多元之说,他的书名是《中国文明起源新探》,由香港商务印书馆出版。他认为中国考古的内在逻辑是,历史不仅在自己演化,历史也是由各地区不同人群创作出来的，各个文化互相冲击、影响，有一个传播及交换的过程，各地的交换、传播又加强各地自己演化的动力和能量。而苏门弟子也拿他的大理论框架来检验每个地区文化演进及分合的步骤和过程。苏先生从陶器的变化来考察、发展其内在的逻辑。他最早提出来的观念是红山文化与仰韶文化的关系。在今天的辽宁，西辽河旁边大凌河流域，建平和凌源两地中的山脉有红山文化。在红山文化的礼仪中心有许多石头堆起来的墓，也有石头架起来很高的金字塔以及女神庙及精美的玉石雕刻。陕西西安的半坡遗址代表仰韶文化。这一文化分布在陕西到河南西部一带。半坡仰韶文化的陶片有玫瑰花瓣纹饰。玫瑰花花纹和红山文化在山西碰头。汾河流域有一个陶寺遗址，陶鬲大到有半个人那么高。红山文化距今约六千年，半坡也差不多是那个时候，陶寺文化稍微晚一点，距今约五千年，换句话说，一个从东北，一个从西，这么长程的文化影响在山西碰撞，产生山西的古老文化。陶寺文化源远流长，往下到夏禹，再往下晋国在此建立基础。现在解释这个大文化在这里发展是受两处文化的冲击影响，是基于交换理论，得到的结果远比单线演化论还丰富。苏先生又谈到古城邦国演变过程，小文化区聚集成大文化区，文化富足而聚成城市，城市就是一个大的文化集合体。城市可以是政治中心，也可以是礼仪中心或交通据点。假如找到古城，就表示文明到达一定水平，也表示文化体的范围相当广、人口也相当多。若干古城代表的文明互相冲击、激荡以后，又互相拼合成古代国家。他用"邦国"来代表，表示地方性的政治单元，若干地方性政治单元最后又可以演化成为真正复杂的国家组织。中国历史上，据说夏代夏禹建国，他的儿子继承他。从夏、商、周三代递嬗代兴的理论来看，夏代应当算是中国第一个完全成熟的社会形态。夏朝的年代应当是公元前2000年左右。

从古代文化谱系的排列大概可以看出，公元前7000—前6000年，古代村落已成形。农业发展，北方小米、南方稻米，在二十多年前一直以为南方稻米起源地点是浙江余姚河姆渡，公元前4000年左右，今天我们知道更古老的稻米是在湖北和湖南，尤其湖南彭头山与城背溪出现，那里有约公元前7000—前6000年的水稻及水田遗址，有无数稻米印在陶片上、压在墙中的痕迹里，还有若干储存稻米的粮食坑。北方小米约公元前7000年，在太行山东边靠冲积平原，离冲积平原有百米高之处，有六七处古老遗址，当中有储存工具及磨粉的磨子。有了稻米与小米，有了农业，人口多了，才有聚落人口，才有村落。有了村落才有更大的人群单位，然而各地发展步伐不一，有的快有的慢，各有各的特色，然后才一步步集成更大单元。这些单元不断交换冲击，在公元前4000—前2000年时，中国可能有七八个文化圈彼此有来往，但都有自己长期发展的背景，与后来族群分合基本上相符。我在十几年前也在这上面考定，春秋战国的国家归并成七个大国、三个小国。这个文化圈观念和苏先生的文化圈观念相比较，也是相当相符。换言之，地方文化的谱系一直可以回溯到新石器时代，要在这个基础上谈古代国家。

几种文化在互相激荡影响的过程中有进有退，有时强的文化并掉弱的文化，有时两个等强的文化可以互为进退。我举两个例子：一个是循着河西走廊，在公元前6000年左右陕西一带的文化，例如仰韶半坡文化，到公元前4800—前3500年时它的边缘推到甘肃、青海边上，到约公元前3000年时它的边缘推到武威，到公元前2500年时基本上已经推到新疆的东边。这四个阶段的推动，界限的移动相当清楚，我们看见一种强文化侵入弱文化的发展过程。这一文化推移的功能是传入青铜。中国最早的铜是红铜，红铜出现的地点是我刚才说的方向倒过来走，公元前4000年左右的红铜是在新疆，公元前2000年左右的红铜到了陕西。我们推想中国青铜的知识是从外面得到了信息，然后再发展自己的本土技术。另外一个例子是：陕西关中文化在公元前4000年左右往北发展到河套，陕西文化经黄河三条河谷向北发展，延展到河套及与河套平行的大同地区，等到公元前2000—前1500年左右又反方向往下延展。游牧民族的特征一直被带到陕西，而我认为西周的建国，就是因为从北南下的民族带来了北方的武器和战斗技能，周因此由游牧民族进入农业，并很快在当地建立了国家。而这一进一退是两个方向走，所以文化的演变不能由单一面貌来解释。在平面之间还有上下高低的变化，为什么小米在一百多米高的坡地上栽种，而后来的很多村落在下面，目前我在找它的等高线，它是从山坡往底下发展，愈到山坡底下时代愈晚。今天的渤海是当年的大海遗下的一小块，今天燕山山脉、太行山山脉围成的弧形地带即河北平原当年是个大浅海，与山东半岛的湖泊相连，黄河带来的黄土堆积后形成河北冲积平原。换句话说，低矮的土地是后生的，坡上的土地是较早的，所以小米的发展从坡上往下面走。同样的情形，湖南澧县也在100米左右高的坡地上，在小河附近的山坡上有所发现。今天湖北、湖南以及江西的部分，古代是大内海（到今天湖北还出石油，石油是属海相地形），秦汉还有云梦大泽，后来才一步一步干枯变成许多小湖。今天的洞庭湖只剩一条河。所以从湖泊的演变、浅海的演变可以看见文化的开展是在等高线上进行，而非平面上进行。中国地区非常大，不同的地区可以出现的文化演变模式与方向内容非常复杂，呈现出来的面貌也非常多样。相较在埃及、两河地区来说，中国等于两地区的总和，所以中国自古就以多元、多文化、多中心的方式演变为多元一体，一体之中同中有异，表现在各地的方言及风俗习惯中。汉人"汉"的观念不能算是很古老的，它所代表的也不仅是一种意义，它代表许多聚集的小文化圈，也代表许多不同血统在其中混合，"运河中心论""单一中心论"都不能用。

我刚提到殷墟附近有西花园古城，红山有个大的礼仪中心，另外在杭州附近有个更大的礼仪中心叫良渚，大概在二百九十多万平方米的区域内有很多古代遗址，一种是大型的人工小山，最复杂的有一个山顶上有五种颜色做成的平台。另外有土台的基础，有六十米宽、九十米长、四米左右高，土台基础建在不同的地层上，填平池沼，填高卑湿。台上有九个五六尺高的火坑，还有建屋的柱栋，这就是当地的礼仪中心。有如此大的财力、物力建筑礼仪中心，这个社会的人数不会少。我考虑当时正值海退期，宁绍地区人民才可以耕种，才可以在盐水中种水田，因此要有一个团体组织人力，良渚文化的范围边际到达长江，过了长江到达连云港附近，而文化影响则远达广东、广西、河南。

在甘肃秦安大地湾找出一所大房子和八九间小房子，大房子隔成前堂、后堂，前堂最大的是一个个台阶，中间有大火坑和十分结实、几乎像水泥一样的地，上面画了跳舞的人像，房子外面有一排旗杆石。小房子围在大房子旁边，有大房子的九分之一大，也是礼仪中心。我们想象曾经有九个族群在这里聚会，大堂前面左右各插六面旗。换句话说，当时有一种复杂社会的结合方式，是以某种信仰为主的。

在古城方面，山东潍坊附近有五六个古城，成都附近有一串古城，宝墩一带最近出土大概四五个古城，这些古城通常是夯土筑成，古城所代表的是一种政治力量的结合。古代大社会群体出现不一定是某一种模式，它可以是军事和行政的，也可以是宗教和礼仪的，但不一定形成国家。古史记载上确实有以族的名字出现而不是以国的名称出现的现象，像"祝融八姓"我们始终没看见它以国的形式出现，而是以"八姓"的方式出现。春秋时期夷、狄、戎皆是以族的方式，不是以国的方式出现。汉代的游牧民族匈奴，他们最早没有国界也没有都城，但有礼仪中心，古代的两种类型有考古证据说明。

红山、良渚都是在山坡上或人造高山上，他们祭祀的对象是天神、自然神或"天"。而陶寺祭的是埋在墓中的祖先，陶寺遗址中，墓葬是一群一群分开的。领袖坟墓是大墓，这是祖宗的崇拜，假使以这两者为界限，我们发现，玉刻物件作为礼器的是和祭天有关，大型而精美陶器来作为礼器的是和祭祖有关。到了殷商，甲骨文记载的几乎都是祭祖仪式。祭自然神，也只是祭山水。古代的"巫"在卜辞的祭祀系统中没有显著的地位。崇拜自然神的系统中，巫是人神间的媒介。直到殷商，这两条系统才汇合，至周朝才完全结合。

问题与讨论

1. 许老师提到多元文化演变到多元一体，我相信多元有其文化丰富的内涵及一定的意义，但是多元是否也容易造成中国文化区域主义的发展？

答：区域主义一直是个现实。我认为多元是好的事情，人类靠多元才能存活，中国的多元不只在古代，在历史时期也不断有这种现象，我刚刚所说包括华北、华南、华中地区，在新石器时代其他地区也有各自的发展及其文化圈。中国不断向四周围扩展，同样四周围不断压进中国。近四百年来，中国还向东南亚移民，这些都会与当地原住民有融合交换。文化的交换可能因为中国文化的强势而把土著文化盖掉了；各地方言如此复杂，可能即是文化的叠合。我们不以强势文化的胜利而欣喜，也无法为弱势文化的失败因惋惜而设法重建原貌。历史是无法回头的。一种文化压过另一种文化，同时也会保留一部分在叠合的文化中。我们今天吃外地进来的番薯，之前吃芋头，可能都是通过西南地区传送给中原地区的礼物，麦子也是介绍进来的，华南一带、珠江三角洲上野生稻米的亲属很多。在植物起源学上有个基本方法，哪个地方野生物种的亲属多，哪个地方就有其起源的可能。湖南、湖北野生稻类不多，华南珠江三角洲就很多，而且珠江三角洲是沼泽地带，应有发展稻米农业的机会，可能广东气候暖和，食物来源丰富，而湖南湖北冬天有两三个月，人们必须设法储粮，发明是因需要而来的；湖南有此需要，于是发展了农业。方言中也有原住民留下来的影响，有它发音的习惯、语法结构，像湖南今天交通四通八达却还有方言，这方言不是地理造成的，而是谱系留下来的，不容易改变。多元不是坏事，我们不用判断它是好是坏，从现实意义讲，越多融合将来越有适应新环境的可能。

2. 我们今天讨论的题目是跟中国古代文化有关，我想请问，考古学的资料都是从地底探勘出来的，地底下的东西是有限的，考古学是否会受到这方面的局限？此外，民初王国维先生说的二重证据，那么后来的考古是否能推翻之前的考古结论？

答：地底下的埋藏是没有穷尽的，人类不断在制造考古的东西，古人留下的文物我们是挖不完的。例如今天，美国立国短短二百多年，但美国照样有考古学，也发现很多和记载不同的地方。后来的考古学论断当然会推翻前面的考古学论断。从内在逻辑来看，越多东西发掘出来，逻辑上其可能性越相近于原貌。前面说过，苏先生的考古学就和20世纪80年代的考古学完全不同。再讲殷墟遗址，最早史语所的前辈在挖时并不知道坛和台，当时也没注意，一直等到别处发现坛台，捡回来记录才发觉；当时我们已经到台湾，石彰如先生实际亲手挖掘的殷墟，等到大家开始注意，他翻阅旧的照相和记录本才发现。所以今天大陆上几千个遗址出来，如果记录不完整一出来就毁掉了，永远不会再找回来。大陆上的考古工作严格程度不高，有一些工农兵考古队其实在糟蹋材料，记录竟不完整，还有以急于赶公共工程进度为理由，给你十天清理遗址，清理完就覆盖掉了。这一种破坏是无法恢复的。所以我们有一个矛盾的想法，宁可古物出土，又宁可它不出土。出来的东西当时不晓得多大用处，许多年后旁边的东西出来了，对照才知道，材料多了会呈现一定的原貌。大家听过秦俑，我宁可它不出土，一出土颜色就没有了，刚刚出来红是红绿是绿，一出土灰灰朴朴，色彩都没有了。西安附近法门寺的地宫中藏了许多宝贝，偶然地宫塌了出来一大堆物品，包括武则天送的袈裟和帐子，十年来已经不堪损坏。长沙马王堆的漆器在没有细菌的地下水里很完整漂亮，一拿出水就变形了。

3.许教授刚提到多元文化间相冲击，可能发生统治或被统治的情形，但也可能会有原先文化的遗迹，现今台湾平埔人文化在汉人社会中也呈现出这样的面貌，在文化融合过程中我们如何称呼这样的文化到底是谁的文化？

答：所谓统治与被统治是讲族群而非文化，文化是人的创造，其中有优势，也有弱势。例如汽车就代替了人力车。当然我们可以保留人力车，但是我们要讲速度，我们就选择汽车。然而有很多东西盖不掉，日本殖民统治台湾并没有压掉我们的民间信仰；基督教原先没有圣诞节，耶稣也不是12月25日生，这是许多异教及罗马人的信仰融合而成。在方言中有许多语法结构及语音习惯都可能是原来居住人留下来的。至于惋惜和称赞，今天要将平埔文化复活，事实上不可能。今天我们在哪里发现遗址，我们为它命名，但以后发现内容越多越复杂。我们拿另一个村落来代表，例如原来大溪文化改为屈家岭、石家河，这不牵扯任何族群观念，只牵涉古文明集合的文物代表，也只代表其中若干成分而非全部。今天台湾族群较为泛政治化，文化的发展不能有褒贬。多元发展是全世界人类文化发展的过程，天下没有纯种的文化。

1988 年 12 月 14 日

古代中国的面貌
——从现有的考古资料说起

考古学发掘的经过是很长久的,非一次、一地的发掘就能确定的。当然考古学史本身是一个很广泛的题目,所以我并不想从考古学史上谈古代,我只是用考古学上已经有的数据重点地向大家介绍中国古代史。

第一,讨论的地理范围,我想以现在的华北及部分华中地区为古代史的主要重点。大家都知道,约50万年以前,在北京有"北京人",若以旧石器时代的遗址来说,我们知道的远比北京人还要多,但这并非我讨论的重点。我所要谈的是中国古代的文化,所以应该从新石器时代说起。新石器时代也就是农业刚萌芽时,村落居住形态已经发展完成,此时期远比五千年还要早。我们可以从几个最古老的地区,发现到目前为止被认为是新石器时代的东西(约七千年以前),

如华北地区在现在河南北部及河北中南部，此一地区可以说是后来新石器时代的起源，当时已有农作与村落，而且石制工具（如磨盘）已经相当精良。此外还有陕西及汉水上游地区发现的古老文化，约有六七千年，换言之，中国文化的起源远比五千年文化还要早几千年。

早期的新石器时代，约在黄河流域中游（靠北）以及陕西、三峡及汉水中游（均非泛滥平原上），这是中国人农业村落最早发生的地方。这三个地点正说明中国文化不是从哪一个地点辐射出去，而是至少几个地区齐头并进的。此一现象大家必须注意，因为后来新石器时代的发展即循此一模式。

第二，在新石器时代，我们可以看到几个传统不断延伸下去，如：（一）黄河流域，从磁山、裴李岗延伸到仰韶、龙山，演变期间长达三四千年；（二）从大地湾延伸到陕西陇山；（三）汉水上游，三峡附近延伸下去成为嘉陵文化；（四）山东半岛的大汶口地区，代表当地的文化，此文化也在五六千年以前。由此可知，至少有四个相当古老的文化各自发展其特性。唯彼此间仍经常不断地交换，构成缓慢的转移。也就是说无论从东到西，或从西到东，其变化的过程也是非常缓慢的，虽然有独立的传统，可是互相的影响是非常深远的。

南方在四五千年以前出现一些现象，我们从浙江省余姚附近发现的世界上最早稻米作业之处可看出，其分布地为长江三角洲到杭州湾沿海地带，这一支和北边大汶口之间关系深远，相互影响。此外，我们发现了中国最早的木结构建筑。

虽然我们有这几个独立的传统，但是没有一个传统是孤立的，其相互间的影响、模仿及交流，最后构成中华文化的底盘。虽然此时尚未有"中华"二字，但我们可以看出中国文化在新石器时代，由于这种互相交流影响，已经构成共有的大系统，这一点在世界历史上并不多见。

第三，有几种古老的文明，如西亚细亚两河流域，也有古老的传统，但其传统所到达的范围是非常小的，其范围约为我们大系统的五分之一。以印度古代文明来说，海德拉巴（Hyderabad）是比梵文文化更古老的文明，其分布地区是今巴基斯坦五河流域，也是非常小的地区。换言之，中国在新石器时代已经构成大的文化体系，其范围之广，内容之复杂，且各单元之间的影响，在世界文化上是少见的，原因何在？或可解释说，我们中间没有很难跨越的地理障碍，或其基本居住的条件类似。此一现象有很重要的意义，也就是说这个体系成型得那么早，虽未达到完全一致的地步，可是已经显示出不能分割的特性，此一特性就构成中国文化统一性极强的性格，虽然政治上有分久必合、合久必分的情况，可是到了最后总是有很强的文化统一性。

中国古代最古老的王朝是从何时开始？一般的传说，不外我们是黄帝的子孙，还有尧、舜、禹等圣王。当然传说不能完全抹杀，不过今天以考古学的观点来说，至少应具备国家的形态。从一些迹象可以看出来，如围城、公共建筑或仪式中心，从这一类的推论，古代的国家到底出现于何处？根据最近数据显示，辽宁发现一个古城，约有五千年历史。严格说来，若以遗址附近其他遗址分布的密集程度、遗址中间的公共建筑性质以及遗物的多寡来看，则黄河北边山西、河南一带为夏代活动遗址，因该地区有相当显著的遗迹，显示当地曾为首都。这是一种巧合，即传说与考古学相吻合。换言之，夏人活动的地点可以象征古代国家出现的遗址。若此说法正确，年代上都有相当对称的地方。换言之，距今四千年上下，中原地区有古老的国家出现，因为文字也是要件。商代的甲骨文与山东大汶口遗址所看到的新石器时代陶文，在写字的原则上和六书的原理上并无差别。以原则而论，大汶口的文字不能算早，而且年代基本上也比四千年久。这些现象肯定了我们的几个假设，即国家的形成必须先有文字，且农业的资源必须到达一定的水平。然而，夏商之间的关系如何？《三字经》中谓夏亡商兴，《史记》中记载商代成汤以前有许多先主，而这十几代先主应该是和夏王同一时代，所以夏商并非一前一后的继承，而是在地理上并列的两个单位。此与《三字经》中三代继承的关系不同。在考古学上完全可以肯定并存的关系，因为从今天河南黄河中游地区看，文化虽呈现新石器时代的面貌，但很多已经作为后来安阳遗址发现陶器的先声，其形态、做法、装饰都已经是先商文化，换言之，他们与夏国之间互相影响，不过基本上仍是两个单元。

可是有趣的是，当年以为商代的文化只在中原一带，但是最近这几十年发现商代文明往北可以到河北的超城，因为在那里发现有很清楚的商代城市，往南也很清楚地到了湖北的盘龙城。也就是说从甲骨文上判断，商代真正的疆域可能是在这一块，而我们从考古学上看出商代城市的遗物，也显示了其文化的辐射可能远超过其政治的疆域。换言之，其政治势力远达的地区，超出了实际统治的疆域，这是一种假定的说法。由于南到广西，西到渭河，北到辽东，我们都发现有商代遗物或受商代影响的遗物出现，所以这时我们可以看见三层圈子，第一层是其政治的地区，第二层是其政治力量可能到达的地区，第三层则是其文化到达的地区。然而在其文化到达圈的远层地区并不是普遍地有这些遗物存在，那些有商代遗物存在的遗址，往往是孤立的，四周围有土著的文明存在，那些土著自己做的陶器，甚至于模仿中原铜器做的青铜器，都带有土著显著色彩。也就是说，文明虽然传播到这么远，可是基本上在那里还是土著的文明。从这可以看出中国文化在很早以前就形成了一个体系，它除了继续存在以外，也不断在扩大。以靠长江边上的湖北盘龙城为例，在那附近的遗址保留得很清楚，可以看出有新石器时代延续下来华中地区的文化特性。我们在同一个遗址里发现有少数的商代遗物及大多数当地土著的遗物，可见这个扩散的过程是物资先出去，然后组织的力量再出去，最后才是文化出去，共有三个阶段。商代的情况告诉我们，中国文化的演变过程就是这样的。

现在让我们看看是什么时候形成了"华夏"或"中华"的名称。"中"这个字很简单，就是"中央"的"中"，可是"中央"的"中"要真正解释起来也很麻烦，因为它的来源究竟如何，是很复杂的问题。由于众说纷纭，我们暂且不去管它；不过"中"字原来的意义是正当中，由于有正当中所以有四面八方，也正因为有四面八方所以会有正当中，这是相对的观念。人总说自己是最中央的，而且也总说只有我是人，旁人都不是人，自古以来，世界各国都是如此。例如中国古代管东方叫夷，北方叫狄，西方叫戎，南方叫蛮，认为他们都不是人，只说自己是人。世界所有的文明都是这样。现在我们要谈"中华"和"华夏"的名称是哪里来的。首先我们要知道我群与他群观念的形成，一定先要有我群实体的存在。中国从新石器时代开始，这个实体就逐渐在形成中，由于到了商代，它还有内圈、中圈和外圈的分别，而外圈所到达的地区很难成为我群实体的一部分，所以这个我群实体的真正构成应该是在周代。商代虽然已经构成了一个我群，可是它的我群太排外了，没有包容性，不能扩大自己的我群，它可以用武力、用征服来扩大自己的统治，却不能扩大自己的我群，所以商代虽然有一个很强大的政治力量可以到达那些远超过我们原来了解它的疆域，但却不能构成一个华夏民族；而以商代文化的条件来说，足以变成后来华夏文化的基础，可是却无法构成一个华夏民族的认识，直到周代才有这种条件。

周和夏、商的关系是很特别的，我们今天了解周人是和夏人有一点关系的，至于关系如何，很难完全确定。不过至少周人常自以为是夏人的后代，在说到夏的时候，他们都说"我们的夏"或"我们伟大的夏"。可是周人居住的地点不在夏人居住的地点，而是和夏人原来的居地有一点距离，所以他们与夏人的关系究竟是亲属的、联盟的还是属下的，我们难以判断，可以知道的只是，他们是有关系的。而周人与商人的关系也和商人与夏人的关系一样，是共存的，周人的先主也可以数到十几代以前，这十几代的先主在史籍和其他古代的典籍里交代得很清楚，他们是和商人同一时代的。因此周人也不仅是继承商人的一个族，而是和夏、商同时存在的，不过他们的活动地区稍微偏西一点。

西周的史事在考古学上本来是没有多少可说的，西周的历史也很少有几部书能说几句，可是现在因为零零碎碎考古累积的结果，而颇有可说之处了。过去的学者说周人完全是从西边过来的，而钱穆先生则认为周人是从山西慢慢往西搬，搬到陕西去，并不是从陕西往东搬，两种说法不一样。有趣的是，在陕北一带曾发掘出一个周人的遗址来，那个遗址正好布满了整条移动的线索，这是传说与考古数据可以配合的地方。从零零碎碎传说的数据来看，周人应该是往北走，然后又往南走，而从考古学上来看，我们也可以假定开周的几位先王的时代，就是在渭河地区周代的遗址。周人在搬到渭水流域以前，有一段很长的经历往外走，然后又回来，在这个过程里，还有一个很特殊的现象也是考古学上可以证明的，就是气候的改变。因为周人往北走，很可能就变成草原民族的一部分，过的是草原文化的生活而忘了农耕技艺，后来才重新拾起了农耕技艺，所以我们可以说周人从北又往南、从不能种地的地方到能种地的地方。这条线恰好是农耕与草原交接的线，这条线在摄氏温度上差一度，我们可以在地图上往南往北挪动几十里，摄氏温度差五度，则往南往北可以挪动数百里，这是什么意思呢？就是表示天气暖和的话，农耕地区可以往北延伸，天气冷的话，农耕地区就要往南收缩。由草原到农耕中间的转变，可以使人搬家，但同样也可能因为气候的关系，使原来居住的草原变得可以农耕。我想这两个条件大概都存在，因为气候暖和了，农耕地区扩大，草原上的人可以形成草原文化的地区就缩小了，缩小以后，他们感到压迫，就想挤出去，这一挤可能挤到边缘的民族。同样天气过冷的时候，靠北的地方连草原的日子都不能过了，他们也要往南移，像这种你推我，我推他，他推第四者，一路往南推，就形成了波浪形的链状反应。

由于气候暖和，产生局部性的人口压力，气候变冷又有链状的压力，这两者都能造成人口的迁移，所以周人搬过来的这条路，我个人认为与气候的压力有很大的关系。周人在搬到这里建国以前，差不多是在三千四五百年前的时候，这时中国的气候整个都在转变，这里的气候也在转变中。而恰好在三千四五百年前，也正是雅利安人进入印度的时候。

等到周人在这里建国时，它和商人的关系是并存的，可是其势力不如商人大，国家不如商人大，人口不如商人多，但是其文化受到了商人的影响，也保存了自己固有独特的色彩，同时还接受了草原的影响以及西边羌人的影响，其本身就是很有包容性的混合体。周人以这种混合体的特点，在打败商人以后，由于人少，要治理这么大的国家是很困难的，所以就建立了许多驻防的点，每个驻防的点到后来都变成了一个诸侯国；从考古学上看最显著的一个驻防点就是在今天北京附近的燕国所在地，从这里我们看得清清楚楚，里面有商人文化的地盘，有周人文化的地盘，也有土著民族文化的地盘，三者共存。由此可见周人又采取了所谓包容性极强的政策，对于旧日的敌人商人，采取了尊敬、合作的态度，对于土著也采取合作、共存的态度，这种精神是很了不起的。

周人是同姓不婚的民族，他们以通婚的方式和其他的族群联合在一起，同时以包容的方式来共存，不仅在燕国如此，即使在长江边靠近下游的当涂县所出现的遗址也有同样的现象。这种包容性极强的情况使得周人可以继承在新石器时代就已有的传统，那个传统就是从一个交流混合体里面构成的共同体系在周人身上得到延续。

现在再回到刚才我们所谈的"华夏"，周人为什么要这么称呼自己呢？可能在古代，"华"和"夏"两个字是同一发音，读急了变成一个字，慢读了就变成两个字。说实话，梧溪人到现在对这两个字还是分不清，如果要他们念的话，这两个字的发音是完全一样的。"华夏"变成周人对整个的族群的称呼，不过他们并不叫它"周"，因为他们承认有别处不是周，这种精神很了不起，使得中华民族可以成型。在周人几百年的统治里，虽然其分出去的远征军或驻防军的基地一个个变成诸侯国，一个个逐渐地发挥了地方的特性，可是那些特性只是小异，基本上还是大同的，大的相同点就是远到新石器时代已经逐渐成形的共同体系。所以我们说中国文化的统一性比政治的统一性先出现，而且维持的时间相当长，等到周人强大的文化包容性与政治包容性出现以后，才造成了一个真正统一的政治秩序。这个政治秩序与刚才我们所讲的文化体系相辅相成，替中国构成了一个永远庞大而充实的核心体，这个核心体到了历史时代以后，不断有人口的移殖与人口的收容，不断在吸收，也不断在扩大，内涵极丰富，而且扩展性也很强，因此变成一个非常结实的文化大民族。它不会被打散，在世界上是一个少见的例子。例如世界上另外一个庞大的印度古文明，在印度次大陆上也有一个广大的文化圈子，这个圈子的形成也是因为包容性很强、吸纳性很强，可是它之所以长久没有形成一个统一的政治秩序，是因为它的政治秩序里没有像周人这样强大的包容性，它只有文化的包容性而没有政治的包容性，所以到今天，印度境内还是有种族的差异与宗教的差异存在。另外罗马帝国也构成了一个强大的政治秩序，但是因为没有充实的文化共同性，所以到后来虽然成为欧洲最主要的传统，但仍无法维持长期的统一。因为它没有文化的统一，所以政治也无法统一。以这两个庞大的体系作为例证的话，我们可以看见中国的个案是很不一样的，它使中国人无论到哪里都称自己为中国人。同时也是中国无论怎么打也打不散的一个原因，并且造成了中国人观念里所说的"分久必合"的影响。其实我们中国分裂的时期远比想象中长，可是在我们脑海里，从来都只记得统一的时候，不记得分裂的时候，这个原因就是，我们文化的秩序与政治的秩序是合一的。

中国人的生活与精神状态

群体取向的生活

中国人的生活是群体取向的。自从有文字记录的商代以来，中国人即有邑与族两种群体，将每一个个人都收纳在社群的网络内。几千年来，亲戚姻娅的关系超过民族情绪，乡党邻里的影响超过国家认同。可能由于精耕细作的农业生产，中国人安土重迁，社群的稳定与持续遂使其成员之间的凝聚成为中国人生活中十分重要的因素。

生长于紧密结合的社群之中，中国人习惯了拥挤，也不在乎彼此的干扰，而且常以彼此干扰当作互相关切。这种生活，好处在不致落单，有可信赖的亲朋邻舍，平时嘘寒问暖，有事互相帮忙。大家生活在相同的环境之下，即使没有法律，有了社群共同遵循的规范也不会十分出轨。在社群的庇荫下，人人心态平和，天天日出而作，日落而息，生活平静而安定。

这种生活的缺点，则是个人既无隐私，也没有多少选择的自由。一言一动，都是十目所视，十手所指。社群的褒贬严于华衮斧钺，社群持守的传统不容许任何人轻易改变。生活的方式，包括饮食起居，可以有丰啬的小差异，却不容许特立独行，超越常态。社群的压力，比国家代表的公权，更有强制性，而且不容许个别成员投诉。

中国人的人生仪礼，都不断地在加强社群意识。孩子出生不仅是一家的家事，子孙还是亲缘组织谱系的延续。所以，不孝有三，无后为大。孩子的出生仪礼，首先是对列祖列宗有了交代。小区是一个整体，孩子出生，不仅是父母有了一个小孩，也是小区多了一个成员。送贺礼、分红蛋，都是接受这一位新人加入社群的仪礼。孩子成年了，男婚女嫁，不是只为了两情相悦，而是为了结两姓之好。中国人严格遵守外婚制，即是以千丝万缕的婚姻关系编织网络，笼罩个别的亲缘族群为一体。因此，婚礼是大众参与的仪礼，新郎新娘往往只是受人摆布的道具而已。

死亡仪礼，也是大家的事。从报丧祭到出殡，丧家都必依赖亲戚与乡邻的帮助。孝子哭泣之哀，用孟子的话，可以使吊者大悦。吊者的"欢悦"不是幸灾乐祸，而是称许这一家在仪礼方面合乎大家盼望的规矩！

一个人在种种仪礼中成长，不断加强对社群的归属感，也不断确认群体的规范。于是具有群体意识的中国人,至少到最近几十年以前,可以有一个相当安定的但是不怎么自由的生活。日常的规矩早已内化为生活的一部分,凡事不必有多少选择,也不可能有多少选择。有了事情和变故,总会有人管。婚丧喜庆,大家出钱出力,等于不成文的社会共同保险。在太平岁月,每一个人都可以盼望这样度过平凡的一生。

对群体的依赖使中国人在离开原有社群时,必须设法塑造另一个群体。中国人在移殖开拓时,不愿单枪匹马孤独闯天下,而是呼朋引类,一牵一串,在新开辟的土地上复制老家的翻版。台湾移民社群除了村落之外,还不断组织各种祭祀圈,以原乡的神明为团结象征(三山国王、清水祖师、观音、妈祖……),结合为相助相依的共同体。这种生活方式,不易发展成美国拓荒者那种个人本位的性格,这是受中国文化制约的群体取向。

人际关系的相对互动

中国文化中的五伦,即是五种人际的关系,君臣、父子、夫妇、长幼与朋友,说明了五种类型的人际对应。君臣,并不只限于政治体制内狭义君主与臣民之间的关系,其实是所有上级与下级之间相对待的原则。君对臣有相当的礼敬与信任,臣对君即须忠诚服务。父子之道也是相对的,父慈,然后子孝。夫妇之间,妻者齐也,应当平等相待,有情有义。

长幼，是由兄弟一伦推广，长者爱护幼者，幼者敬重长者。朋友之间，更须以义气相待，彼此尊重，然后有恰如其分的友谊。人伦纽带的两端，有此方有彼方，一方不符合人伦规范的行为标准，另一端即无须片面地遵守伦理义务。于是，推翻无道的君主不算是叛逆；远离乖谬的父亲不算不孝；夫妻不能在一方不义时，还片面要求对方不乖离，兄不友则弟不必恭敬；朋友不以信义相对，即不再是朋友。五伦原应是平等而互应的。

但是，在实际的人生中，人伦纽带的两端本有强弱的差距。君、父、丈夫与兄长都在强势的一面，而臣属、子女、妻子与弟妹则在弱势的一面：强者凌弱，在所难免。至少，强者处于有所选择的主导地位，强者可以选择是否遵守人伦的规范，而弱者只能在强者违背规范时，方有是否回应以相应行为的选择。更何况有了恩断义绝的意愿，又未必有拒绝遵守人伦规范的能力。

人伦实际上成为强弱上下等级化的关系。强者以其优势地位掌握了相当的权威。五伦的平等与对应，遂转变为三纲：君为臣纲、父为子纲、夫为妻纲等三类社会威权。一个人在这种威权体制下成长，若是习以为常，则也会为自己找到自己的位置。或者自然而然地操持其威权，作威作福；或者柔顺地服从威权，后者甚至还会盼望媳妇熬成婆的一日，以同样的威权施之于顺服的弱者。如此，周而复始，人间的舞台上永远演出同样的戏码。

在文化传统中不断地涵化下，不少中国人对自己的身份有相当确实的自知，也因而能有相应的自处之道，言行适如传统规范的分寸。这种人可能占了人口中相当不小的成数。他们能清楚地自知在人生不同阶段的各种情境，遵从习俗而扮演不同的角色。他们大致不会有过于沉重的心理负担，也不会有精神上的迷惘与困扰。

但是，他们可能将如此遵行习俗当作人生的义务，即一种非做不可的事。即使在传统中涵化极深的人，一切逆来顺受，视伦常义务为天经地义，仍旧不易做到从心所欲不逾矩。儒家注重修身，理学家更注重自省。所谓慎独的功夫，即是要求内心也没有丝毫的怀疑与反抗。这种自我克制与反省，当然会导致相当程度的内心紧张。曾子到死，一辈子战战兢兢；孟子所说任重道远，死而后已……不少儒家之士背负了终生的紧张，到死方休。这是极为沉重的长期负担！大多数中国人，未必能像那些大儒一样，自觉地说出这种紧张，然而他们的负担也必然同样沉重。更何况，社群的监视必然又在已经沉重的负担上加了分量！五四运动中的近代学者对礼教提出了严峻的指斥，甚至认为"礼教吃人"，即是认识了这一份沉重负担的代价。在这份紧张的压力下，中国人的心态越是循规蹈矩，越是不易舒泰。中国人因此犹如许多宗教规范的信徒，自制下的压抑一向成为严重的问题。正因为中国人必须时时自制，儒家讨论的课题也一向偏重德教，而不是在纯粹知性中发展。

中国人的思考方式

人是能够思考的动物，因此现代人类的动物分类学名称是"智人"。然而思考的能力须经过训练始得发展。不同文化训练思考的方法各有专长，于是每一种文化都有其独特的思考方式。中国人的思考方式也许可有下列的几项特色，而这些特色也影响我们对人、对事、对物的视野与角度。

第一个特色，相对于希腊文化与印度文化的细密逻辑，中国人比较取径于直观与体会。中国人日常语言中，成语特多；中国文学中，用典是其特色。两者都采用一连串的模拟，提供一些相近的印象，然后重叠这些印象，抽绎建立起一个新的印象。这一过程只能意会，不易言宣。中国人擅长此道，找出一个"悟"字，代表直观体会。印度佛教传入中国，在中国经过华化终于成为发扬光大的宗派，不是理论严谨的唯识宗，而是直指心境的禅宗与诚心念佛的净土。在中国人的日常经验中，"悟"是时时出现的思考方式。

第二个特色，中国人观察事物，往往重视统摄全面，而不喜欢局部的分析。以中医理论为例，经脉遍布一身，气血周流顺畅，则身体康健。若有病痛，中医不愿头痛医头，脚痛医脚，而从全身整治调理下手。中国的绘画，以气韵生动为上，也是看一幅画的全面性；为此，中国画家一落笔就定了全局，不能在中途修改。这一些例证，不胜枚举，说明中国人不注重局部分析的思考方式。

第三个特色，中国人习惯于从有机的变化中看世界。中国人的诗词，最多的是对时节的感慨，中国人的宇宙观处处都是活泼的生命，而且生命本身就是值得尊重的价值。鸟飞鱼跃，是一个境界；绿满窗前，是一个境界；天心月圆，是一个境界。有机的宇宙观与上述全面性的考察，又是互相关联，难以区分的。因此，研究中国科技史的李约瑟曾经指出，中国人的有机宇宙观是中国文明的特征，截然不同于牛顿力学的机械宇宙观。

第四个特色，是中国人对"动态"的注意。《易经》一书，全是讨论变易的过程；五行相生相胜，也是不断进行的动态。"文化"一词其语根是"人文化成"，本身即是变化，而不是形态。太极图代表着进行中的变化，变化即是常态。这一命题，又与上述有机的宇宙观互为表里，陈述了中国人思考方式的特色。

以上四项思考方式，其实也是彼此相关，互相加强的。全面、有机与动态三项，只是从不同的角度陈述相同的现象，而直观的悟性则以非分析的思考统摄上述三个思考的角度。这些思考方式，落实在中国人的人生态度中，即是认识世事多变化，也准备面对变化。"三十年河东，三十年河西"，"天下无不散的筵席"，"日中则仄，月盈则亏"，"盛极必衰，否极泰来"……有了这些对变化形势的理解，中国人不是坐待命运降临的宿命论者，而是随时准备面对变化的命运调整自己的反应。这是一种乐观的命运论，正如海边冲浪的弄潮儿，随时抓住变化的浪头，调整自己的动作。在满潮时，为即将开始退潮而警惕；在谷底时，准备抓住再次上升的契机。这种智慧，不能全由直觉获得，必须有一定深度的哲学探讨，始能浓缩为这些日常生活中的人生智慧。

思想与生活

儒家思想的中心课题是如何做人，一切归结于以"仁"为修养之本，以"义"为社会层面的基本原则。儒家道德观以忠与恕作为仁的注脚，恭宽信敏惠为仁的衍生德目，而简约为"己所不欲，勿施于人"一语，非常简易明白的原则。儒家以"人"为主体，不必依仗本身以外力量的救赎。儒家求"仁"也是反求诸己，立下居仁由义的志愿，仁义便自然而至。因此，儒家的理想心态是积极进取的堂堂君子。不过，此处所说的"进取"绝对不是与强势凌人同科。

儒家主张在形成意见时，执两用中，也就是考虑不同的甚至极端对立的意见与情况，裁取适当的中庸之道。"中"也未必即是调和，也可以在两个极端之间取得辩证的第三种意见。儒家在"同"与"和"之间有所区别。用烹饪为例，"同"是咸上加盐，大家同声服从一个意见。"和"是五味调和，从不同的味道适当地创造诸味的综合。一个人要达到中和的境界，也必须有恭宽信敏惠五种心态才有发生的可能。

道家思想是儒家思想的对立面。儒家积极进取，道家谦退淡泊。儒家以天下为己任，道家以自然养生保全自己。这两家刚柔的对立，却逐渐在中国人的心态中调和为另一种中道，不仅不互相排斥，而且还有互补的功能。

佛教进入中国，只因最初借道家词汇为格义，以解释佛家思想，虽然后来佛家自创了许多词，力图摆脱道家的影响，一般中国人还是不知不觉地以佛道互释。不过佛家的因果观念，无论是复杂细致的因缘理论，抑是通俗的果报观念，都在中国人的思想中补足了缺乏的一个领域，使中国人在观察与讨论"时间"轴上的变化时能够注意绳绳不绝的因果长链。

中古以后，儒道佛三家已逐渐融入中国文化。中国人生活在这一整合为一的传统中，事实上，每一个人都兼摄了三家的思想，落实到实际的人生。举例言之，一个传统的中国读书人，在壮盛之年，以儒家进取的态度问世，但在不能用进只能退藏时，他即以道家的恬淡寻求安身立命的内在世界。即使在他不可能有所作为时，一个有修养的人也不会迷失自己，因为他有道家与佛家的清凉，时时使他保持清醒。道家的淡泊宁静，正是保全志节的保证。相对的，恬淡的生涯，并不是完全永久隐退。中国人不会像印度的老人，退出人生就从此走向寂灭；中国人不论入世出世，都积极地修持，求取完成人生。

有以上这种三家合一的思想背景，中国人能在不同的人生阶段或不同的际遇中，各自寻求适当的人生态度，用进退藏，各得其宜。在人己之间，中国人在五伦的范畴中，也能记取"责人从宽，责己从严"的恕道。中国人毋须苦行修持，但可在平淡与平凡之中，修得人格的完整。由"生顺死息"的想法，寻觅生死的尊严。因为变化是常态，中国人也可以引用"白云苍狗"，泰然地面对世变。

理想与现实之间

前面数节讨论的中国人心态，有几个不同的层次。群体取向属于不自觉的一层，大多数中国人都因为活在中国小区会受到影响。人伦层次，即不是完全不自觉了。中国人受其影响者不少，而未必能意识到其所以然：以上两个层次都在社会规范的范畴。中国人的思考方式，在思想层次也无须自觉；而儒道佛三家思想，则当是自觉层次。这一层的修为到了一定水平，甚至可以化解人伦层次的压抑与紧张：以上两项都在知性范畴。大凡自觉层次的两项不是每一个人都能做到；做得到的，也因人而异，有各种不同程度的差别。以上所说是理想的境界。一般人的行为与心态是实践的境界，两者之间自然有相当的落差。不过，有一点理想为鹄的，虽不能至，心向往之，仍是好事。中国历史数千年，能做到理想境界者，为数不多。这些先贤，设立楷模，对于我们平凡之辈，依然有其标杆的作用。

现代则已进入另一局面，都市化与工业化下原有的社群小区都已瓦解殆尽，于是群体取向的生活也无所附丽。加上近代多种文化的接触，经由各种媒体的中介，即使穷乡僻壤也不能逃避其他文化（尤其欧美强势工业文化）的冲击。许多传统的信念，已不再能有当年的说服力与约束力；新的信念又一时不能成型。一般大众都不免迷惘困惑，不知何所适从。理想已遥远，现实又失序。这两者之间，已不是落差问题。个人可以有无限选择的自由，但没有抉择的能力。于是，日常生活只是活着，人人不知如何找到安身立命之所，更不说终极的关怀何在！我们不再有不自觉的规范，也没有自觉而可以修持的理想！

我们的前途何在？这不仅是中国人的问题，也实在是世界性的问题。欧美二百年来经历发展的"现代"已折入"后现代"。许多"现代性"的价值，一项一项被质疑与解构。重建信念遂是全世界都须面对的任务。

我们正在放下泛科学主义的乐观，正在质疑经济永远持续增长的梦想，我们也不再相信人类生存的目标只在不断"改良"物质生活的条件。也许我们必须先认清自己所要的是什么。如果我们寻求的是心灵宁静，而不是物欲与刺激，是整体的和谐而不是整齐划一，是和而不同，是自觉的自制，而不是外力的约束与规范，那么中国人曾经发展的人生智慧，仍可以作为我们汲取灵感的泉源。例如浮士德精神，虽提供不断进取的动力，到动力衰竭时，便是一场空虚。那么，儒家知所进退的教训，何尝不是仍可用于今日？佛家苦谛的启示，何尝不能挽回盲目的狂飙？在我们将一切资源孤注一掷时，道家的知黑守白，何尝不能帮助我们保持几分清净？

因为我不是心理学家，我不能说明中国人的精神健康问题，只能提出在社会制约与思维方式两方面，传统社群中的中国人有其塑造性格与行为的若干条件。在现代，中国各地的社群，正如同其他文化系统的人群一样，都正在经历转变的过程，有些人群的生活在走向以欧美为模式的"现代"，有些人群却正在离开"现代"走向所谓"后现代"。传统中国人的生活圈，尤其紧密的小小区，已一去不能再现，倒是中国人的若干思维方式，却反而有适应"后现代"之处。如果文化发展真能由我们设计，这些中国思维的特色仍有值得再诠释的价值，以资连接人类"后现代"的生活。

文化与亲缘

—— 中国人双重认同的根源

生在20世纪的中国人，几无不是民族主义者。经过多年抗战的中国人，更以为"中国"两字是天经地义，而且每每将民族与国家混淆不分，有些人甚至将政权与国家也混淆不分。但是，最近有人提出了质疑，以为"民族主义"只是四百年来欧洲出现的现象，而这一"发明"却又传布于欧洲以外的其他地区，以致那些接受这一观念的人们也各自认同于其"想象"的共同体。[1] 本文则是考察所谓"民族主义"传入中国以前的情况。

---

[1] Ernest Gellner, *Nations and Nationalism* (Ithaca: Cornell University Press, 1983). E. J. Hobsaun, *Nation and Nationalism Since 1780* (New York: Cambridge University Press, 1990). Benedict Anderson, *Imagined Communities* (London: Verso, revised edition, 1991).

中国的西文为 China，是中亚诸族沿用了秦朝名称来称呼中国。至于中国人自称为"中国"，则是中央的国度，自居为天下之中。中国的疆域是"天下"；无处不在天之下，率土之滨莫非王臣。持有这种普世的想法，中国人其实自认为是天下的百姓，即"世界的公民"。在今天，地球村的观念开始流行，自认为世界公民的人也多了，然而中国人自居天下百姓的想法，却早已有之。

天下百姓的认同观念相当抽象，因此有人又提出了文化认同，以区别于民族认同。[1] 这种说法有其一定的意义，也有其内在的矛盾。一方面，中国人心目中的文化当是普世性的，放之六合靡不准；另外一方面，中国人又往往具有种族的与文化的优越感，以中国的文明（也即是唯一的文明）对立于四夷的顽冥野蛮。

当然，中国人不能遗世而独居，中国的四周还有不少其他人群。理论上，世界上可以只有一种无所不包、放之六合而皆准的文化。在现实的层面，这种文化的成员，仍是必须找到成员之间的共通之处，仍是必须"想象"他们拥有一个共同的"群体"，[2] 同时他们还必须将其他人群置于文明圈外，区分"我群"与"他群"，而这些"他群"即是蛮夷戎狄。

---

[1] Benjamin I. Schwartz, "Culture, Modernity of Nationalism," *Daedalus*, Summer, 1993, pp.207-226, 尤其注意 pp. 218-220。Prasenjit Duara, "De-Constructing the Chinese Nation," *Australian Journal of Chinese Affairs*（307），July, 1993.

[2] Benedict Anderson, *Imagined Communities*.

上述普世性与独特性的双重特质，不能一蹴而至，其发展也需要一段时间。这种特质的源头，也许可以追溯到西周封建网络形成的时候。周人初兴，也不外是泾渭一带的小国，厕身强大的商王国旁，只是许多卫星国家之一。这个原本是"小邦国"的挑战者，要击败"大邑商"必须面对两项要务：一是建立自己的合法性；二是建立有效的控制，以统治庞大的中国。

为了第一项的要求，周人提出了"天命"的观念。天是超越的普世权威，挑选了一群最有德性的人，赋予其统治天下的责任。周人能够取得天命是天在评判之后的裁决，周人统治的合法性基于周人的良好行为，是至高裁判者赐予的恩宠。周人因此谆谆告诫子孙，天命靡常，唯德是亲，天可以给予天命，也可以夺去天命，周人得到天命，是天对德行的奖励。古代中国的天命观念，因此迥异于古代犹太教的选民观念。中国的天命观是一种约定，有条件的约定；而犹太人的选民观也是一种约定，却是承诺，而不是条件。中国的受命者，理论上必须时时面对"天"的检验，不符合一定道德要求的统治者，即经由新的受命者取而代之。因此周人的统治地位，是由普世性的超越权威决定，周人建立的人间秩序，不以种族界定，也没有地理空间界定。理论上，天命之所及，天子之所治，可以正如皇天监临的人群，至于地极，无所不在。[1] 同时周人封建亲戚，以藩屏周。姬姓同族的诸侯，不

---

[1] 许倬云,《西周史》, 1990, 页97—104。

仅视周室为君主，而且是小宗的大宗。周王君之宗之，其权威是双重的。政治权威分布的金字塔与宗法地位的干枝纷披，是两个重叠的网络。异姓诸侯，则经由屡世婚姻关系，不是甥舅，即是姻娅，也编织在姬姓宗法结构之中，成为不可分割的亲戚网络。周室的结构如此，诸侯在封域之内伸张的网络，亦复如此。

周王王朝的统治阶层，即是宗族与亲戚，又经过册命、朝聘、盟会、馈赠种种仪式与礼节，不断地加强那一独特群体内的"我群"意识。[1]到了今天，周人用语遗留的"国"与"家"，还是连用而为"国家"，政治体与亲属体仍是不分。中国人动辄称国人为"同胞"，也是将亲属的血缘关系扩大为民族的族群成员。于是周人发展的天命观念，对于普世超越权威的信仰，加上独特界定的统治群，为周人建立了文化的认同，而无须强调种族（如古代希腊）或宗教（如古代犹太）。不过，如前文曾经提起，周人及其诸侯统治的众民大多是当地的土著族姓，对于诸侯直辖的"国人"而言，这些当地土著是"野人"，依旧有其语言与风俗习惯。周人封建时，原是容许诸侯的封建内有两套生活的方式。例如唐叔封晋，晋地可以有周人与戎人两种习惯法（周索与戎索）。周人也许以为自己是文明的，当地的文化不如周文化。但是君子（周人）后进于礼乐，反而久居东方的野人却先进于礼乐。周人何尝有文

---

[1] 许倬云，《西周史》，页165—173、221—224。

化上的优势。[1]

另一批周人以外的外族是居住在山地与草原地带的戎狄。戎狄散居诸侯之间，有的也许已组织小国，有的还是部落的组织。无论种族与文化，戎狄都可能不同于华夏诸侯（虽然在大致分类上，戎狄也是东亚大陆的蒙古族），周人遂以为戎狄是文化圈外的族群，而戎狄自己也说，衣服语言不同于诸夏。[2]

在西周盛时，南方的蛮夷也没有完全服属于周。周人在汉水与淮水流域封建的汉上诸侯，大约即是周人统治范围的南限了。西周末，楚人兴起，春秋时代，楚人蔚为大国，时时问鼎中原，齐晋霸业，均以楚人为对抗的敌手。虽然在战国时代，楚人已相当同化于北方的中原文化，但楚文化的特色迄于汉代依旧灼然可见。至少在春秋时代，楚人文化水平不输于中原，中原仍视楚为荆蛮，不愿将楚人纳入周人的文化圈内。[3]

假如上述情形延续发展，中国境内颇可能出现几个文化互不相同的民族，各自有其种族的与文化的认同与归属。然而中国的历史发展，走了"合"的方向，长期的交往，甚至时和时战，"蛮夷戎狄"的文化居然都与中原文化混同涵化。

---

[1] 《论语·先进篇》（上）。

[2] Jaloslar Prusek, *Chinese Statelets and the Northern Barbarians in the Period 1400-300 B. C.* (New York: Humanities Press, 1971), espcially pp.136-183. 《春秋左传正义》襄公十四年（四部备要本）。

[3] 同上，《左传》僖公四年。

到战国时，北方的中山（狄属鲜虞所建）与南方的楚与吴越，都已俨然是中国文化圈内的成员，其参与会盟，无异于中原诸国。

战国时代，各大国争斗，都经历了脱胎换骨的变法，改组为具有相当水平的文官体系以及相当权力的君主制度。这些大国的规模与组织形态，其实与欧洲近代早期诸国（如普鲁士）所发展的情形颇为相似。欧洲终于在这一串近代国家出现之后，形成民族国家的列国体制。如果中国的历史也依循这一方向开展，民族国家可能早就出现，而民族主义也无须在四百多年前才被欧洲人"发明"。但是中国的历史毕竟有自己发展的方向，秦汉的大一统，终于抹去了列国体制的可能性，列国都成为帝国内的郡县。[1]

秦汉的大一统最终出现，其原因是中国有过共同的文化认同——由周人普世天下观念下发展的认同。甚至在战国纷争扰攘之际，各国都持守着天下"定于一"的信念，只是齐王以为天下将定于齐人的"一"，魏王以为是定于魏人的"一"。战争是为了"乌乎定"（"如何统一"），却不在"是否统一"。秦汉大一统历时四百多年，在中国历史上留下了不易抹除的烙印。中国人持有这样的信念：中国在正常情况下应当是统一的。这一印象的深刻，大致与今日大多数中国人自认为"汉人"，同其重要。

---

[1] Hsu, C. Y., *Ancient China in Transition* (Stanford: Stanford University Press, 1965), pp. 92-106.

汉代的中国，不是今日政治学上所认定的民族国家，也不是一般的主权国家。长城的确分隔内外，至少界定了当时中国的北疆。然而在中国的境内，郡县管辖范围的缝隙中，仍有不少种属与文化都异于汉人的其他族群，有些郡县的贤守循吏，致力于"教化"，尝试同化这些所谓"化外之民"。贸易交往以及汉人开拓而进入夷界蛮界，也都会引发汉化现象，在汉化有了相当程度时，郡县的政治权威随之进入，开始赋役征税，把它纳入版图。秦汉边郡中，往往在相当于县级的还有"道"一级的行政单位。"道"即是开拓发展与交往的路线，这些深入蛮夷地区的"道"，在蛮夷归化以后，也即改制为县。"道"的设置，正说明中国皇朝的疆土不是由边界限约的，中国的政治权威与文化扩张，时时伸向汉人圈外。[1] 皇帝之为天子，也正是说明普天之下，莫非皇土，至少盼望将皇土扩展至普天之下。[2]

以下将讨论亲缘族群的认同。本文前面曾提到周代封建与宗法的重叠；周人统治阶层成员，彼此间的权利义务均与其宗法结构内的身份及彼此间的亲属关系密不可分。既然家族传承由祖父孙子的世系繁衍而来，孝道当然成为这种社群内的主要道德规范，是诸种德目的基础。周代铜器铭辞，因此多的是"毋忝尔祖"的训谕，多的是"子子孙孙永宝用"

---

[1] Ying-shih Yu, *Trade and Expansion in Han China* (Berkeley: University of California Press, 1967) .

[2] Ying-shih Yu, 同上。又，《汉书补注·地理志》，以益州部分为例。

的祝福。国与国之间的条约,家与家之间的盟誓,也经常搬出列祖列宗的老关系,保证子子孙孙永远信守约定。周代的社会是由许多宗族本支编组而成,不是由个别的社会成员组成。这是一个多层次的复合体,不是个人参加的单纯组织。[1]

以亲缘单位作为原群(primary group)的组合,在人类历史上并不罕见。这一现象在中国却延续甚久,自从周代以来,亲缘单位组成的规模已屡次改变,但是亲缘单位的原群始终是中国社会的基本单位,也始终是中国人认同归属的群体单位。

亲缘原群能够长期存在于中国社会,并且能够始终保持其重要性,大约与东周社会的急剧变化有关,也与孔子对传统封建道德的诠释有关。春秋战国时代,贵族凌夷,封建解体,没落的贵族已丧失了统治者的身份,但是他们也将贵族社会的家族宗氏制度带到民间。在秦汉统一之后,人人都已有了姓氏,而且姓与氏之间的区分也已泯灭,甚至司马迁也不自觉地提起"姓某氏",却忽略了姓氏之间的差异。[2] 任何一个平民都有了姓,亦即说明人人都已有了可以归属与认同的亲缘群体。编户齐民,人人有姓,不是单纯地模仿贵族。中国的亲缘原群(即家族宗族)也确实在动乱中给成员以集体的保护,在太平时给成员以聚居的安全感。

---

[1] Hsu, C. Y., *Trade and Expansion in Han China*, pp. 2-8.
[2] 同上,页24-51。又 Allen J. Chun, "Conceptions of Kingship and Kingship in Classical Chou China," *T'oung-pao*, 76(1990), pp. 16-48。

孔子的贡献，在于诠释了亲缘原群的道德价值。孔子述而不作，以其没落贵族的背景谙熟贵族社会中的行为规范，却能在他手上将这些规范的德目重新阐释为普世性的行为价值。《论语》一书中，孔子对弟子反复说明仁、礼、忠、孝、政、学等的意义，是因为他赋予的德行内涵，具有前所未有的崭新意义。孔子最注重的德行是孝，后世儒家甚至有一部《孝经》，致力于说明孝的意义，而"孝"正如前节所述，确与周代封建宗法的本质密切相关。一个人对家族与祖先的义务与责任，是儒家思想的重要部分。这一重要性也与中国社会中亲缘群体的功能互相呼应。

社会功能与理念的相互呼应，彼此加强了原群在古代中国转型之后，仍有充分的开展空间。秦汉中国大一统的帝国太庞大了，对于普通的平民百姓而言，这样的庞大单位，大得无法在日常经验中呈现为有意义的群体，也因之无法建立对帝国的认同与归属，毕竟天高皇帝远，帝国太抽象了，于是一般人的生活经验中除社会（邻里乡党）之外，只有亲属原群可以作为认同对象。

以上的缘故，普世性的文化认同与个别独特的亲缘群体认同，在中国人的生活中，在不同层次下合而为一，发展为中国人的双重认同。现在仍待解决的第一个问题：在这两层之间，即极为庞大的文化体系与极有局限性的原群之间，中国人如何建立大家可以共同归属的社会？即使社会是"想象的共同体"，中国人何所归属？另一个问题：中国人在上述上下两层认同之间，哪一层居于优先？在二者不一致时，中国人选择哪一层作为其最重要的认同？

对第一个问题的解答，当仍可在秦汉时代的历史中寻求，拙作《汉代农业》一书，讨论了中国精耕细作农业的发展，并指出农舍工业与市场经济是中国农业的特色。当时已有一个商品交换的网络遍及全国。中国的道路网络编织了中国的交换网，也规划了具体可见的经济性共同体（common economic community）。[1]

同时，汉代的儒家不仅定于一尊，而且采撷先秦百家精华，已是中国思想的主流。儒生与帝国文官体系结了不解之缘，汉代重孝，家族为重，儒生遂为帝国官员的候选人，也是地方亲属原群的领袖，[2] 具有双重精英的特殊地位，汉代儒生遂得以密切地结合普世文化认同与个别家族认同为一体。儒生既可以诠释儒家理念，又能运用政治权力与社会领导权，将理念落实为政策，于是汉代政府行政的理想方式是教化，而不是统治与管理。[3]

共同的经济社会与理念渗透普及于各阶层，两者相配合，足以使中国人拥有一个共同的中国观念，于是中国人的共同体，毋须由种族或民族引申，也毋须由宗教信仰引申。有了

---

[1] Hsu, C. Y., *The Han Agriculture* (Seattle: University of Washington Press, 1980).

[2] Tung-tsu Chu, *Han Social Structrue* (Seattle: University of Washington Press, 1972).

[3] 例如《汉书》与《后汉书·循吏传》中人物。

这样的中国文化认同，由于其包容性强大，中原人不难接纳外族入居，甚至也不难接纳外族统治中原，只要外族君主用夏变夷，也愿意同化于华夏。中国历史不乏外族入主，其中清代竟统治数百年之久，凡此外族君主，除蒙古以外，最后都同化为中原的政权。印度历史也多外族君主，而且也因为印度文化的普世性，能够包容，也终于同化了那些外来的政权。两者的相似处，不是偶然。

南北朝时，五胡纷纷入侵。那一时代中国的普世文化认同的限度经历了考验。逃往南方的人口，以亲缘原群为组织，开拓了新天地，也推广了中国的文化。留在北方的人口，同样组织为亲缘原群，自保于坞堡，也延续了中国文化的命脉。安定之后，坞堡中的儒生，又出山用夏变夷帮助外来的政权接受中华文化。[1]

第二个问题，是中国人在普世的文化认同与个别的亲缘认同之间，孰轻孰重，作何抉择。在世局平稳时，二者之间不会有冲突，而且往往可以互补。一旦天下有了变乱，例如有了外敌的侵轶，作为普世文化的第一道防线的国家往往首当其冲。家族或围绕家族组织的村落地区，遂接下保卫文化的任务。对中国人而言，如顾亭林所说，亡国只是失去了政权，

---

[1] Albert Dien (ed.), *State and Society in Early Medieval China* (Stanford: Stanford University Press, 1990), pp. 7-14. 周一良，《北朝的民族问题与民族政策》，《魏晋南北朝史论集》，北京：中华书局，1963；金发根，《永嘉乱后北方的豪族》，台北：嘉新文化基金会，1964；田余庆，《论东晋门阀政治》，《秦汉魏晋史探微》，北京：中华书局，1993。

亡天下则是亡文化，后者更为严重。即使在亡国之后，中国破裂了，中国经济网络的共同社会破裂了，退居地方的儒生仍会坚守儒家普世文化，作为"想象中的"文化共同体，依仗守道的贤者，成为在民间实践文化理念的楷模。

儒家的五伦是社会关系的网络。五伦之中，三项是亲缘关系，一项（朋友）与小区相关，只有君臣一伦是属于国家，属于公众。是以中国人在天下与亲缘原群之间，选择的先后，已相当明显。《大学》八条目中，修齐治平，由自己而家，一步一步推向国，推向天下，程序十分明白，这意味着亲缘原群的优先级高于代表普世文化的天下。

近代以来，文天祥的《正气歌》无不被民族主义者推崇为爱国诗篇。但是细读《正气歌》，其中英雄烈士殉国家民族者，远少于殉文化价值者，其中齐太史、董狐、张良、严颜、嵇康、诸葛亮、管宁、段秀实等都不是为了外敌而甘心牺牲，他们持守的原则都是中国文化的伦常。颜常山、张睢阳抵抗安史胡化藩镇，其持守的大节也是君臣大义。只有祖逖、苏武的事迹对抗的是外敌。是以文天祥珍视的价值是文化的价值，不是对种族与政权的认同。[1]

以上讨论的是古代中国人双重认同的对象。近代的变化，当然开启了不同的局面。百余年来，中国的文化与中国的社会都遭受严重打击。近代民族国家及其相应的民族主义均出

---

[1] 《文山先生全集》，上海：商务印书馆，1936，页523。

现于中国，则是因应欧洲力量东犯的冲击。然而当源自欧洲的民族主义观念及民族国家的真实性正受安德森、盖尔纳、霍布斯鲍姆等人的质疑时，中国民族主义也遭受了相当的质疑。历史的转变方向往往出人意料，论史及此，不胜感叹。

孔子论仁及其延伸的观念

　　孔子是中国文明的主要启蒙人。"天不生仲尼，万古如长夜。"这一个譬喻，听来夸张，却有相当的历史意义。历史学家区别文明的界限，不在于人能生产，而在于人能聚集成群，人能歌唱绘画，甚至人可以有信仰。但是，如果一种宗教只有仪式，而缺乏相应的伦理与道德，这一宗教所在的文化仍不能称为文明。当有了是非与对错，有了超越"活着"的价值，而且这些价值是普遍的，不只是局限于人群中的一小部分时，这样的人类文化，方得称为文明。人类历史上，跨过这一道门槛的文化不过三五个，幸而这些文明也会传布于别处，将其他文化也带入文明的境界，世界各处的人类方得陆续进入文明。以文明的开始作为界限，在这条界限的前面，人只是"活着"，过了这条界限，人方能知道"活着"

的意义。如果以这条界限作为阴阳界,一边是迷茫,一边是清明,则孔子为中国及其附近地区的人类点亮了一盏明灯。

不过,人类的发展总是逐渐的,思想家不易全无依傍,而忽然找到一些重要的观念。孔子自认述而不作,他的心路,也可能是逐步开展的。孔子的学说中,"仁"是核心观念,此处将为"仁"的来龙去脉尝试作一些初步的探讨。我未学过哲学,也从来没有做过哲学分析的工作,此处所论,毋宁是从古代史的角度入手,提出一些粗浅的见解而已。

孔子所生的时代,周已东迁,周代的封建制度缺少了周王室的主轴,整个网络已经溃散而为列国。在东周列国之内,虽也有具体而微的封建,却已经历了四五代,封建网络也在逐渐解体。卿大夫强大,甚至陪臣执政,正是孔子时代的常见现象。周代封建维持了数百年,即使制度垮了,当初维系这一制度的一些规范仍可能保存在记忆之中。封建制度下的封君与臣属之间,原有其对等的权利与义务,也有其相应的仪式与礼节,更有与此相应而起的行为模式,庶几封建制度中的成员可在这一大网络中有其可以界定的人际关系。所有这些加在一起,即是封建制度的规范。不过,封建的规范,只有王公卿大夫及一般的"士"知道,只有他们身在其中,必须照本办事;至于封建网络之外的平民,当时称为"野人",亦即郊野之外的居民,本来不属于周人封建网络的范围,也就不必在意这些规范了。换句话说,无论这些规范有多么高明,其应用的圈子是特定的,这些规范不具有普遍的价值。

孔子论仁及其延伸的观念

孔子是一位破落的贵族。他的先世曾是宋国的执政，因为政争失败，子孙逃亡住在鲁国。孔子的父亲，以勇力著名，曾参加鲁国的军队，立了战功。他应当还是鲁国封建社会的一分子。孔子有异母兄长，自己则是幼年丧父，可能也未有继承父荫的机会。当时，生于贵族家庭的男子，都是"士"，孔子当然也因此曾接受"士"应有的教育，熟悉封建网络成员的一套规范。孔子自己的官位不高，大约只是下大夫与中大夫之间，而且一生也少有十分明白可稽考的职务。他的背景与他的身份，大约只在贵族成员与一般平民之间的夹层；他熟悉封建贵族的规范，却又接近民间。正是这样的特殊地位，孔子成功地将封建贵族社会的规范，转化为一般人可以行守的普遍规范。

现在回到"仁"之观念的演变。清代的阮元指出，《尚书》的《虞》《夏》《商》书，都没有"仁"字。当然，这一说法又牵涉《尚书》诸篇本身的年代问题，我们不须在此讨论。"仁"字，在《左传》中却至少出现过三次，一次是在鲁釐公三十三年（前627），一次是在鲁襄公七年（前566），一次是在鲁昭公十二年（前530），是孔子自己的话。

在鲁釐公三十三年，晋国的白季推荐冀缺，佩服他在贬退穷困之中，田野耕作时，仍能夫妻相敬，认为他是人才。白季的赞词是："敬，德之聚也，能敬必有德，德以治民，君请用之。臣闻之，出门如宾，承事如祭，仁之则也。"

鲁襄公七年，晋国的韩无忌本可继承父亲的卿位，但是他身有废疾,因此推荐弟弟韩起继任,认为韩起交游贤人,可称得"好仁",而且解释"仁"的意义是:"恤民为德,正直为正,正曲为直,参和为仁。如是则神听之,介福降之。"这一解释,是为了回应晋侯称许韩无忌"仁"而发,可见是君臣之间界定"仁"的定义。

鲁昭公十二年,楚灵王刚愎自用,众叛亲离,大败之后,死于乾溪。《左传》记下了孔子的感慨:"古也有志:'克己复礼,仁也。'信善哉。楚灵王若能如是,岂其辱于乾溪?"虽是孔子的话,但又是孔子引用"古志",当然又是早于孔子的时代了。

这三段有关"仁"的定义,都意含恭敬与认真的意义。第一条是恭敬庄重,第二条是朋友相互匡正,而两条又都有以德治民的涵义。第三条的解释,颇有不同的意见,大致不外约束自己,以实践规范。

在《论语》中,也有三条的解句,与上述《左传》三条"仁"的定义一样,而且都是答复弟子问"仁"时孔子给的答案。《颜渊篇》第一章,颜渊问仁,孔子回答"克己复礼为仁";第二章,仲弓问仁,孔子回答"出门如见大宾,使民如承大祭";第二十二章,樊迟问仁,孔子回答"举直错诸枉,能使枉者直"。孔子似乎都先以"仁"在旧日的涵义作为仁的解释,但是,他在那些解释之外又添了自己的说明。

在第二章,仲弓问仁时,孔子加了"己所不欲,勿施于人。在邦无怨,在家无怨"。其中"己所不欲,勿施于人"一语,遂是孔子对"仁"的观念赋予重要的新涵义。这一句话，历来都作为"恕"的定义。在《卫灵公篇》第二十三章，子贡问曰："有一言而可以终身行之者乎？"子曰："其恕乎！己所不欲，勿施于人。"仁与恕的关系，毋宁是儒家理念的核心，在此处，孔子于旧解之外提出了崭新的内容。

在《颜渊篇》第一章，颜渊问仁，孔子提出克己复礼的回答，而且加了"非礼勿视，非礼勿听，非礼勿言，非礼勿动"四项细目。同时，他又提出"为仁由己，而由人乎哉？"这一句话，说明了"仁"的自发性，也正因只有这样的自发性，"仁"成为了人人有之的普遍人性。

在第二十二章，樊迟问仁，孔子先说明"仁"是"爱人"，"知"是"知人"，然后又说明"举直错诸枉，能使枉者直"。子夏补充孔子的意思，以舜用皋陶及汤用伊尹，解释"知人"的例子，解释仁人可以行仁政的意义，有了仁人，自然可以排除不仁者。在这一节中，仁的内容完全等同于"爱人"；孔子于是赋予"仁"以"人"应当"爱人"的普遍性命题。而且，爱人可以推广到使众人受益的境界。

以上三例都有扩充的余地。孔子后期弟子子张问仁时，孔子归纳了"仁"的五项特色："恭宽信敏惠：恭则不侮，宽则得众，信则人任焉，敏则有功，惠则足以使人。"（《阳货篇》第六章）"能行五者于天下，为仁矣"这一段，大约已可包括前面三条的大部内容。樊迟又一次问仁，孔子提出："居处恭，执事敬，与人忠。"前面两句是恭敬庄重，而又衍生了认真做事的"忠"。"忠"与"己所不欲，勿施于人"的"恕"，合而为曾子所说的"夫子之道,忠恕而已矣"(《里仁篇》第十五章)，从而将所有行为规范归结为"忠""恕"作为"仁"的内容，成为儒家思想的最简要的命题！

《述而篇》第二十九章："子曰：'仁远乎哉？我欲仁，斯仁至矣。'"正是强调《颜渊篇》第四章所说"仁"的自发性。于是，"仁"是自然而至的："有能一日用其力于仁矣乎？我未见力不足者；盖有之矣？我未之见也。"(《里仁篇》第六章)虽然"仁"是人自有之，却也必须守之勿失，孔子心目中的君子，即不能片刻离开"仁"，"君子去仁，恶乎成名？君子无终食之间违仁，造次必于是，颠沛必于是。"(《里仁篇》第五章)为此，孔子将克己复礼的功夫当作持守仁的要目，而他最得意的弟子可以做到"其心三月不违仁"，其难得可想而知。

从爱人与治民以德的原则延伸，一个人不但须求自立与自达，也须有愿心让别人也自立与自达。这是由近取譬的事务。孔子为此告诉子贡，如果能够博施济众，就不但是仁道，竟可称为圣人了(《雍也篇》第二十八章)。人先须能自修于仁，然后达到修己安人，安直接接触的人（例如亲戚、朋友、邻里乡党）。最高境界则是修己以安百姓，安天下的众人。看来虽有人远近的分别，事业有大小的差异，在仁道的修为上却都是可贵的。孔子并不轻易奖许古人，他对殷之三仁、伯夷、叔齐、子产与管仲，都以仁道称之，他把修己与安百姓看得一样重要。

仁既然是如此重要的观念,孔子遂将仁看得重于生命。《卫灵公篇》第八章:"子曰:'志士仁人,无求生以害仁,有杀身以成仁。'"他的弟子曾子深深体会这番道理,才能说出:"士不可以不弘毅,任重而道远;仁以为己任,不亦重乎?死而后已,不亦远乎?"(《泰伯篇》第七章)从克己复礼的观念,扩大到仁以为己任的志气,是一番不敢轻忽的郑重。

《论语》二十篇,其中对仁的讨论不下五十五处。孔子的弟子经常以仁为主题,叩问其涵义。单单樊迟一人,就有过三次问仁。孔子罕言利,却常讨论天命与仁(《子罕篇》第一章)。细数《论语》章节,论天命的地方远少于论仁。孔子对仁的解释,处处有不同的说法,对于弟子问仁,也引发不同的答案。我想,不是孔子在论仁的观念时有改变,而是因为他着力于阐释的工作,将封建制度中的德目扩大为普遍性的价值,而又以仁作为这些价值的核心,将人之为人归结为仁的体现。经过仁的延伸与深化,孔子给了做人以意义。

从仁的观念继续发展,遂有墨子的义与爱、孟子的义与性、荀子的礼与学以及其他各家的驳论与呼应,中国文化的理念部分遂粲然大备,并由此衍生了种种相应的典章制度。这是从一个特定性观念扩大充实而为普遍性观念的例子,世界各处文化曾经经历这样突破者,其实也为数不多。孔子述而不作,但是他的继述,厥功之伟,正同凿空的创新。

孔子在一个价值失落的时代,他重新阐释了一些旧的价值，赋予其新的内涵，开创了中国文化两千年的文明。今天我们也正身处一个价值失落的时代。一方面，今天社会的组织和结构都已与过去大不相同。过去言之有理的观念，若不加以重新诠释，即难免与今天的世界凿枘不入。另一方面，世界成为一个整体，各处文明产生的价值观念纷至沓来，使人目不暇接。今天，不论是老是少，是中是外，我们都有心灵上的困扰，我们不知自己是谁，不知自己生存的意义与生活的目的是什么，也不知自己与别人的关系应是如何。即使眼前有各种宗教与各种学派的思想供我们采撷，但也许正因为选择机会太多，我们反而难以取舍，这也正是当今的迷惘。

前面所提到的那些问题，本是自古以来一直扰人的疑问，自古以来哲人与圣者也几乎无不围绕着这些疑问寻索种种的答案。其实，我们从几个主要宗教的价值观念中，都可以找到振聩启蒙的思考方向。我们并不必然以为儒家提出的诠释是唯一的，或是最有价值的方案。本文所提出孔子的仁之观念，直接指向我们自己。人从出生以来，可以浮沉几十年，不论国籍、地位、行业、阶级，都有一个"我"在。我们认识到"我"在，也希望别人承认"我"在，这就是自尊自重的开始，即是人的自主主体性，自己找到的安顿。人自尊，亦推论别人也愿意我们尊重其自尊。这就是人己关系的基本条件。推而广之，人们由一对一的关系，开展为许多人际关系的整体社会，而以认真严肃的态度尊重整个世界。这就是人对世界的尊重。于是由安顿自己，到安顿别人，到安顿自己与世界。这样的三个步骤,不正是孔子提出的三个命题:"我欲仁,斯仁至矣",到"爱人",到"达人""立人",正是"修己",与"修己以安人"到"修己以安百姓",中间贯穿的线索吗?不是正巧有"己所不欲,勿施于人"的推己及人与由近及远吗?孔子的观念,其实全在人性之中,许多学术上的注疏解读,也不过绕着这些明白可见的道理打转而已。

神祇与祖灵

中国考古学上新石器时代，有过两大玉文化的中心，一是辽西地区的红山文化，一是杭州附近的良渚文化。

红山文化分布范围广大，下接夏家店下层文化，是北方文化的重要一支。红山文化的可观部分，主要出在东山嘴与牛河梁的大群遗址中，其中包括坛、台、积石冢及神庙。玉件包括玉璧、玉环、勾云雕件、玉鸟、玉龟及猪头（或熊头）的玉龙。神庙遗址出土大小不等的泥塑孕妇形象，大的可以比真人还大，而其中一件以白石瓖嵌为眼珠的神像头部最为传神。东山嘴和牛河梁遗址群的年代，当在距今5500年前，是一个庞大的礼仪中心，遗址分布在辽宁建平、凌源，在数十平方英里的范围内，未见居住遗址。这些散布于山岭上的各型遗址，大致都在山脉的岭崎附近，似有相当整体性的布局。埋葬遗址,只有规格复杂的积石冢,属于重要人物的坟墓,不是一般人的葬地。[1]

良渚文化是江南地区的新石器文化,年代也在距今5000年前。在余杭良渚的二十余平方英里范围内有数十处遗址,主要是人工堆土的小山。反山、瑶山遗址的土筑高台,成列的大墓,出土了丰富的陪葬品,显然是地位特殊人物的墓葬,莫角山遗址里大面积的夯筑平台,上有成列柱洞,当是大型建筑的基址。良渚文化的玉器,以琮璧为多,而在琮体上雕刻的微雕十分精细,其中有一件微雕,是人驭怪兽的神徽。这一文化的年代,当在距今5100—4200年之间,范围则伸展至上海及太湖地区,甚至逾越长江,远及于苏北的花厅遗址。[2]

红山文化与良渚文化这两大玉器文化的内容,不但在于玉器工艺精美,更在于其明显有礼仪功能的特性。这两大遗址群都是礼仪中心,在高山上或人工土筑的高地上,有各种不同的礼仪性建筑:坛、台、庙、殿及显贵人物的墓葬。在

---

[1] 李恭笃,《辽宁凌源三官甸子城山遗址试掘报告》,《考古》,1986年第6期,页497—510(合订本);辽宁省文物考古研究所,《辽宁牛河梁红山文化"女神庙"与积石冢群发掘简报》,《文物》,1986年第8期,页1—17;孙守道、郭大顺,《牛河梁红山文化女神头像的发现与研究》,《文物》,1986年第8期,页18—24;郭大顺、张克举,《辽宁省喀左县东山嘴红山文化建筑群遗址发掘简报》,《文物》,1984年11期,页1—11。

[2] 余杭市政协文史资料委员会等编,《文明的曙光——良渚文化》,杭州:浙江人民出版社,1996,页110以下、170以下、246以下。又:《文物》,1986年第10期所刊良渚文化发掘简报及有关论文诸篇;陈剩勇,《礼的起源——兼论良渚文化与文明起源》,《汉学研究》,17卷/1期(1999/6月),页49—77。

礼仪中心的附近，不见一般居住遗址。因此，这些礼仪中心都具有"圣地"的性质，与凡俗世界有所分隔。礼仪中心位置在高处，则其所接近的神灵，也当是高高在上，是以良渚的玉琮与玉璧可能即是通天的礼器，而骑驭神兽的徽志上的带冠人当即是具有通天彻地神力的巫师。红山文化牛河梁遗址的积石冢，墓主握有玉龟及玉猪龙（或玉熊龙），自然象征其神力。积石冢的四周，排列无底罐式的陶瓮，是否亦可视为通天达地的象征？红山神庙的女神，孕妇的造型，自然是生产力的象征。女神庙地居礼仪中心遗址群的最高处，具有君临礼仪中心的气势，积石冢中的男性墓葬，毋宁居于从属地位，也许也是具有通灵能力的巫师。这两个玉器文化礼仪中心的墓葬中，未见日常器用作为陪葬品，更可反映其与凡俗隔绝的意义。

相对而言，山西襄汾陶寺的墓群遗址则显示不同的特征。陶寺遗址里庞大的墓葬群，占地广大，数以千计的墓葬聚集在晋南的一片二道原台地。墓葬有大、中、小三类规格。大墓比例不到1%，中墓不到10%，小墓靠近90%。大墓出土文物，有日常器用的各式陶器，但是制作精良，规格亦高。同时，大墓中也有彩绘木制品及体形巨大的陶器，亦有石磬、鼍鼓，均属礼器。墓葬遗址与一般居住遗址并无隔绝，墓群附近即有一些房屋遗址。在陶寺遗址南方，隔着塔儿山高地，有一处相当不小的居住遗址。在陶寺之北，接近河流，稍微低处的头道原，又有一个古城出土；城址与墓群相当密迩，是以陶寺墓群虽有大量礼器，却不是"圣地"，性质当与牛河梁及良渚的礼仪中心不同。这一晋南遗址的年代则约为距今4500—3900年间。[1]

中国考古学前辈苏秉琦先生于提出区系类型的理论时，指出晋南陶寺为辽西红山文化与中原仰韶文化融合的一个点，并且以陶寺墓葬群内部明显的社会分化代表中国史前史上"古国"的出现。他因此作诗句："华山玫瑰，燕山龙，大青山下斝与瓮，汾河湾旁磬和鼓，夏商周及晋文公"，说明以玫瑰花图案彩陶为主要特征的仰韶文化庙底沟类型，以龙鳞纹图案彩陶为主要特征的红山文化，在陶寺相逢而融合。而且陶寺文化，又接受了大汶口文化及良渚文化的影响，取精用宏，终于成为中原文化的主流之一。[2]

仰韶文化源远流长，分布西起甘，东到河南东部，发展时间为距今7000—5000年间。从半坡、姜寨、元君庙等处仰韶文化遗址布局而看，都呈现聚族而居，聚族而葬的现象，居住遗址与墓地比毗接密迩。陶寺遗址的布局大致也是如此。[3]

---

[1] 中国社会科学院考古研究所山西考古工作队，《1978—1980年山西襄汾陶寺墓地发掘简报》，《考古》，1983年第1期；高炜、高天麟、张岱海，《关于陶寺墓地的几个问题》，《考古》，1983年第6期。

[2] 苏秉琦，《中国文明起源新探》，香港：商务印书馆，1977，页102—106。

[3] 苏秉琦，《关于仰韶文化的若干问题》，《考古学报》，1965第1期；石兴邦，《半坡氏族公社》，西安：陕西人民出版社，1979；巩启明，《试论仰韶文化》，《史前研究》，1983年第1期；北京大学历史考古研究室，《元君庙仰韶墓地》，北京：文物出版社，1983。

仰韶文化的信仰，当是关于死者灵魂的观念，例如墓中的魂瓶，有一小孔，当是为灵魂进出之用。这种灵魂观念，转化为事死如生，即是以日常生活用品殉葬，而仰韶文化墓葬中，所见确是活人使用的器皿及工具。这一信仰可以转化为中国文化的祖先崇拜。相对于红山与良渚两个玉文化礼仪中心显示的神祇信仰，则祖先崇拜的特色毋宁是人鬼信仰。

神祇信仰与崇拜祖先，是两种迥异的信仰方式。玉件是神祇信仰的礼器，则陶件当是祖先信仰的礼器了。陶寺的礼器是陶制规格较高的器物与可以弹奏的石磬与鼍鼓。这里接受了红山与良渚的玉文化影响，却保留甚至提升了仰韶文化的传统，而发展为祖先信仰。

在青铜文化的殷代，殷墟出土数十万件甲骨卜辞。董彦堂先生排列为逐日可数的礼谱。殷人每天都对先王先公及先妣献祭，礼仪之隆重，殆可为祖先信仰发展之极致。然而，殷墟卜辞中出现的神祇，如河岳风神，在祭典中并不见其重要性。同样的，卜辞中有"巫"的角色，有些当作人鬼之列、过去的名巫师，而在祭祀先王先公的祀典中却不见巫师的角色。[1]

如果神祇与人鬼两个系统各行其是，我们遂不难理解周人礼制中，一方面有奉祀天神的信仰，另一方面有奉祀祖先的信仰。周人有至高无上的"天"，而殷人的"帝"，则具备

---

[1] 陈梦家，《卜辞综述》，北京：科学出版社，1956，页561—605。

祖先神的性格。在周人的信仰系统中，帝是至高无上的大神，具有裁判是非、赏善罚恶的神力。周人的创业史诗，将太王、王季、文王三代一一当作上帝发令指挥，而人王只是执行上帝交代的任务。《诗经·大雅·皇矣》，叙述了一代又一代的周王在奉行上帝意志：

> 皇矣上帝，临下有赫……乃眷西顾，此维与宅……天立厥配，受命既固……帝作邦作对，自大伯王季……维此王季，帝度其心……克长克君，王此大邦，克顺克比，比于文王……帝谓文王……诞先登于岸……以笃于周祜，以对于天下……居岐之阳，在渭之将。万邦之方，下民之王。帝谓文王，予怀明德……顺帝之则。帝谓文王，询尔仇方……以伐崇墉……

在胜利之后，周代的先王，也不能提升到神祇的位置，只能留在上帝旁边，"文王陟降，在帝左右"（《诗经·大雅·文王》），也只能有"三后在天，王配于京"（《诗经·大雅·下武》）。寄望在天上的先王，佑庇在位的周王。[1]

周人的这种安排，使天神与祖灵配合成套，而不必将自己的祖灵提升到神祇的位置。这一祖庇与天命的结合，使周

---

[1] 《毛诗正义》（四部备要本），北京：中华书局，16 之 1/4, 16 之 4/2—9, 16 之 5/4。

人的王权具有了普世的性格，又使周人的宗法结构与封建秩序互为表里。[1]

这种配合，表现为周人礼制的禘郊与祖宗两套祭祀。据《礼记·祭法》："祭法，有虞氏禘黄帝而郊喾，祖颛顼而宗尧；夏后氏亦禘黄帝而郊鲧，祖颛顼而宗禹；殷人禘喾而郊冥，祖契而宗汤；周人禘喾而郊稷，祖文王而宗武王。"[2]

《国语·鲁语》展禽叙述四代制度，列举禘、郊、祖、宗、报五项祭典，其禘郊与祖、宗的名单，与《礼记》此处所述基本相同，只在有虞氏的祭祀中，列为"郊尧而宗舜"。[3]

在这两套祀典中，祖与宗较易理解，都是祭祀本朝的远祖与开国君主，在宗庙中举行祭典。禘与郊则较为难懂。禘的意义，按传统说法，是祭昊天于圜丘。但是，如果金文的䘏即是禘，则这一类的祭典，是在特殊事件例如战争胜利后，用牲在太庙祭祀先王，而且也不必是开国创业的先王，因此不像是圜丘之祭。[4]

禘亦有帝祭之义。《礼记·大传》载："礼不王不禘，王者禘其祖之所自出，以其祖配之。"[5]

李玄伯（宗侗）先生指出，若祖先是人，则祖先之所自出，

---

[1] 许倬云，《西周史》，页103—105。

[2] 《礼记正义》，46/1。

[3] 《国语》（四部备要本），北京：中华书局，4/6—7。

[4] 杨宽，《西周史》，上海：上海人民出版社，1999，页834—835。

[5] 《礼记正义》，34/1。

即不是祖先，而可能是图腾先祖为解。大致禘的对象是更远于祖先的神祇。因此，禘的仪式可能相当神秘，是以孔子对于既灌以后的禘祭，也"不欲观"了。[1]

至于郊，顾名思义，即是在郊外举行的祭祀。杨宽先生举《尚书·召诰》及《逸周书》作雏解，以为郊是在南郊圜丘举行的大祭，对象是上帝，而后稷、日月星辰及先王都予以配食。他又举《礼记·郊特牲》，以为郊是迎接夏至的祭祀。是则，郊所祭的当是天神与日神，不是先王转化的祖灵。杨宽先生更指出，山西牛村晋国都城的东郊与南郊出土的祭祀坑群，牺牲以马为多，羊次之，牛最少。尤堪注意者，这些坑中掩埋有玉璧、玉璜等玉器。[2]

禘郊一组祭祀的对象，据《礼记》所载，包括黄帝、帝喾、鲧与冥。黄帝是中国古代传说中的头号人物，是文化英雄，但也可在神祇之列。庞朴先生探寻黄帝的来源，以为黄帝、帝鸿、浑沌等都可能是一个混沌开辟的象征。尸子所说"黄帝四面"又是古代传说中呈现的黄帝形象。当然，黄帝与蚩尤的决战，呼风唤雨，动员了不少神祇，则黄帝之为神祇不言而喻。[3]

帝喾出现于郊禘之列，四代都有之。《礼记》与《国语》解释了祭祀的原则："法施于民"，"以死勤事"，"以劳定国"，

---

[1] 李宗侗，《中国古代社会史》，台北：中华文化出版委员会，1954，页266—267。

[2] 杨宽，《西周史》，页832—833。

[3] 庞朴，《良莠集——中国文化与哲学论集》，上海：上海人民出版社，1983，页510。

"能御大灾",及"能捍大患"的五类人物,可以列入祀典,并列举了厉山氏之子农、周弃、共工氏之子后土、帝喾、尧、舜、鲧、禹、黄帝、颛顼、冥、汤及周文王、武王。这些人物中,帝喾的特色,是"能序星辰以著众",其功劳不在人事方面,而在宇宙秩序。是以帝喾可谓具有神祇资格,而列入祀典。列入禘郊之类的,还有鲧、冥与稷。鲧是治水不成的悲剧人物,他的事迹,传说中也都有神祇特性。"冥勤其官而水死",据说冥是契的子孙,事迹细节不详。冥的名字,与五行之神中的水官玄冥极为相类。(按:《左传》昭公二十九年,蔡墨解释五行的五官,少皞氏的四个弟弟:一个是木正,一个是金正,此外两位则共同担任水正,号为玄冥。)稷是农神,相传是厉山氏之子,名为农;商以后则以周人的祖先弃为稷来祭拜。农与稷都是直接引喻,只是职司农业的神祇。

由此可见,禘郊的对象,即是功能性的神祇,他们虽与"文化英雄"并列,但大致都是古代传说中具有神祇身份者。奉祀神灵必须有中间的媒介。生人与祖先之间,有子孙以其血统关系为中介,不须仰仗别人为中介。商代卜问先王先妣祭典,虽有贞人从事,但问话者是当世的商王。周人礼制,孙子为王父尸,直接代表祭祀的对象接受祭品,既醉且饱,例如《诗经·大雅》中《既醉》《凫鹥》二诗及《小雅·楚茨》,都是描述公尸燕饮受祭的情景。[1]

---

[1]《毛诗正义》,13之2/3—10,17之2/5—12。

相对而言，祭祀神祇，即非借重有通灵能力的中介，巫与觋是为了祀神而兴起的专业人士。

祭祀神鬼的观念也有区别，可以用玉说明。前文提到晋国都城附近有牲及瘗玉的祭祀坑，《诗经·大雅·云汉》记载了同样的礼制。"天降丧乱，饥馑荐臻，靡神不举，靡爱斯牲，圭璧既卒，宁莫我听。"这一首诗是哀叹西周末期的旱灾，为了禳灾，周人祭告神祇及祖灵，所以"自郊徂宫，上下奠瘗……""祭神在郊，祭祖在宫中（祖庙）"。圭璧都用尽了，却还得不到神灵的庇佑。[1]

《左传》昭公十七年："郑裨灶言于子产曰，宋卫陈郑将同日火，若我用瓘斝玉瓒，郑必不火。"这是用一定的玉制祭器祭神禳灾，似以为玉有神秘的功能。[2]

在金文中，桓子孟姜壶铭："……齐侯拜嘉命，于上天子用璧玉备一嗣，于大无司誓，于大司命用璧壶八鼎，于南宫子用璧二备，玉二嗣，鼓钟一肆……"庞朴先生以为"大无"即大巫，由巫师司誓于上天子（当即天帝）。庞朴先生以为巫的工作为事神，神道渺茫，遂涉虚无。巫以舞蹈降神，是以舞、无、巫三字互通。[3]

庞说已入哲学领域，此处不拟多予讨论。要之，巫觋以玉奉神，不论是作为祭品，抑作为礼器，神与人之间，自有

---

[1] 《毛诗正义》，18 之 2/8—13。
[2] 《春秋左传正义》（四部备要本），北京：中华书局，48/6。
[3] 庞朴，《良莠集》，页 326—329。

其间隔,不借中介则无法沟通。

相对而言,祖灵是父祖的延伸,敬事祖先是日常孝道的延伸,是以事死如事生,祭祖于宗庙犹如在家中的燕飨。《礼记·祭义》指出,气是神之盛者,魄是鬼之盛者。神与鬼有别,于是设为二礼,亦即郊祀与宗庙有外内之别,"建设朝事,燔燎膻芗,见以萧光"。是以野外焚烧牺牲,以报气事神,"荐黍稷,羞肝、肺、首、心,见间以侠甒,加以郁鬯"。是以日常饮食,祭祀祖先。[1]

祭神与敬祖,也许即源于不同文化系统碰撞后的融合。但融合之后,两种宗教观念虽并存不悖,终究时时表现其间的差异。

不但古代祀典有分合的痕迹,古代不同文化圈原本各有其土著的神祇,在碰撞与融合之际,神祇系统经过调整,也往往仍不能泯除原来多元的面貌。

《礼记》与《国语》两处资料所列举的神祇名单中,颇有不属于中原华夏文化主流的传说人物。例如,共工氏曾霸九州,其子后土是社神。鲧遭殛死,而入祀典。水官冥,如上文已说过,不但是契的后代,也可能是少皞氏二子重与该。共工氏,据说曾与颛顼争天下,最后撞倒了天柱,是破坏宇宙秩序的悲剧人物。鲧治水不成被尧殛死羽山,其形象也是负面的。若以中原华夏系统的观点,这些人物进入祀典,颇

---

[1] 《礼记正义》,47/9。

为不伦。

但是，若从另一角度看，古代中国本来有许多不同的系统彼此竞争，互相融合，最后终于构建为一个广大而复杂的文化体系。在碰撞之际，一时有一时的褒贬，而一些原在不同系统的传说人物或神祇，也有可能居然存留于已经过后人整理的传统系统中。是以炎黄两帝，既是对抗的两股力量，后世又将两系看作兄弟。[1] 同样的，在昭公元年，郑国的子产叙述参商两星的故事：高辛氏（帝喾）有阏伯、实沈二子，居于旷野，互不相能，以相征伐。"帝"将他们分置二处，阏伯主辰星，居于商丘，实沉主参星，居于大夏。[2] 这一故事的背景，应是夏商对抗相争，而在夏商融合为中原文化系统时，又将两支对抗的力量谓为同出一源的兄弟了。

据苏秉琦先生分类，新石器时代的中国有若干不同的文化圈，在裂变、碰撞与融合过程中由分而合：这是一个多元的格局。历史资料中，还时时可见其蛛丝马迹。例如，《左传》昭公十七年郯子述古代各氏制度："昔者黄帝氏以云纪，故为云师而云名；炎帝氏以火纪，故为火师而火名；共工氏以水纪，故为水师而水名，太皞氏以龙纪，故为龙师而龙名。我高祖少皞挚之立也，凤鸟适至，故纪于鸟，为鸟师而鸟名。"[3]

郯是鲁国邻近的小国，其先祖是少皞，则郯是古代中国

---

[1] 《国语》（四部备要本），北京：中华书局，10/8。
[2] 《春秋左传正义》，41/10—11。
[3] 《春秋左传正义》，48/2—5。

东部古老族群的后裔。他所叙述的诸氏,不是一个接一个的朝代,应是古代中国东部林立的若干文化群,而他指称为官师的制度,或是分别执掌事务的族内分支。郯子记忆的历史,已与当时中原的历史系统不同,鲁人方会有此一问。这一系统中,共工氏即俨然与炎黄太皞少皞并列,与在中原系统里的共工完全不同。再以蚩尤为例,蚩尤在中原华夏的传说系统中,是黄帝讨伐的邪恶势力。但是,晚到汉代,山东奉祀的神祇中,蚩尤俨然与天、地、日、月、阴、阳等同列为八神之一。甚至天神信仰,各地有不同的神祇,各有其属性及地位,也终在汉代始得整齐划一于一个信仰系统之内。[1]

古代中国原是在文化的融合中,既有其一致性,也有其多元性。神祇信仰与宗神祖灵的信仰,可以有不同的起源,却也可以在融合之际并存而不必互斥。这一过程,自古至今未尝中断,而两类信仰的差异,也自古未能完全泯灭。

综合以上所述,可知郊禘与祖宗两套祭祀在性质上大有区别:郊禘祭祀神祇,在郊外的"圜丘"举行,有巫觋为媒介,礼器用玉;祖宗祭祀祖灵,在宗庙举行,有子孙为媒介,礼器由日常器用转化。红山与良渚两个文化的礼仪中心,当为郊禘祭神传统,而仰韶文化的氏族组织及其相关的灵魂信仰,则是祖宗祭祀传统。两个传统的第一次结合,或可以襄汾陶寺为代表,商人的先王先妣祀典是祖灵信仰的极致体现,

---

[1] 许倬云,《西周史》,页101—102。

周人则又一次兼采神祇与祖灵信仰，合并为郊禘祖宗的大祭系统。（直到明清，犹有太庙与天坛、地坛两类遗存。）儒家又以人事的功劳，解释神祇的地位，则是将传说与信仰转化为理性的人文精神。

汉之为汉
—— 中国人自称汉人的文化意蕴

中国人中绝大多数的族群都认同自己是汉人,汉人的名称从汉朝而来,因此汉朝对中国的意义便不只是一个政治上的朝代,而是将各种不同来源、背景的中国人融铸成一个大家共有的身份认同。为什么别的朝代不能做到这一点,而两千多年来中国人还一直称自己为汉人?

这个缘故在于,汉人不是一个族群的意义,而是一种文化群的意义。在这个定义上,汉人和欧洲族群的概念是相当不一样的。例如犹太人、日耳曼人、拉丁人,都是以族群、种族、血统来界定,可是汉朝却是以文化来定义,才能够一直维持到今天。今天我想拿我自己假定的一些想法请教于各位。

我们知道汉朝从刘邦打败项羽后,一时并起的群雄也都

——低下头，但当时的汉朝还不能称之为汉朝，从刘邦到吕后再到文景二代，最初还动荡不安，尚未融铸成一个具体的朝代。直到汉武帝，约公元前一个半世纪的时候，才显现汉朝之所以为汉朝的特点。贾谊在他的文章中常常问道：汉之为汉已经很久了，为何不能改掉秦朝的毛病？为什么不能避免外族的侵略？为什么百姓的日子仍过得不好？自贾谊提出这些疑点直到解决这些问题，总共花了一个半世纪之久的时间，才将汉界定为汉。我们可以从以下三点来分析。

一、政权的整合

从一个武装集团共有逐渐转变成各地的人才都可以加入统治集团。在汉初，丞相只有功臣可担任，因此汉朝非侯不能担任丞相，非军功不能封侯，只有功臣的子嗣才能封侯。后来逐渐转变成布衣可以封侯，文人也可以封侯做宰相。

汉朝的察举制度经董仲舒等人努力，使全国的人才进用到中央，也使全国人才分散到各地担任统治工作。每一个郡都有一定的配额，每一个地区的人皆可加入国家的统治集团，虽然用的"孝廉方正"或"贤良方正"等名称过去也曾用过，但那时没有配额。直到察举制度建立，才建立了政治统治集团的基础，使分散在全国各地甚至到边缘的省份即便人口不到一定的比例，也有保障名额，可使地方的孝廉察举到中央来。

察举制度选出的人才要回避本籍，不能到原籍担任地方官，如此可省去地方派系问题。这个制度开启了中国科举制度几千年的传统，使汉朝从封闭的功臣集团统治转变为全国各地的精英共同统治的局面。我认为这是汉之为汉的首要条件，这使得人民认为这个国家是大家共同拥有的，政权是全国人民共有的，而不再局限于封配出来的功臣。

二、经济网络的整合

在战国时代，中国已经具有相当的城市化，商业活动非常活跃，各地有各自的货币，例如北方的刀钱、东方的布钱、南方的元、西方的钱（当时秦国叫做钱，楚国叫做元，齐国叫做布，燕国叫做刀），货币并没有统一，各地有各地的物产、风俗习惯，所以各地的市场并没有真正被整合为一个市场，产品在城市生产。当时第一级的城市约有七八个，每一个城市都有自己的生产单位，手工业在街坊里进行，而不在农村，所以全国城市发展的手工业，基本上只供应各国疆域内所需，自己销，自己运，并没有被整合为共同的市场。

到了汉武帝时代，因连年对外战争，须征收大量的税，以维持公共工程及防御的需要。为防止人民逃漏税，汉朝采取了最严酷的征收办法，哪一个人密告谁逃税，则密告的人可得到没收的财产中相当大的一部分，因此全国到处都有人告密。这样做便破坏了工商业的机制，故生产的事业只好转入农村。

在农村生产须有集散功能，因为农村工业产量不大，物品集散的机制可以形成全国性的经济网络。从汉武帝开始，全国经济交换网形成，使得中国经济被整合为一。至1840年代海运通行以前，中国的经济网络是中国得以统一的重要因素。政治可分裂、内乱、割据、外族侵占建立征服王朝，经济网络可破裂，但时间都不会很长，很快可以修补起来，区域与区域间的互相依赖使得经济网络必须重新建立，故经济网络完全整合成功是在汉武帝时代。

三、宗教文化方面的整合

在宗教方面，汉武帝是非常迷信、重感情的人，李夫人死后，为了找回她的灵魂，武帝召集全国各地的术士、降灵、灵媒等作法，只求一见爱妃。

汉初各地的信仰皆由中央管理，各地的神祇都在长安建祠，各种神祇集中在长安，各种巫师、降灵人物都在宫中融合成一体，到王莽时终于生根发芽。东汉晚年道教盛起，全国的民间信仰结合起来成为道教的根源，因此，今日各种信仰方式、祀奉的对象基本上与那时相差不远，是宗教的大统一。

在文化部分，经过察举制度，各地精英都汇集在中央，中央又有学校。在汉成帝时，博士弟子的人数约有三万人，他们学成后回到各地教书,这是文化上儒家的统一。博士弟子对于上层文化有统一的功能。战国时代百家争鸣,有各种不同的学派、学说,在中国统一尚未完成时,有些学者已经在做文化整合的工作,例如吕不韦主持编《吕氏春秋》,淮南王刘安编《淮南子》,董仲舒编《春秋繁露》。其中《春秋繁露》规模之大,兼包自然与人事,如此宗教融合,儒家文化传播,儒家学者才能大规模地予以整合。司马迁做整体历史的构建工作,这些成果构成了跨时代跨地域的文化大格局。

政治上、经济上、文化上三个层面兼括并至、无所不包的大系统才使得汉朝文化能够兼容并蓄,各地不同的人群也愿意留在这个大系统中,使得几千年来中国人一直以汉人自居。

汉朝基本的精神是宽容、宏大而不自限,是开阔的心胸。汉代对匈奴不喜欢用武力,而更愿以和亲的方式来解决问题,和南匈奴逐渐由斗争而转变成和平相处;张骞通西域,以经济为主要联络方式而打通了丝绸之路;南越基于经济上的因素,也认为抵抗不如和解。在四川另有"道",是一条贸易的路线,沿"道"的路线有了贸易后,人口聚集而变成了县,所以今日中国有许多城市仍以"道"命名。由于没有边界,中国人天下国家的意识是在汉朝形成,天下国家的内涵是文化,支撑的是经济的交流,加上另一个支柱是文化上的统一,此是汉之为汉的重要原因。

虽然两千年来汉之为汉的精神一直维持到1840年,然后才由民族国家的意识代替了天下国家的观念。在列国体制中，民族国家互相对抗，中国民族主义一天强过一天，终于代替了天下国家的观念。在两千年前，欧洲的肇始是在罗马，耶稣基督出生应当是公元的开始，千禧年的观念在罗马即已形成，罗马也是天下国家的观念，也是兼容、宽大而非民族国家的时代，一直到欧洲列国相争，民族国家的意识才高涨。

民族国家在历史上是新兴的。到2000年时，我们看到世界逐渐走到庞大的全球性格局，可能又是另外一个大的天下国家时代，但这一路程是很漫长的，以中国构建天下国家的经验，人类恐需再重新经历一次世界性的天下国家，但此途径非常遥远，中间转折必定很多。

总而言之，中国能够构建此经验，主要精神在于文化中的宽大与包容，而非拒绝与对抗。我很希望中国文化所代表的宽大、包容的精神能继续传承下去，以促进世界的和平。

中国古代社会与国家关系的变动

一、引　论

国家与社会间的关系是近来大家讨论的焦点。在中国历史的园地中，国家与社会也经常成为集会讨论的课题。这题目中的"社会"一词，又常意含西方文学中的 civil society，在中文中则有人译为"民间社会"，有人译为"公民社会"，也有人径用"社会"二字为称。[1]

---

[1] 讨论国家权力的文章较多，作为一般参考，可看 Hall, J. A., *Powers Liberties: The Causes and Consequence of the Rise of the West*（Berkeley: University of California Press, 1986）。又 Tilly, C., *Coercion, Capital and State A.D. 990-1990*（Cambridge: Blackwell, 1990）中有一书目可供参考。最近中文中有一篇扼要的评论，见王绍光，《关于"市民社会"几点思考》，《二十一世纪》，1991年第8期，页102—114。

在中国历史研究中,首先将这一观念引用于中国社会者,大致是兰钦(Rankin)对于浙江缙绅的研究,以及罗威廉对于汉口商会功能的研究,二者都是中国近代发展的例证,也涉及传统社会力量的性质。[1]

由于 civil society 在西欧历史的发展过程有其特定的意义,而若干思想家讨论这一名词时,又各自发展了特定的内涵,若径为借用以讨论中国历史,不免凿枘不入。我先将这一观念的渊源作一简单介绍,或有助于后文对中国社会发展的讨论。在古代希腊城邦国家的背景下,国家与社会重叠而不可分割。到了近世资本主义出现,新兴的资产阶级为了保障财产权,遂将国家的权力与个人的权利有所分别。17 世纪的洛克(John Locke)在其名著《政府论》(*Two Treatises of Civil Government*)中说明了统治者的权力是由经过被统治者同意的,以保护人民的诸种所有权(包括生命权及财产权)。与洛克同时的霍布斯(Thomas Hobbes)在其《利维坦》(*Leviathan*)一书中提出了社会契约的观念,则政治与人民

---

[1] Rankin, M. B., *Elite Activism and Political Transformation in China: Zhejiong Province, 1865-1911* (Stanford: Stanford University Press, 1986). Rowe, W. T., *Hankow: Commerce and Society in a Chinese City, 1796-1889* (Stanford: Stanford University Press, 1985). Rowe, W. T., *Hankow: Conflict and Community in a Chinese City, 1796-1895* (Stanford: Stanford University Press, 1989).

作为两个对立体，经由契约结合为国家。[1]

黑格尔讨论了国家与社会之间相倚相成的关系。国家是理性的体现，近代的市民社会只依存于国家之内。他认为家庭的亲缘伦理是人类社会凝聚与群体的基础，而近代出现的志愿团体，例如工会或职业团体，则是市民社会的基础。家庭可以扩散为族群，以至构成民族，但仍是单纯而同质的；而伦理更是神圣的。家庭分解，群体遂为异质的。此处黑格尔可能意指个人由家庭中释放，再由自愿的选择结合为新的群体单位，以满足其个别的需求。黑格尔的需求体系（system of need），殆接近求自利的动机。在市民社会中，个别成员由工作而求自利，为了满足许多个别的小利，而集合为能满足许多个体的大利。法律保护个别成员的权利，以国家公权力及志愿结合的团体补充法律之不足。黑格尔意念中的国家是理性而充足的，国家体制兼含城市中的市民社会与乡村中仍以伦理为维系的传统社会。由此，市民社会在国家之内而不等同于国家。然而黑格尔在讨论国家时，特别提出如果国家与市民社会混淆，即两者等同的情况下，国家的使命是保护个人的财产及自由。此处，个人是国家的一员，而且只有在成为国家的成员后，个人始有其客观、真实与伦理的意义。在黑格尔的意念中，国家是最终的实体，因其存在，市民社

---

[1] 关于西欧近代资本主义发展以后国家的性质及其功能，请参看 Bachller, J., Hall, J. and Maan, M.（eds.）, *Europe and the Rise of Capitalism*（New York: Blackwell, 1988）。

会与国家的个别成员始得依存。国家与社会之间，遂是有机的融合。[1] 近代思想家哈贝马斯由黑格尔的理论，发展了公私空间的两分观念：他认为社会私有空间，可以转变为公共空间（public sphere）。意见的交流可以转化为舆论，经济资源的交流可以转化为商业，而城市本身是交流的主要场合。在公共空间的基础上，遂有法律与公权力以凝聚为国家。哈氏所指的公共空间，正同黑格尔的"国家"与"市民社会"，毋宁也是抽象的理论概念。在真实的历史中，都可呈现不同的形式。[2]

在中国历史发展过程中，民间社会与公共空间是否存在？如果存在，是如何形式？都可为讨论中国社会变动的着眼点。中国近代史上的公共空间，或可以是缙绅的权力为其中心的新兴都市。[3]

但是在近代以前的中国，社会与国家之间如何交互作用？这是本文要探讨的题目。本文的时代范围是殷商到秦汉，

---

[1] Hegel, G. W. F., *Hegel's Philosophy of Right,* trans, by T. M. Knox (New York: Oxford University Press, 1952, reprint, 1979)，Third Part, 尤请注意第181、188、255、258诸节。中文译本系由德文翻译，范扬、张企泰译，黑格尔著，《法哲学原理》，北京：商务印书馆，1961。可参看上述各节。

[2] Habermas, J., *The Structural Transformation of the Public Sphere : An Inquiry into a Category of Bourgeois Society* (Cambridge: The MIT Press, 1989)，p. 56. 另参看 Hohendahl, P. U., *Critical Theory, Public Sphere, and Culture : Jurgen Habermas and His Critics* (New German Critique,1979)，pp. 16, 89ff。

[3] Rowe, W. T., "The Public Sphere in Modern China," *Modern China,* 1990, 16 (3)，pp. 309-329. Chang, C. L., *The Chinese Gentry* (Seattle: University of Washington Press, 1955)。

因为这一段历史的发展为后世中国制度立下了格局。本文以讨论观念为主，许多原始史料不再征引，许多史事重建的工作也只引用研究成果。本文也是我对古代社会研究的检讨，故引用自己工作处颇多，并不因为自己的说法已是定论，不过为了节省从头做起的重复工作而已。

本文主旨在于考察中国古代社会的变化，由此一方面可以董理古代社会演变的来龙去脉，另一方面也可以了解中国社会的特质。本文研究的角度在于讨论国家权力、社会力量的互动及二者对经济资源与意识形态的控制。新马克思主义社会学的健将斯科波尔在比较四种社会革命与国家形态时，特别提出：国家的政治权力不是一个经济与社会变化的舞台。此意谓政治权力不是因应变量，而应当有其自主性的变量，主要由于国家有其组织的力量足以掌握许多资源。[1]

斯科波尔的主张，不仅修改了马克思以经济因素为历史发展原动力的主张，将政治由"上层结构"的被动性赋予其自主的机能，而且也修整了当时查尔斯·蒂利、格尔与约翰逊等人的诸种理论。格尔认为情绪观念与认知，都在历史的剧变时（如战争、革命、暴乱）有其作用。蒂利主张人群之间争夺资源及因此而起的互动，可说是政治变化的动力。约翰逊则直指社会功能性的整合与变动是政治变化的因素，而社会的整合又系于价值观念，以协调社会的平衡性。约翰逊

---

[1] Skocpol, T., *States and Social Revolutions* (New York: Cambridge University Press, 1979), pp. 24-32.

的理论毋宁是建立在社会学的功能观点上,因此必然强调社会的制度性与组织性。[1]

斯科波尔主张政治的主动性与约翰逊主张的社会主动性,再加上经济与意识观念两方面的动力,实际上合而为四种力量的互动。不过,这四种力量互动的方式也不拘一格,在不同的文化与不同的时间,四者互动可以有不少格局。四者之中,政治与社会两者又以其为人群具体的组织,遂既可为动力,也可为动力所依凭的群体,在政治力方面呈现为"国家",在社会力方面则呈现为"社会"。在近代的国家中,政治的组织力十分强大,国家以公权力为工具,遂每有侵轶人民权利之处。同时,公民以其群体力量的整合为社会力,也运用各种组织,尽力制衡政治,防止强制权力的扩大。双方拉锯进退,最常争夺的阵地,一为经济资源,一为知识与信仰。如果政治力能收夺这两种资源,就能使社会力沦为政治力量的工具。这种政治力独大的国家形态,即如纳粹的德国。反之,社会力强大时,则尽可能限制政治力的范围,现代民主政体的国家,不愿有"大有为的政府",

---

[1] 参看 Skocpol, T., *States and Social Revolutions*, pp. 6-12。Gurr, T. R.,*Why Men Rebel* (Princeton: Princeton University Press, 1970). Tilly, C., *The Foundation of National States in Western Europe* (Princeton: Princeton University Press, 1975). Tilly, C., *From Mobilization to Revolution* (Reading: Addisom-Wesley, 1978). Charlmer, J., *Revolutionary Change* (Boston: Little Brown, 1966).

即是为了防范政治力坐大。[1]

中国古代的国家与社会,自然与近代欧美发展的模式极为不同,甚至也与19世纪的中国不一样。本文不仅避免硬套模式,而且更拟尝试以中国古史为实证,董理若干发展的线索。不过,以国家与社会作为两个方法学上观念的工具,则或有其方便之处。是以本文也从国家与社会两橛,及其在经济与意识价值两个领域的控制作为讨论的主题。

至于国家发展,也仍有其阶段性的特色。初期的国家,以凝聚族群而成为部落式的团体。众多部落的聚合,则发展为邦联。国家内部的结构,也可由家长的威权,逐渐制度化而成为君主政治,佐之以有组织的文官体系。随民权的开展,君主政体又可能转变为民主立宪(包括虚君立宪),却仍可能有强大的文官体系执行国家权力。国家权力的伸张与收缩,并非只是单向一线的演化。

以社会发展的形态而言,中文的"社会"一词,借自近代日文,可谓中文输出加工后的再输入。"社"之原意是地方小区土地神的祭祀圈,是以"社"会的原意相当于英文的community,或者德文的Gemeinschaft,具有亲密与神圣的特质,其成员大致是与生俱来,出生于这个群体中的。这样的社会可称之为"原群"。今日"社会",尤其前文所论的民

---

[1] Newak, L., *Power and Civil Society: Toward a Dynamic Theory of Real Socialism*, trans, by Krzysztof Sawala (New York: Greenwood Press, 1991), pp. 21-46, 74-82.

间社会、市民社会一类的用法，则是许多原群的复合体，经过重整，参加成员的关系是合约性的、世俗性的，相当于英文society，或德文的gesellschaft，这样的社会可称之为"复群"。本文以下的讨论，即当以这两个名词，代替笼统而模糊的"社会"，以避免意义的混淆。

二、夏代与殷商的原群与国家的形成

中国历史上国家的初次出现，当在新石器文化的晚期，文化遗存中显示有了集体的暴力与礼仪，若干村落集合为国家，因为有了围墙及濠沟；比较大型的村落内，也有了殿堂性质的大型公共建筑。不过，仅依仗这些考古学资料，不足以重建国家与社会的性质。[1]

从文献资料来说，传说中的夏代，有父子继承的君主，有相当广袤的领土，也有诸侯毕集的会盟，其为部落联盟的国家殆可无疑。联盟中的盟主夏后，有父子继承君位以维持其稳定性，也有酋长惩治盟员（如防风氏迟到而被刑）以彰显其权威。夏代的国家权力大约相当具体。[2]

不过，夏代的史迹，大多见于传统文献的传说，至今犹

---

[1] Chang, K. C., *The Archaeology of Ancient China* (New Haven: Yale University Press, 1986), pp. 286-289.

[2] 《史记会注考证》，第2卷，页45—47；李仰松，《从河南龙山文化的几个类型谈夏文化的若干问题》，《河南省考古学会夏文化论文选集》，河南：中州古籍出版社，1985，页277—303。

未有充分的考古数据以重建夏代历史，因此本文也不拟多作猜测。然而，由考古学与文献数据的结合，至少可以觇见夏代或其同时代新石器文化的国家是建立在村落原群的基础上的，而"复群"的整体性尚未明白可见。国家与社会两橛，均未具体成形，当然也谈不上两橛之间的争衡。

商代的政治与社会，由于有了大量考古资料及甲骨卜辞的史料，遂能比较清楚。当然殷商前期的情形仍只有传统文献作为讨论的依据。殷商数百年，其中变化也不算少，单以卜辞中可以厘清的发展，已可看出社会与国家之间关系的起伏与消长。

若由《尚书·盘庚》作为殷商中期的形态，则盘庚时代的国家，至少已经历过成汤以前的八次迁移，成汤以后又有五次迁移。商人不常厥居的缘由，今日已难考知，但可以推想商人的政治组织，并不以"地著"为其特色，当是凝聚诸群而为部落的政体。《盘庚》三篇，文字古拗，不易得到确切的意义。但《盘庚》三篇的致辞对象并不相同，《盘庚》上篇是对于"众"的谈话，中篇是对"民"，下篇又是对"众"。从语气推测，中篇最为严峻，这些作我畜民的父祖也是劳作服事"先后"的臣民。至于上篇的祖先则是商王"大享于先王"时从享的人士，下篇更指明是辅佐王室的"邦伯师长百执事之人"，要求他们安定百姓众民。[1]

---

[1]《尚书注疏》（四部备要本），北京：中华书局，第9卷，页1—11。

如果"邦伯"指服属邦国的首长,"师长"指族群的父老,则盘庚时代的商国有双重体制。其统治阶层,贵族合称为"众",人数不多,足可以集会于王庭。商国的人民,则是一般的"民"。

卜辞信息显示的商国,其核心的地区是大邑商附近的王畿。周既灭殷,分其畿内为三国,亦即《诗经》的邶鄘卫三地。这个地区东北是河北,西北是太行山,南及今日商丘,东及曲阜之西,是晋豫鲁三角地带的黄河冲积平原。王畿之外,有若干侯国,大约西向达到山西中南及晋陕交界,南达汉水,东方达山东中部,北方则边界不清楚,却经常与山西中部的若干方国有不断的战争。这些在"外服"的侯伯,当即《盘庚》下篇的邦伯。[1]

在这一个国家格局的后面,殷商的统治事实上建立于社会组织之上。殷商王室之下有地缘的邑及人群的族。族群显然是最具体的运作单位。殷商铜器上的族徽,大约即是卜辞中的多子族。册也可能是一个姓,另外又有将近十个带附加标志的册形族徽,显示族的多层结构。一个族徽可以逐层添上附加标志,当是表示一个族的分支。例如子是商王室的姓,而另外有十余个带有子形的族徽。别有册形的族徽,当是册姓的分族。甚至有一个族徽是册与子的合体,也许即是两姓结合的新族。丁山列了二百余族,以为族是军事单位。陈梦

---

[1] 李学勤,《殷代地理简论》,北京:科学出版社,1959,页45—97。

家也认为族的功能以军事为主,但是张政烺认为这些拥有上百家、数百人口的族群也可能具有屯田垦殖的功能。是以白川静认为族是商人社会的基础。[1]

如果以一族有上百户、数百人口为准,则二百余族当有数万户,十余万至二十万的人口,也许即是殷王直属的人口,由诸妇、多子、师长分别率领,分布在王畿之内。入关以前的满洲八旗,也是以各级族群整合而为一个统一的系统,由贝勒率领固山、梅勒、牛录各级单位,兼具农战、行政与财富分配的多种功能。简而言之,这是一个部落国家,地缘的邑并不如族群共同体的功能重要。族群以其亲缘或类似亲缘的关系为结合基础,成员生而属于其姓族或分族。是以这种社会是上文给予社会定义时所指的"原群",性质单纯而同质,成员之间的关系亲密而不能改变。"原群"的本来区分,不论是职业分类或地位分类,终究成为相当持久的社会单位,毋怪在周人代商之后,商人分散隶属于国人分封的诸侯,商人仍以族为分属的单位。如《左传》定公四年,有一段常被引用的记载:"昔武王克商,成王定之,选建明德,以藩屏周。故周公相王室,以尹天下,于周为睦,分鲁公以……殷民六族:条氏、徐氏、萧氏、索氏、长勺氏、尾勺氏,使帅其宗

---

[1] Chang, K. C., *Shang Civilization* (New Haven: Yale University Press, 1980), p. 33 以下。陈梦家,《殷墟卜辞综述》,北京:科学出版社,1956,页479;张政烺,《卜辞应用及其相关问题》,《考古学报》,1973年第1期,页93—118;白川静,《殷的基础社会》,《立命馆创立五十周年纪念论文集》,京都:立命馆出版社,1951,页260—296。

氏，辑其分族，将其类丑，以法则周公，用即命于周，是使之职事于鲁……分康叔以……殷民七族：陶氏、施氏、繁氏、锜氏、樊氏、饥氏、终葵氏……分唐叔以……怀姓九宗，职官五正……"[1]

这些亡国孑遗分散各处，以服事新主，其中不少原是有专门技艺的手工业工人，如制陶、造旗、铸锅的工匠，也有的是专业的职官，不论哪一种起源，在经历数百年的生聚后，都有宗氏与分族的组织，成为殷商社会的基础了。[2]

随着商人数百年的扩张，殷商势力范围逐渐超过王畿，不仅有了许多周边的侯国，也有若干外面的方国成为殷商的属国。例如东方的人方，大约原本与北方的鬼方、西方的羌方一样，未必服属殷商。然而，帝辛征人方的大事，由董作宾先生排列为日谱。后来又有李学勤的补苴修改，隶之于帝乙，并且以为征人方的行程在商西及西北，惟仍是逐日可考。虽然李学勤以为这次行动是军事性的征战，但细按征人方日谱，全程没有作战记录，四五个月行程，只见悠闲的旅行，至多中途有些田猎之举。[3]

不论人方在东在西，此次远征是帝乙抑是帝辛，商王能在本土之外巡狩而无战斗，大约是宣扬国威的可能性多于真正的攻战，自然可说明殷商势力的膨胀。

---

[1] 《春秋左传正义》（四部备要本），北京：中华书局，第54卷，页8—11。
[2] 许倬云，《西周史》，页123—124。
[3] 李学勤，《殷代地理简论》，1959，页37—60。

国力强大，当与国君的权威增加同步进行。晚期卜辞的记录，商王有了上下帝的下帝称号，有了在方国立御史的举动；小臣原是家内仆役，在后期却是政府大臣；田猎的执犬人，演变为军队的将领；政府之中甚至可能有了分曹办事的职官五正。凡此都指向殷商政府渐渐走向制度化的政治组织，商王的权威也由家长与部落首长，演变为与神相垺的君主。[1]

国家的权力，虽有此长足进展，商人以"原群"的族群为基础的社会则始终维持其原有的功能，殷商中期廪辛的征伐羌方，动员的是王众五族。殷商覆亡时，分散于各方的商人，也仍如前述，仍是以族群为单位。[2]

是以殷商的国家似乎只是社会的外表，国家权力的运作未尝凌驾于社会之上，国家权力收夺资源及组织人力仍借助于社会的原群。

三、周代的国家与社会

西周代殷，制度因袭于殷商者不少，然而也自有损益。一致言之，西周最重要的创新，一是天命思想，一是封建体制，一是宗法体制。凡此三者，对于国家与社会之间的关系，均有其影响。

---

[1] 许倬云，《西周史》，1985，页25—26；陈梦家，《殷墟卜辞综述》，1956，页202—277、508—581。

[2] 李学勤，《殷代地理简论》，1959，页77，并参看本节前引《左传》定公四年事。

周人代商，自以为获天命的垂顾，始能成功，于是推而广之，告诫自己的子弟，天命无亲、天命靡常，统治者必须兢兢业业，持守不失。《尚书》周初诸篇，无不叮咛再三。这种宗教观念与殷商的情况大相径庭，殷商的原有宗教基础建立在素朴的巫教（萨满信仰）之上，注意于人神之间的交通。张光直最近的著作十分强调此点。诸凡贞卜占问、祭祀礼仪以至铜器文饰，均是为了建立人间与自然力量之间的交通管道。[1]

于是，殷商的祝宗卜史，具有重要的社会地位。有些大巫甚至成为祭祀崇拜的对象。这些祝宗卜史，大半是专业人士，但提出贞问的人物（贞人）则也可能是由商王及其他重要人物担任。如以武丁至廪辛之间为前期，康丁至帝辛为后期，殷商神权与王权之间的相对地位颇有消长。以贞问的范围言，前期所问，巨细靡遗，包括祭典、任免、征伐、田猎、行止等大事公事，以至疾病、生育等小事私事，而后期则仅及于祭祀卜旬、卜夕一些例行公事及田猎征伐诸种大事，贞问的范围缩小了。更重要者，前期由贞人选卜问内容，也由贞人宣布占卜的结果；后期则商王自选卜辞内容，甚至自己判断吉凶。其实，不少后期卜辞不外商王的起居记录，贞人成为王的书记而已。贞人之中，有一些是政治上有地位的人物，见之于"登人"的记录，也参与征伐，担任将帅，大约

---

[1] 张光直，《中国青铜时代》，第二集，台北：联经出版公司，1990。

原是部族长老。[1]

殷商王权，本来也由族长权威演变而来。"帝"之一词，既是祭祀之名，也是至高神的称号，帝乙帝辛居然自称帝号，与至高神分别为上帝与下帝。这一现象，一方面证明殷商后期王权的增长，另一方面也显示王权本有的神性。[2]

王原有祭司长的性质，贞人可以由部落首长（王也是其中之一）担任，即显示殷商未必有祝宗卜史一类的祭司专业，"祭司"是由长老或政治领袖兼任的。反过来说，祭司即是政治领袖。如以政治与社会两概对立言，殷商的政治权力原本部分由宗教的社会力而来，两者还没有分化。

西周以天命立周，虽然仍有祖宗崇拜，但是周人的祖先不是神，只是"文王陟降，在帝左右"，只是"三后在天"，只是"文王监在上"，占了天庭一个位子，而不能相当于天。西周人的先王，不是神或上帝；周王只是膺受天命，不具神性。这一发展，毋宁为中国文明走向人文主义的方向迈出了有决定性的一步。[3]

周王不是神，也不能以政治领袖兼任祝宗卜史的职务，而殷商遗留下来不少熟谙礼仪的"殷士"，以专业知识"殷士肤敏，裸将于京"为新朝服务，担任各种礼仪工作；安排

---

[1] 王和，《商周人际关系思想的发展与演变》，《历史研究》，1991 年第 5 期，页 115—116。
[2] 许倬云，《西周史》，1985，页 94—97。
[3] 许倬云，《西周史》，1985，页 104—106。

礼仪之外，也可能负责书写及保管档案，作册与史官的关系当也由此而来。[1]

近来出土的墙盘，铭文叙述一位殷商的史职人员微史刺祖归降武王，为王的腹心，历代相承，均有志业，到共王时作盘的史墙，仍以史为氏。史墙的儿子微伯痶，仍以微为号，而且列代均以册形为族徽。[2]

殷周之际，这种人物不少，史墙的祖先不过是其中一例。《尚书·洪范》据称是箕子应武王询问而作出的答复，他陈述了整套宇宙论的知识系统。姑不论《洪范》是否确是箕子所作，这个传说却反映了周人在学问知识方面仰仗殷商旧人的情形。周初的这一大群殷商知识分子，在新朝的政治体制下，不能分享权力。他们博闻广见，掌握了知识的力量，经由对于宇宙秩序及历史发展的了解，这些知识分子从政治权力手中切割了一个新的领域知识与意识形态的领域。在这一领域，将会有一些新的资源，有待政治力与社会力开发与争夺其归属。胡适的《说儒》以殷士为儒的祖先,可说极有见地。

西周封建亲戚以藩屏周，与宗法结合，创立了大宗与小宗的等级制度，诚如《吕氏春秋·慎势篇》所说："先王之法，立天子不使诸侯疑焉，立诸侯不使大夫疑焉，立嫡子不使庶

---

[1] 白川静，《甲骨金文字论集》，京都：朋友书店，1973，页50—163；许倬云，《西周史》，1985，页213—218。

[2] 李学勤，《论史墙盘及其意义》，《考古学报》，1978年第2期，页149—158；陈世辉，《墙盘铬文解说》，《考古》，1980年第5期，页433—435。

孽疑焉。疑生争，争生乱，是故诸侯失位则天下乱，大夫无等则朝廷乱，妻妾不分则家室乱，嫡孽无别则宗族乱。"[1]

这两套制度的重叠，宗之也就是君之，于是社会的"原群"族群，纳入了国家组织中。[2]

在殷商时代，国家权力的运作有赖于"原群"作为社会的基础。西周的封建与宗法不啻将政治与社会的体用两面完全合一。惟其政治与社会完全重叠了，两橛中任一面都不能算是占了上风。因此，西周上层社会的这一发展，可能添加了稳定度，却也使社会不易有新因素出现。同时，国家也受制于"原群"的封闭性、礼仪性、原群伦理，而不能发展为理性的制度化。

由另一方面讨论，国家与社会的互相重叠，而不是彼此抗衡，有强化与稳定结构的功能。西周封建宗法的上层，虽然不过是一种原群社会，到底仍有政治力以外的维系力量。当政治力量失衡时，原群的社会力即可从中取代。周厉王失政，愤怒的"周人"（亦即周王畿的贵族）竟可没有君主，维持了十四年的共和政权。所谓共和，大约不是共伯和执政，而是重要贵族的集体领导。共和结束，宣王亲政，也意味着政治力与社会力重叠到一定程度，社会力不必、也不能一笔抹杀已经式微的政治力。厉宣之际周室能够稳定，也当由于

---

[1] 《吕氏春秋》（四部备要本），北京：中华书局，第17卷，页14。
[2] 林沄，《宗法解》，《九州学刊》，1991年第4卷第2期，页119—128。

周代已有文官体系的雏形。然而，文官体系终究只是政治力的一部分，如果没有社会力的支持，文官体系也不能独自运作。[1]

宣王即位，号称中兴，但在三十九年时败于姜氏之戎，宣王遂拟调查全国人数，据《国语·周语》："宣王既丧南国之师，乃料民于太原。"仲山父规劝宣王不料民，以为古人不料民而知道民数少多，由于平日即有种种数据："司民协孤终，司商协民姓，司徒协旅，司寇协奸，牧协职，工协革，场协入，廪协出，是则少多死生出入往来者皆可知也，于是乎又审之以事，王治农于籍，蒐于农隙，耨获亦于籍，狝于既烝，狩于毕时，是皆习民数者也，又何料焉。"但是，"王卒料之"。[2]

这次"料民"，大约是中国历史上记载的第一次国势调查。宣王当是以国家的实力为考虑之点，而仲山甫所持之理由，列举的各项收入，其实是由一个贵族庄园上的日常活动可取得的数据。易言之，仲山父心目中的国家资源，原是许多贵族庄园的累计，国家与贵族原群社会并未分开。宣王心目中的国家实力，则是以政权为主体的单元。这两种不同的观点，正反映西周原有国家与社会重叠的现象，在宣王时代已开始分歧。至于分歧的原因，可能是贵族集团在共和时期侵夺国

---

[1] 许倬云，《西周史》，1985，页221—230。
[2] 《国语》（四部备要本），北京：中华书局，第1卷，页9—10。

家资源,也可能是西周晚期的经济资源已不再是封建体制能全部笼罩的。总之,西周末期的国家不能继续原有体制,当与社会与国家逐渐脱幅有关。

西周覆亡,王纲解组,真的将维系西周国家与社会叠合的主线松弛了,这一度巨大而紧密的网络,经过春秋数百年的发展,终于完全蜕变。东周的变化,实肇始于西周的季世,而又与封建制度本身的质变有关。西周的封建,实以少数部族控御广土众民而设立,究其内容,周是武装殖民,然而格于实际的需要,一个姬姓或姜姓的封国必须借助殷人的部族,合而为"驻防"的力量,已如本文前节所述;封国的直属人口遂可能有多种成分,例如宜侯夨殷,除了锡土田城邑之外,宜侯还受"易才宜王人□又七生,易奠七白,厥旧(千)又五十夫,易宜庶人六百又□□六夫",至少有王家人、郑人及宜地的庶人,而宜侯本人可能是殷遗,因也许即是其部属,郑则是原在郑地的族群。[1]

这是一个封君手上的人口,也许是构成所谓"国人"的主要成分。在都邑之外,又有许多原住人口,分布于各地的村落,这些土著人数众多,即是古书(如《孟子》)中常见的"野人"。野人与国人相对而言,并非意指其为粗野不开化,由于不少野人的文化源远流长,是以野人犹较国中君子先进于礼乐。野人不在井田制之内,纳税与兵役的义务也与国人

---

[1] 许倬云,《西周史》,1985,页135—137。

不同。孟子明白二者的区别，《周礼》中可能保存不少古制的数据，也十分清楚地划分乡遂郊野的田制与税制。[1]

因此，西周的封国之内部，有许多以其族群为主体的原群社会；合而言之，这些原群也必须合成多元的复群社会。《左传》定公四年，康叔受封于卫，"启以商政，疆以周索"，用周代的法令配合商文化；唐叔分封于晋，"启以夏政，疆以戎索"，不仅迁就当地旧文化，还容纳戎人的习俗。《礼记·祭法》云："王自为立社曰王社，诸侯为百姓立社曰国社；诸侯自为立社曰侯社。"都是二元的结构。[2]

鲁国是周公之后，因商奄之民，为东方雄藩，亳社与周社，代表了姬周与商奄之民两个系统。因此《左传》闵公二年，季友出生的卜象是"间于两社，为公室辅"。《左传》定公六年阳虎专政鲁国，也必须"盟公及三桓于周社，盟国人于亳社"。[3] 不但西周大宗的力量尚在，各国的统治阶层犹是两属，以一方面既属于姬周宗氏的原群，另一方面也属于当地的复群。西周覆灭，各国有的以复群社会进一步整合，形成国家分离的制衡力量。季友、阳虎两例，说明了政治必须经过社会力量的认可。不但鲁国如此，春秋之世，国有大事，每有征询国人之例，而国人则包括君子，也包括小人，国内政争，

---

[1] 杜正胜，《周代城邦》，台北：联经出版公司，1979，页47—84。
[2] 《礼记注疏·祭法》（十三经注疏本），第46卷，页12。
[3] 《左传》，第11卷，页4；第55卷，页5。

国人也是派系争斗的决定力量。[1] 这一发展的方向,使国家之外有了可见的社会力量,诚为中国古代原群社会蜕变为复群社会的重要里程。然而,国家与社会终究是相连的。

四、东周新出现的社会力

东周虽在历史上有春秋战国两个时期,其所经历的变化则是一个连续的过程。在社会变动方面,无数个别成员升降的变动十分剧烈。而且,整个社会的结构也脱胎换骨,前后迥然不同。凡此情形,已见三十余年前的拙作,不须赘述。[2]

如从国家与社会之间的关系言,社会中有了两项新出现的资源,一是知识的资源,一是工商财富的资源。两者均在春秋之世萌茁,而在战国之世成沛然之势。

先论知识资源方面的发展。西周王室政府结构渐趋复杂,走向文官体制的雏形,原来继承殷商的祝宗卜史演变为处理案牍的作册与内外史。[3] 整个发展的趋势,不外是由世官走向专业,由派遣走向分工,由家中仆役走向官府的区分。[4]

这一由神圣转向世俗的变化,为春秋时代知识的下放预

---

[1] 杜正胜,《周代城邦》,1979,页30—37。

[2] Hsu, C. Y., *Ancient China in Transition* (Stanford: Stanford University Press, 1965).

[3] 许倬云,《西周史》,1985,页215—218。

[4] 同上,页221—230。

设了可能性。春秋时期列国战争不绝,各国国内也政争不断,不少贵族丧失了原来的位置,不仅王官失守,散于四方,那些失落的贵族,也挟其知识沦落于民间。孔子的家世即是一个贵族陵夷的例子,他的先世正考父是宋国的执政,宋国政变,正考父的儿子孔父嘉在宋国内乱时被杀,子孙避祸奔鲁。孔子的父亲叔梁纥是鲁国有名的勇士,孔子自己只是季氏属下的士,是以《史记》称孔子"贫且贱",担任过季氏管仓库的委吏,也曾为系养牺牲的秉田。孔子博闻强识,熟知诗书礼乐,仕宦不过下大夫,但他教育了不少弟子,其中有贵族,也有庶士。[1]

以孔子身份介于贵族与平民之间,以其学问与德行而有教无类。其学问大致因为是贵族的后裔,也因为"士"的工作经验,遂能博识多闻,为当世所知。孔子的例子,是社会变动中下降的个例,过去属于上层专有特权的礼节仪式,在这下降过程中转而为失去优势地位者唯一可恃的个人资产。因为知识有实用的用途,知识失去其神圣性,却转变为一种资源,而持有这一资源的人遂成为知识分子,有了一种新的社会身份。古代的士,原是武士的身份,经过长期的安定,疆场上的勇士转变为宫廷的贵族,武士遂成为文质彬彬的士大夫,而在下降为民间和知识分子后仍以"士"为称。

一方面,下降的贵族成为新出现的知识分子;另一方面,

---

[1]《史记》,第47卷,页1—5。

在列国内外斗争中，封建基层的士却又十分活跃。天子陵夷，政在诸侯；诸侯失柄，政在大夫，而大夫的助手与支持者，则大都原来是封建结构中干部层次的"士"。在春秋时代，士在政治舞台上出现的比率越来越引人注目。陪臣执国命，阳虎不过是比较著名的例子。在孔子时代的鲁国，阳虎之外，子路、子贡、有若……这些孔门弟子，公山不狃，及孟之反……这些也在鲁国活跃的人士，都不在卿大夫之列，其原来的身份不过是士。相对的，在春秋中期十分活跃的卿大夫，到了春秋晚期，出现的频率反而稍低。卿大夫在各种内争中自相残杀，一方面减少了后期卿大夫的人数，另一方面，胜利者的部属水涨船高，跃登历史舞台，也提高了"士"阶层出现的频率。卿大夫与士两个阶层的相对重要性，升降交替之际当在战国之初。战国时的列国性质，其政治制度及社会结构无不呈现根本性的变化。其中关键之一，即是卿大夫世家大族的隐退及士阶层的上升。[1]

春秋的列国未能完全摆脱原群社会的重叠，君臣关系如同家人，新兴的士也大都以其卿大夫世家的家臣身份，始能骤跻贵显。战国时代的国家则不然，战国列国之中，大多经历了相当彻底的政治改革，削除卿大夫世袭的权力，改组政府的结构，在上是专断的君主及其少数亲信，在下则是量能授职的群僚。政府以爵禄用人，臣属以才能受职。于是，君

---

[1] Hsu, C. Y., *Ancient China in Transition*, 1965, pp. 28-37.

臣之间以利相交，而不是"原群"的恩信与感情相结。士投身政治，是以其专业的知识及能力换来爵禄及地位：文则以政务，武则以战阵。[1]

政治工作有赖于专才，专才已不能在原有的宫廷中仅由熟习礼仪与故实而获得专业的知识。于是孔子及其他学派的宗师，发挥教育与培训的功能。中国学术史上黄金时代于焉出现，然而促成这一风气的主要原因，可能不是单纯知识的探讨，而具有其经世致用的现实目的。孔子的教育除了德行，也着重六艺四科及应对进退，其功能也颇在于实用方面。[2]

春秋以至战国，知识分子发展为有自觉意识的士，这是中国文化突破阶段的重要现象，而就国家与社会的关系言，具有自觉意识的士深切了解自己缔造新文化及新国家的角色。儒家只是许多新兴群士中的一群，同时"儒"的名称在起初未必只限于孔子的门徒专用。孔子的门弟子中，既有求道向学者，也有以干求爵禄为目的者。而孔门虽有实用学问，包括理国、治邑、外交、相礼、经世之学，孔子最着重的讨论则多与重建整套价值观有关。《论语》中讨论的题目，以问仁与问政为多，即是分别着重于修养和致用。士与君子，在旧日封建结构中本可互通，但在春秋以后，"君子"的个

---

[1] Hsu, C. Y., *Ancient China in Transition*, pp. 96-100.

[2] Hsu, C. Y., *Ancient China in Transition*, pp. 100-102.

人修养含义重,"士"的社会身份含义重,两者可以重叠,却不一定相同。唯两者都已脱离政治地位及社会阶级的含义了,这一变化甚足以显示政治(国家)与社会渐趋两橛。

士的社会自觉,至战国时已十分显著,士以其知识及由知识建立的声誉传食列国,其中固有苏张干禄之士,也有自尊自重如孟子与鲁仲连之士。天子不得臣,诸侯不得友,自觉地肯定其独立性。他们不仅掌握了知识的资源,也因其独立的自尊成为社会的资源,从而肯定了社会可以分离于国家之外。

另一项独立于国家以外的资源是由工商取得的财富。在西周封建体制下,财富主要为土地及劳役,贵族分封有了土地人民,也就是分配了经济资源。但在西周后期,即使在王畿之内,封君贵族的财务情形渐渐拮据,其中缘故一时不能完全明白。同时,在一般地租与劳役之外,竟有人可以开拓其他财源,以其羡余借贷给封君贵族。岐山出土的西周裘卫诸器,即有数器的铭文提到从事皮革业的小户,一次又一次地借贷给地位甚高的大贵族矩伯,换来山林薮泽的权利,也换来裘卫家族社会地位的提升,以至门户不高的制革人,最后可与西周王朝的第一级贵族通婚姻,这是早期商业财富出现的显例。[1]

---

[1] 岐山县文化馆,《陕西省岐山县董家村西周铜器窖穴掌握简报》,《文物》,1976 年第 5 期,页 26—44;唐兰,《陕西省岐山县董家村新出西周重要铜器铭辞的释文和注解》,《文物》,1976 年第 5 期,页 55—59;许倬云,《西周史》,1985,页 294—296、302—305。

相对而语，甚至有职务的贵族也可能贫穷不堪，向裘卫抵押借贷的矩伯几乎不能维持必要的服饰车马，已如上述。《诗经·邶风·北门》也反映了官员掌理王事政事，却有"终窭且贫，莫知我艰"的苦况。[1]

古代的手工业工匠原都豢养于庄园，货物的流动也往往由家中奴仆奉命负贩运送，因此《国语·周语》谓"庶人工商各守其业，以共其上"。《晋语》谓"工商食官"，《齐语》谓"处工就官府"，其含义都是一样的。前文所说裘卫家族的例子，以生产羡余换取山林土地的使用权，则是工商寻求独立于封建系统之外了。春秋之世，工商犹未必能完全独立，弦高之辈仍可能是"官商"，经过春秋长期的列国交往，不论是征战抑是盟会，交通频繁，道路四达，贵族生活的要求提高了消费的质量和数量，于是区间的贸易日益发达，如《国语·齐语》谓："今夫商，群萃而州处，察其四时而监其乡之资，以知其市之贾，负任担荷，服牛轺马，以周四方，以其所有，易其所无，市贱鬻贵。"出现了子贡一类结驷连骑周游列国的富商大贾。战国之世，工商已脱离了封君的畜养，成为自负盈亏的事业。《孟子·公孙丑》即首提到市集上有贱大夫垄断而罔市利的商人。在孟子与许行之徒辩论时，也以交易互利解释分工的原则，指出一个农夫不能自任百工，必须用农产的收入（粟）换取褐衣、素冠、釜甑与械器，交

---

[1]《毛诗注疏》(四部备要本)，北京：中华书局，第2卷之3，页6。

换的双方是互利而不是损害（厉）对方。孟子特别指出当时已经不能"舍皆取诸其宫中而用之"，必须"纷纷然与百工交易"。[1]

战国后期，富商如吕不韦者，甚至可以直接介入政治，影响秦国的王位继承，从而取得相位。凡此经济发展，表现为货币的出现及都市的发达，均已为古史之常识，毋须赘述。[2]

工商业人士的势力大，遂有《史记·货殖列传》所举战国末期的那些号为素封的商人，即使雄猜之主如秦始皇，也必须优待畜牧致富的乌氏与擅丹穴之利的巴寡妇清，比之封君。这一现象即反映了社会上有这批政治以外的人物，掌握了国家以外的资源。

战国时期，原有的封建结构已经解体，新起的国家已渐渐将隶属人口列入编户齐民的组织。由于社会的变动，又不免有无所归的人口。同时，私有财产的经济制度有其强大的动能，足以推出上文所述的富商大贾，却也必定有失去生业的牺牲者。是以《管子·国蓄篇》："岁有凶穰，故谷有贵贱；令有缓急，故物有轻重。然而人君不能治，故使蓄贾游市，乘民之不给，百倍其本。分地若一，强者能守。分财若一，智者能收。智者有十倍人之功，愚者有不赓本之事。然而人君不能调，故民有相百倍之生也"，国家必有调节之道，"凡

---

[1] 《孟子·滕文公》（十三经注疏本），第 5 卷下，页 1—2；《孟子·公孙丑》，第 4 卷下，页 7。

[2] Hsu, C. Y., *Ancient China in Transition*, 1965, pp. 116-126、134-138.

轻重之大利，以重射轻，以贱泄平，万物之满虚，随财准平而不变……取赡于君，故大贾畜家不得豪夺吾民矣"。[1] 这一段话正是解释自由竞争、无所约束时，豪富能挟财侵夺竞争中的失败者。孟子鼓吹制民之产，也就是针对无恒产者无恒心（不易安定）的社会问题。这些丧失生业又无恒产的人口，成为社会的游离成分。战国时代四公子蓄养的门客，一部分是市井中的监门狗屠，如侯嬴；一部分是无业流民，如冯谖等而下之则是鸡鸣狗盗之徒了。能号召社会的游离分子而得其死力，则又是善于开发前所未有的人力资源。在战国之世，固然有四公子一类"皆因王者亲属，藉于有土卿相之富厚"而能招致贤者或"任侠奸人"，却也有鲁仲连一类只凭"轻自己，重别人"而得到旁人的景仰。太史公在《游侠列传》中，于布衣之侠、闾巷之侠、匹夫之侠再三致意，而又屡次慨叹于这些急人之急、重然诺、轻生死的人物"靡得而闻"，"湮灭不见"。是知秦汉以前原有这种人物，只是在官史上未传留其事迹。其实，墨家以任侠的精神组织集团，其巨子也能号召徒众赴汤蹈火，百死不辞，即是上述人力资源的凝聚。太史公引用《韩非子》"儒以文乱法，侠以武干禁"为《游侠列传》的开场白，也即以"侠"概括社会游离分子的集体力量。[2]

---

[1]《管子》（四部备要本），北京：中华书局，第22卷，页5—6。
[2]《史记》，第124卷，页1—6。

总之，西周的封建，原是笼罩政治、经济、思想与亲族组织数方面的整体结构。东周时封建逐渐解体，在这一解体的过程中，原本凝聚在封建体制下的社会能量，逐次释放而为独立于政治之外的社会力量：掌握知识资源的儒生学者（或知识分子），掌握新发展经济资源的富商大贾，以及掌握游离人口资源的任侠之士。这三者之中，后二者集中于新兴的都市，甚至知识分子也可能多在城市，是以新发展的城市在孕育及哺养这些新生的社会力发挥了特有的功能。战国晚期的社会，可谓已是多元的复群社会，迥异于过去以宗族乡党为基础的原群社会。社会力能相当程度上抗衡国家，在中国历史上，战国时代的情形是罕见的例子之一。

五、秦汉国家的收夺社会资源

秦汉建立了权力强大的皇帝制度，马上得天下，而以秦国已经发展的集团国家为其体制。秦国在战国诸国中，工商经济最不发达，知识分子大多为外来的客卿，大都市也只有首都咸阳。于是前文所提出的三种社会资源，在秦国均甚单薄。秦国的社会力遂不能不服属于君主威权之下。秦始皇统一之后，使他首先感到皇权受到威胁的是知识分子的批评时政，其采取的对策则是限制知识资源。焚书坑儒只是一时的"镇压"，更有害于知识资源成长增厚的手段则为以吏为师。秦始皇防备六国之后，自然不遗余力，收天下兵器，徙东方大族，都是为了防天下反侧。但是，秦始皇对经济资源却不加压抑，《史记·货殖列传》所记乌氏及女怀清之事，均说明秦政并不排斥商人。陈胜、吴广揭竿而起，其发挥作用的社会力，虽有旧日六国宗室及将相之后（如项氏叔侄、张良）组织与领导，参加反秦的人有知识分子（如范增、李左车），有近于任侠的群众领袖（如张耳、陈馀），而刘邦、萧、曹、韩、彭之辈也都依附于城邑市井的地方势力，不是真正的农民。那是一个诸种社会成分的大结合，如果未曾经过战国时代的酝酿，如果中国仍只有村社宗族的无数原群社会，秦代的国家未必会一败涂地。

汉承秦制，建立了皇帝与文官制度配套的政权。汉初工商经济兴旺胜昔，《史记·货殖列传》《汉书·食货志》所举的富人，必须在繁荣的都市及活泼的区间贸易的基础上，始得继长增高。政权也不敢轻视都市中的民间力量。《史记·游侠列传》所说的朱家、田仲藏亡纳死；剧孟以一介匹夫，在七国之乱时，宰相得之，若得一敌国。[1] 相对的，汉初知识分子的活动不算十分出色，当是经过始皇的压制，知识力量受创深巨，一时不能恢复元气。知识、经济、民间三股社会力中，有两股相当强大，以致政府不能不采清静无为的政策。

高祖既定天下，从龙功臣固是封侯，一般将士也受赐爵位，《汉书·高帝纪》记载，五年五月，诏罢兵复员，"诸侯

---

[1]《史记》，第124卷，页6—15；《汉书补注》（艺文印书馆本），第92卷，页1—15。

子在关中者"复之十二岁,其归者半之,这些人当是高祖就国汉中时军中的楚人及关东诸国人士,算得上是高祖的嫡系部队。在十一年六月,更明诏"令士卒从入蜀汉关中者皆复终身"。而五年诏书中又列了"军吏卒会赦,其亡罪而亡爵及不满大夫者,皆赐爵为大夫;故大夫以上,赐爵各一级,其七大夫以上,皆令食邑;非七大夫以下,皆复其身及户,勿事"。[1] 是以一般士卒都受爵为第五等的大夫,而七大夫以上,都有了封邑。这些"诸侯子及从军归者",均在各人的故乡分到田宅。以上两批功臣数字,只能约为估计,据《汉书·高帝纪》,高祖入关就国时,项羽"使卒三万人从汉王,楚子,诸侯人之慕从者数万人",总数大致不过十万。至于第二批功臣,那些复员的军吏,应当包括各种"游离部队":五诸侯的军队,黥彭韩信的部队,如以垓下会战时的人数计也可能有五六十万人。两项总和,不下六十余万,如以汉初人口为一千五百万至一千八百万的约数计算,有功军吏占了人口总数百分之三或百分之四左右。[2]

最高一级,是以军功封侯的人数,高祖至孝文不过二百十四人。这三层功臣,是汉初政权的主要支持者,分散全国各地,而以关东为多。汉初非封侯不能拜相,郡国二千

---

[1] 《汉书》,第1卷下,页5。
[2] 李开元,《前漢初年における軍功受益階層の成立:「高帝五年詔」を中心として》,《史学杂志》,1990年第99编,页1—32;《汉初人口约计》,参看葛剑雄,《西汉人口地理》第一篇第四章,北京:人民出版社,1986。

石也以功臣为主。功臣集团的家族，很容易成为地方恶势力。颍川的灌氏，为灌婴家人，即是当地的豪强，到了文景之际，第一代功臣已经不多，是以申屠嘉以开国时"队率"的下级军官，也可以出任丞相。

汉初天下是高祖功臣集团及其家族的专利品，经过几个功臣的转变、刘氏与吕氏的争权以及景帝时亲藩的七国之乱，这个专利的圈子越缩越小。文景以后，汉政权不得不设法扩大政权的社会基础。汉代的察举制度，不是一朝一夕的发明，然而经过武帝以下的演变，察举制度成为儒家知识分子进入文官系统的孔道，也是中央与地方联系的网络。汉代政治体制能够根深柢固，察举制度之功不小，它使人才得以流转，儒家观念与思想得以侵入人心，中央与各地间舆论与信息可以沟通。这一模式确立之后，中国的后世诸朝代，大致都在同一格局下运作，知识力量与政治权力共存而且合作。[1]

汉代政治权力对于工商经济的力量及民间的力量则加以压制。景帝以下，民间力量首先招忌。《史记》与《汉书·酷吏传》中官吏惩治的对象，除盗贼之外，不是地方豪强，就是市井游侠、都市恶少年。景帝以后最有名的游侠是郭解，他专断乡曲，终被诛杀。郭解死后，关中长安樊仲子、槐里

---

[1] Hsu, C. Y., "The Changing Relationship between Local Societies and the Central Political Power in Former Han," *Comparatives Studies in Society and History*, 1965, 7（4）, pp. 358-370. 许倬云，《西汉政权与社会势力的交互作用》，《求古编》，台北：联经出版公司，1982，页453—482。

赵王孙、长陵高公子等人，虽也任侠，但"逡逡有退让君子之风"，大致不过一些有钱而慷慨的人士，谈不上威胁政权。[1]

东汉时已不见市井游侠，代之而起的是贵介公子，好交游养宾客，如杜季良以至袁绍之辈，其社会影响力不大，可谓已是统治阶层的附庸。[2]

反之，小民百姓中则有另外一种社会的结合。乡里中社日的聚会，是地缘的原群活动。陈平在里中社祭时主持分配肉食，即是一社群的领袖。《汉书·食货志》列举一般农户的支出，社闾尝新春秋之祠，是常项开支；居延汉简中也有社钱的记载，足见汉代普遍存在着基层社群。[3]

近来偃师出土建初二年（77）的"侍廷里约束石券"，是一件二十五人购置八十二亩容（颂）田的合约，其领袖有祭尊之号。大致这份共同产业的收入，是祭祀的基金，"僤"的性质，有人主张是基层行政单位，但似乎仍以民间自愿的组合较为可能。汉代的"单"印，大约都是为了特定目组合团体的印章，其中具有祭祀性质者为数不少。[4]

---

[1] 《史记·酷吏列传》，第162卷，页7—37；《汉书》，第90卷，页2—21；陶希圣，《辩士与游侠》，台北：商务印书馆，1974，页93—94。

[2] 《后汉书集解》，第24卷，页13；第64卷上，页1。

[3] 杜正胜，《编户齐民》，台北：联经出版公司，1990，页200—210。

[4] 黄士斌，《河南偃师县发现汉代买田约束石券》，《文物》，1982年第12期；俞伟超，《中国古代公社组织的考察——论先秦两汉的单、僤、弹》，北京：文物出版社，1988；邢义田，《汉代的父老、僤与聚族里居》，《秦汉史论稿》，台北：东大书局，1987，页215—246；杜正胜，《"单"是公社还是结社——与俞伟超先生商榷》，《新史学》1990年创刊号，页107—124。

这种基层的组织，虽是志愿结合的团体，也许因为过于分散，未能整合为有形的社会力量，这种团体长期潜伏于社会的底层，不见于史传。但在民不聊生的时候，百姓蜂聚群屯，这种组织未尝不可转化为大规模群众暴乱的核心。王莽时铜马、赤眉、新市、绿林，无将卒名号，其领袖不外三老、从事、卒史之称，大约即是由于基层百姓只能运用这一层次的组织动员方式。

宗教力量可能是凝聚民间组织的触媒剂。两汉之际的城阳景王祭祀，以至初期佛教的教团，均未尝不能由原具宗教祭祀功能的"僤"型团体转化。汉末黄巾大起，天师道的原始性质即是村里的互助合作团体，"祭酒"之类的名称也与偃师石券的"祭尊""主疏"之属相近。然而，这种植根于下层的社会力，大约只在朝代末世，狂飙惊涛，以其毁灭性的冲击，拉垮原有秩序，却不能在国家与社会两橛制衡的过程中发挥持续的平衡作用。汉末知识分子开拓的舆论空间里，没有民间基层的成分，也可觇见"僤""社"的原群局限性。[1]

武帝之世，外多征伐，内多营作，国用空虚，司农仰屋。聚敛之臣，竭泽而渔，税算繁重，盐铁专利，工商愁苦；尤其杨可告缗，中家以上均破产，受打击的对象以工商业为最。工商业经此打击，从此一蹶不振，唯有农舍产业乘时补充城市工商业留下的经济空间，中国遂有以精耕为基础的农业，

---

[1]《史记》，第162卷，页27—37；《汉书》，第90卷，页2—21。

以其庞大人力，投入手工业生产，依仗市集网络，互通各地的有无。这一经济模式，有其稳定性，也有产业不能升级的严重局限。[1] 惟其具有高度稳定性，以城市为基地的工商业经济受其抑制，长期不能有发展的机会。

汉初社会，本来大有发展潜力的两股力量即民间与工商经济，在武帝以后，因此日见萎缩。相对的，以知识资源为本钱的儒生士大夫，则以其独占了文官体制，力量却日见丰厚。一方面，知识分子士大夫，由于已与文官体制结下不解之缘，其社会力的独立性大为减弱，几乎不能离开国家的政治权力。另一方面，由于知识分子传授知识的传承关系，知识分子群自有其族类繁衍的管道；而儒家成为官学之后，儒家亲亲重孝的理念，又促使士大夫阶层尽力使社会精英的地位在家族中承袭不失，形成新的精英大家族。大家族彼此援引，结合为另一形式的贵族。然而以其同构型甚强，这种社会群体犹是呈现强烈的原群特色，不能蜕变为志愿形成的复群，更遑论以多种复群组合为复群社会了。[2]

西汉末季，儒生士大夫贵族化的迹象已经可以觇见。东汉的大家族，更明显是士大夫贵族了。然而儒家理念本来就

---

[1] Hsu, C. Y., *The Han Agriculture* (Seattle: University of Washington Press, 1980). 许倬云，《汉代的精耕农作与市场经济》，《求古编》，页 43—56。

[2] Hsu, C. Y., "Historical Conditions of the Emerge and Crystallization of the Confucian System," in S. N. Eisenstadt (ed.), *The Origin and Diversities of Axial Age Civilizations* (New York: State University of New York Press, 1986), pp. 306-324.

有淑世的理想以及以道德规整现实的理想,固然儒生中大部分以进入文官体制为目标,仍有不少以学问德性为志业,选择留在文官体制之外,以督责批判现实政治。为此汉末清流,以乡评清议展现了知识力量的独立性。有些知识分子不直接抗议,但是宁愿清贫退隐,不愿依附富贵,也保持了社会良心的功能。知识分子内部分化,终于使儒家没有变成官办的宗教,儒生没有变成官派的僧侣。至少,知识力量部分地发挥了社会对国家的制衡。这一次知识分子的分化,可能的导因在于古文今文之争,传留在民间的古文经典及其阐释突破了太学中官学的独占局面,也因此使东汉的儒学发展了民间的传承。[1] 至于士大夫家族的强大及持久,则导致这些大族长期垄断地方资源,终于形成地方疏离于中央最后地方走向独立的局面,将国家的中央核心削弱以至最后崩溃。东汉州郡的离心以及最后分裂为三国,大致都反映了地方性原群社会脱幅离开国家的大势。

由上述所述,秦汉的国家与社会的关系,一反战国的趋势,国家一步一步收夺了社会资源,国家凌驾于社会之上,但社会力中一股代表知识资源的力量则寄托于国家权力结构,壮大了这一股力量。知识分子群内部的质变及分化,也

---

[1] Hsu, C. Y., "The Internal Factors Associated with the Fall of the Han Dynasty," in G. Cowgill and N. Yoffee (eds.), *The Collapse of Ancient Civilization* (Albuquerque: University of New Mexico Press, 1986), pp. 176-195. 刘修明,《两汉之际社会变动中的知识分子及其命运》,《中国史研究》,1990年第4期,页149—158。

使这一股社会力发展出复杂的性格。其最后出现的社会群，却又不能超越原群的特色，以家族为其具体组织，不能走向志愿参与的复群，更未曾整合多种复群为复群社会。

若以黑格尔所说国家与社会的关系讨论，秦汉城市发展戛然中断，以致中国历史上只有家族伦理为基础的乡村社会，不能发展为黑氏理念中以市民社会为基础的国家。但是汉代以儒家意念为主的文官体系，使国家的权力与社会的伦理融铸为一体，造成以伦理与体制为基本意念的国家公权力。另一方面，儒生（尤其东汉以太学生为主的知识分子）竟也发展了舆论的公众空间。相形之下，以农村资源集散为主的经济交流，终于不能形成经济的公共空间。儒家知识分子以其文官候选人及社会良心的双重性格，将国家与社会联结为既相制又相成的有机体。这种辩证性的发展，呈现黑格尔意念中国家与社会联合体的另一形态，迥异于近代西欧的国家与市民社会的关系，却为中国历史上秦汉以后的发展确立了不易改变的趋向。

六、结 论

总结上文的讨论，中国历史上国家与社会的关系，自有其发展途径，与西欧历史的国家及社会并不完全相同。商周原群社会与国家重叠，二者几乎为同体，既说不上对抗，也说不上制衡。西周分封日久，始有几个不同的原群社会，如姬姓亲属婚姻圈的统治群,各个封国的当地统治群以及各国原居民的"野人"社会,其间有相异而又共存的关系。然而原群的组合并未能整合为自立性的复群社会。东周是政治制度与社会结构都大为变动的时期,同一文化圈内列国并存而又竞争,再加上有相当发达的经济网加强共存的关系。各国之间,知识与经济资源都有发展的空间,不必受任何一国政治力量的专断与控制。这一情势与西欧近古列国体制——资本主义经济将要开展时的形态——颇为相像。[1] 战国时期中国的社会力有知识分子、工商界及民间任侠三种成分,多少具有相对于政治权力的自立性,殆非历史的偶然。不过,这些力量缺少西欧自由城市为触媒,遂未能整合为有机的复群社会。秦汉大一统帝国出现,国家势力之强大无可比拟,逐次收夺了知识资源、工商财富及民间任侠的力量,最后将知识资源与政治力相熔铸,合而为帝国体制内庞大的文官体系。城市萎缩,工商及民间任侠无所依存。国家权力吞噬了社会力量,却又不是古代那样的重叠。儒家的理想意念,使知识分子不致完全为政权收编,始在东汉发展为有相当自主性的知识分子社群。东汉党锢之祸,即是国家权力与知识分子对抗的史迹。文官体系的成员,逐渐借家庭传承以独占知识资源及参政机会;连带地,这些在各地发展的士大夫家族也成为地方势力的核心,遂削弱了国家中央的权力。形势上,社

---

[1] Mann, M., *European Development: Approaching a Historical Explanation*, in J. Bachler, J. Hall and M. Mann (eds.), op. cit., pp. 6-19.

会又可与国家分庭抗礼了。然而以家族与乡党为核心的社会力，不能摆脱原群性格。哈贝马斯构建公共空间观念，将小区（地方）与家族的内部交换，都列入私有空间的领域，必须经过舆论、城市自主及市民参政，社会始可能出现公共空间的领域。[1]

如以哈氏的定义，则原群社会势难产生真正的公共空间。中国历史有强势的国家及文官制度，社会力本来已不易发展。社会群又局促于原群的限度内，终难整合为有机的复群社会。这一历史僵局长期持续，要等到宋以后以至18世纪，经济的发展到了一个水平，始有突破僵局的可能。而复群社会可能萌芽，尚须在近代工商业、近代城市及近代教育孕育的新知识分子出现时始有其契机。

---

[1] Habermas, J., op. cit., pp. 6-20, 30.

历史与变化

历史与变化

历史本身基本上就是一个谈变化的学科，拿历史方法学而论，所有的社会人文学科的方法我们无所不用，处处都拿，但是有一个是我们独自拥有的特点，那就是时间的因素。时间的轴线一定有变化，历史就是追究这种变化的方法、变化的过程以及变化之中发生的一些事情。

一、渐变

我们讨论变化的分类。第一，我们先讲"渐变"，慢慢地变。各位晓得铁钉会发锈，木头会烂掉，衣服也会烂掉。这"烂"是什么现象？"烂"是氧化的现象，很缓慢地氧化。渐变，渐渐在我们四周围进行，氧化是我们最常看见的一个例子。

第二，是"衰变"。衰变是老化，像我一天天老，我一天天不中用，走路非扶着不可，一个不小心就会摔跤。人自身老化的程序不断进行，我们的身体整体在老化，同时我们的每一个细胞都有它生长的过程，也有死亡，从生长到死亡的过程就是老化。整体讲就是身体的无数细胞不断地生生死死，构成了我们的身体，人体也就是不断地出现个体生命中的衰变。衰变是不是只在生物体上面出现呢？也不然。比如说放射性物质，有半衰性，不断地释放放射的能量，到时候它的量就很少了。所以渐变之中的衰变的现象比氧化更普遍。

第三，是"演变"。生物学上的演变也罢，人类的行为及思想也罢，都有一个逐渐改变的过程。生物学上任何一个种类都逐渐从它最早的分叉点开始，不断适应四周的情况，在适应的过程中，经常改变自己的形象、改变自己的属性。这一过程非常缓慢，但有了方向以后通常是回不了头的，也就与衰变一样，发生后通常是回不了头。回头是另外一个生命的开始。演变回头，那是倒过头来退化，退化并不是回到原始点，而是侵蚀。

我们学历史的人，处理的对象当然是人类的社会以及人类的个体。渐变，就相当于历史出现的改革，或者是衰退。一种制度也有衰退的时候，衰退之后要改革，一点一点地改革，这种改变即是渐变。改革与衰退走的方向当然不一样，改革是一点点矫正方向，以适应新的环境，相当于演变；衰变呢，是相当于老化。一种制度会衰变。这是历史上无时无刻无地不在进行的一个现象，任何社会、任何人群以及任何个人都有这个现象。

二、剧变

第二项变化我们叫"剧变"。以氧化现象来说，一把火烧了一根木柴，一把火烧了森林，都是剧变，燃烧是氧化的急遽过程。在人类的社会里，剧变就是革命。革命的目的是想要把原有的秩序完全毁掉，造成新秩序。但是如果这个新秩序造不起来，这后果就是崩溃，这也是剧变。哗啦一声，一个国家垮掉了；哗啦一声，整个社会疯掉了。这种现象在人类历史上也经常看得见。毛病出在哪里呢？刚刚讲"渐变"和"剧变"之间，有时候会搞不清，原因是时间的尺度怎么量，什么叫快，什么叫慢？衰落是一天天落下去，还是一年年落下去，一个世纪一个世纪落下去？革命前面也一定有一段长期的衰变，或者说是病变。那么那个衰变、病变的导向与过程本身就可以是缓慢的，于是渐变和剧变之间的界限划在哪里，就很不容易说清楚，这是处理这一类巨大历史事件时常常会面临的困境。

三、蜕变

第三项我们讲蜕变。我们最常讲的例子就是毛虫变蝴蝶，丑小鸭变天鹅。(其实丑小鸭是变不了天鹅的,只有小天鹅变天鹅。)毛虫变蝴蝶在生物里面的例子很多,可是基本上这不是真正的蜕变,而是一个变化过程里的阶段。另外一种是更复杂的蜕变。就是一个东西借助另外一个东西复活了,不是原来事物复活,是夺取了另外一个东西。举个例说,昨天我在史语所跟我们的同事在看一张卫星摄影的地图,有两条小溪流,水土流失往上游崩,崩到有一天两条溪流的上游碰在一起,实际上是一条溪流的上游切到另外一条溪流上游靠中游的地方,于是一条河的河水就流到隔壁那条溪流里面去。本来有分水岭间隔的两条河流变成一条河,这是河川侵夺,是一种蜕变。两条河变一条河,还不是质的变化。再举一个例子,冬虫夏草是一枝草,可是样子像虫,是植物长在一个虫烂掉的尸体里面,所以它的形状像个虫,它实际上是草。人类历史上这三个类型的变化都会出现。变化的分类,大致来说,可以分成这三类。但是要提醒各位一下,任何分类学都不能周全,任何分类学彼此之间都有困难,分类只是方便思维而用的。大家以后会理解,变化的种类是很多的,在自然界也有,在人类的行为里面也有,在人的社会里面、人的个人行为里都有,这一切都影响到所谓历史,不论是个人的还是社会的历史。

同学问:为什么改革属于渐变?比如说,像以前的那些变法,如果马上就实行新法,那不是属于剧变吗?

不是，变法还是缓慢的。以王安石变法而言，他是一条一条将改革条例付之实现，像台湾的改革，蒋介石个人的威权转移到蒋经国的威权，然后蒋经国在社会改革之下，逐渐释放权力，逐渐开放党禁，容许言论自由，一直到李登辉时代。一点一点的改变，这是花了四十五年的时间逐步逐步地进行。从蒋介石到了台湾，大概第五年、第六年开始实行地方选举（乡镇代表选举、县市议员选举），这个改革的过程其实已经在进行了。台湾的变化不是革命，不是剧变。这一变化已经跨越了至少两个时代，所以是改革。比如说骑脚踏车，刚上车不会踩的时候，你一点点地矫正车头的方向，一点点调整身体的位置，这些都是适应的过程。改革与剧变不一样的是逐渐适应，最好的改革常常是走着瞧，一路走一路改；有预设的改革，像王安石这样，往往就会中止。改革踢到铁板，如戊戌政变就垮掉了。现在大陆的改革就是一点一点的改革。我们回到改革本身，你提的问题有关政治改革，假如以政治改革来说，政府主导的政策改变是一件事情，而民间自动引发的一种力量呈现了自护的经济变化则是另外一件事情，这两件事情不一定能合拍。一个好的改革者应该看见外面的情势，自己随时适应。当年蒋经国先生在开始想到改革与不改革的时候，许多知识分子以舆论方式提出建议。我常用的一个说法是，你自己开刀做外科手术，比拉开伤口以后缝起来要容易。改革一方面要有计划，另外一方面要适应情势。改革与一个强大的力量所造成的急剧转变不一样。

第二项，有关历史变化的讨论方面。一般人的观念里，甚至包括教科书，有许多英雄人物如汉高祖、唐太宗，我们总认为历史是人创造的，所以从古到今不断在辩论，是英雄创造时势还是时势创造英雄。这个问题过去不成问题。过去譬如说司马迁的《史记》，是很伟大的一部作品。我们看的主要是纪传表书，传占了很大的成分。传记载的是历史人物，在历史转折点上，许多重要的历史人物一动一静就造成了巨大的影响。于是我们归功于这些人物，或是归罪于这些人物。埃及艳后美艳无比，她一辈子迷倒无数英雄，有一位被她迷倒的英雄是安东尼。有人就说这个埃及艳后的鼻子如果长一分或者短一分，迷不了安东尼的话，地中海的历史就会改写，罗马帝国的历史也要改写。但是事实真的是如此吗？再看我们中国的历史朝代灭亡，常常归之于妖姬，什么妲己、褒姒、杨贵妃。一个弱女子可以颠覆亡国吗？她能颠覆一个朝代吗？但是中国历史上，在一般人脑子里，把这种事当作真实的历史：杨贵妃要负责开元天宝之间的大转变。这一观念都是在"英雄造时势"的命题之下出来的。

倒过来看，真的是英雄造时势，还是时势造了英雄？为什么某一个时代群雄并起，人人都是好汉，都是一方霸主；而另外一个时候出来的都是庸才？是运气吗，还是别的呢？时势造英雄与英雄造时势之间的关系，我们等下还会讨论。

这种想法并不只是中国历史有，西方历史学上有一位史家卡莱尔，他提出过英雄史论。卡莱尔英雄理论与我们中国的英雄造时势有若干相同之处。我们要考虑，第一，这个英雄所受的教育是什么，所处的时代是什么，什么样的环境造就了他，这些都是重要的因素。下面我们会讨论这些问题。

另外一类因素是经济因素。自从马克思、恩格斯以后，不少史学讨论中以为生产力、生产关系等造成了世界的革命。我学的是社会经济史，社会与经济在我脑子里是密不可分的，然而，经济因素是在社会因素以上有影响，还是社会因素决定经济因素？这在我脑子里面一直是盘旋不停的问题。马克思、恩格斯创立的唯物史观，以为人的经济行为决定了历史改变的方向，甚至有一个一定的演变方向、演变的秩序、演变的规则。斯大林时代甚至就定了五个社会历史发展阶段：原始公社—奴隶社会—封建社会—资本主义社会—社会主义社会，到最后走向共产主义的大同世界。马克思、恩格斯时代正是达尔文创造生物演化论的时代，他们借了生物演化理论和人类学家的理论。人类学家摩尔根观察许多当时的原始民族不同的制度、组织，认为是经过不同阶段的变化，从一个阶段进化到一个阶段。唯物史观认为社会进化有一定的方向、一定的规律，而且是经过科学的证明的。今天，经过长时期的更多的验证，过去人类学上所谓演化的时间表、演化的路程，我们知道是不存在的，各处变化的过程各有各的变化方式，没有一个阶段是必经之路，中间可以跳跃，跳跃也可以经过其他的变化产生，不一定非要五个阶段不可。此外，每一个阶段可以在自己内部发展出不同的面貌、不同的形态。假如从一个阶段一个阶段来看，两种不同的文明之间，它们的同一个阶段，其内部发生的过程、因素其实都完全不一样。

再讨论文化因素，既然刚刚讲了马克思，现在再讨论一个他的对手韦伯。韦伯最著名的论述，是讨论资本主义出现的一个因素。大家注意我讲的是"一个"因素，不是全部的因素。很多人误解他讲的是全部因素，其实他讲的只在一个地区，西欧靠北的一个角落上的一个地区，在当地现代资本主义涌现的时候，一种人类行为的解释：那些人的思考是基督教新教伦理，而且那个新教伦理是卡尔文教派的新教伦理。什么叫卡尔文教派呢？新教中这一派神学认为上帝救赎我们，使我们得到永生，凡信我者必得永生。问题就是给你永生的上帝是听你的行为来决定，还是上帝自己作了决定？如果上帝靠你的行为来决定，那你与上帝各有一半的权力，上帝掌握一半，你掌握一半，上帝白白将一半的权力拿给撒旦，对不对？如果上帝是全知全能的，他一定有自己的一套策略、一套方针、一套蓝图，哪个人该得永生，哪个人不该得永生由他决定。卡尔文教派就主张全知全在全能的神决定了你得不得到永生。但是你怎么知道上帝选了你呢？卡尔文教派说你的行为在现世表现，不是因为你的行为如何而得到上帝给你的报酬，而是你的行为彰显了你已经是上帝选定的可以永生的人。这一动机使得那一批欧洲西北角落的商人自觉要在世界做上可以荣耀神的人，成功是为了荣耀神，不是为了一己贪欲，也不是为了享受。这是"文化动机论"。我再重复一遍，我不是说现代资本主义只由这一个因素造成，只是韦伯用这一个观点写了一篇很著名的论文，成就了我们在近代社会学领域很重要的一个学派，正好与经济决定论是针锋相对的。经济决定论决定权在你的肠胃，韦伯的文化决定论决定权在你的脑部，两种都可以说是在变化里要讨论的问题。刚刚我只讲了三个，其实还不止于此，三个下面还有许多小的分岔，这三大类大致是说人们一般讨论历史的时候，大概总是在这三个范围里面转来转去。

假如这个上面没有问题，我再拿刚刚所说的三项变化因素综合来看。像社会经济史，"社会"这个词范围是跟一般意指 society 稍微不同。"社会"这个词几乎包括了所有人类的群体现象，以及群体现象中衍生出来的人类行为。所以作社会经济史考虑的时候，我们会顾及人的观念、人的价值选择，也不会忽略人类生产的方式、生产的手段，以及生产者与生产者之间的关系、生产与分配的关系。我们将上面这三个因果放在一起看，不能偏废。在我早年的著作《中国古代社会史论》中，我讨论的是社会变化，社会里面人与人之间的生存价值，某一个时代人口的升降比例有多少，这是量化的研究方法。可是最后我写的时候，讨论到了政治因素，国家与国家之间斗争的因素，讨论到官僚系统，讨论到哲学思想，讨论到经济生产力以及经济的分配，也讨论到最后社会是不是重组。在那本书里我基本上没有讨论英雄，但是我却讨论到一些特殊的人物他为什么上升或为什么下降的一些个案。换言之，社会经济史的研究中，上述因素没有一条可以丢掉。所以虽然我不喜欢马克思的观点，但我必须承认马克思、恩格斯在历史研究上对经济因素的重要性提出了非常明显的提示，我们不能因为不同意他的政治主张或未来发展的蓝图，而否定他对经济史观的贡献。同样地，我们不能因为韦伯提出了文化史观而扩而大之。大概十多二十年吧，中国台湾、中国香港、新加坡的经济都发展了，东亚经济非常发达，日本人独占首席。在那个时代，有许多学者讨论儒家伦理与东亚经济力量上升的关系。儒家伦理里所谓简朴、勤劳等价值观念，都被当作经济出现大幅度增长的一个因素。但是大家忘了，一百年前，甚至五十年前，大家都在诟病儒家伦理，说儒家伦理是拉住中国使其不能成长的一个重要因素。所以任何单一因素的讨论都会是双面刃，五十年前的中国人的思维方式其内含的儒家因素比二十年前的人的儒家因素要强烈得多。为什么那时候经济不起飞？这种解释的缺点：第一，单一因素的讨论，有些人归因于一个因素；第二，不少人作这个论证的时候，基本上忘记了韦伯讨论现代资本主义兴起的过程，这个命题是新教伦理，既有他时间的特定点，有他空间的特定点，还有他理念的特定点，这三条的制约力不是可以泛滥的。假如说我们要讨论一个历史现象的时候，我们切忌单一与平面地讨论，更不能借别人理论的时候忘记那个理论的前后背景，这是讨论任何因果论的时候我们要注意的问题。

刚刚有个同学找我签字的时候，我发现至少有三到四位同学提醒我在最后讲韦伯的时候没有讲清楚，我现在重新稍微说得缓慢一点，讲清楚一点。我们先拿现代资本主义出现的经过再加以叙述。资本主义是不是就是赚钱？自古以来人就想赚钱，很少有不爱财的。爱财要爱得有其道，有其方法，有其制度。现代资本主义的发展是一个很长程的演变，到真正所谓资本主义出现的时候，出现了一些现象：银行、保险、资金的调度以及法律管束的交换行为。这一系列之外，为什么有一些人为了赚钱花了那么大的力气一辈子投身其中，而得到收获以后他却不是为了自己，这样他一定有特有的动机。我在匹茨堡住了三十年，匹茨堡曾经是一座钢铁城。当年还是钢铁城的时候，有一位重要的工业家卡内基，他是苏格兰人，他以前住的房子还在，我们去参观他的房子，真是朴实无华，非常简朴，他过的生活就跟他当年做学徒、做工程师时没什么两样。他非常勤劳地工作、非常用心地去做事，到最后死了以后，他的财产都捐为公益之用。这是其中之一的例子，他为什么不为自己的享受，也不为荣耀自己？他的动机在哪里？这正是韦伯追究的原因。韦伯追究这原因，他以为现代资本主义出现最早的地区，是今天的荷兰、比利时与法国北部。欧洲的资本主义实际上经历过很长的历史演变，许多自由商业城市逐渐发展出资本主义经济的一些制度，包括银行等。地中海边有些城市基本上是自治的，国家不能干预它们，是这些城市的人发展了那些制度。但是假如没有一个动机变成一个冲击的力量，使得那么多人愿意去做的话，在没有太多自然资源，也不在真正交通要道上的西北角城市，未必会出现资本主义萌芽。

为什么？韦伯讨论这个问题，提出了当时当地人物的使命感。使命感不是纯粹为了赚钱，使命感是为了完成荣耀神的责任。人有使命感，可以做许多旁人觉得不可理解的事情。比如说，中国历史上那些忠臣，砍了他的头，他还是要谏诤，还是要批判。许多忠臣，像文天祥，关在牢里多少年，宁死不屈，凡此都是一种人的使命感。中国知识分子使命感是社会使命感，欧洲西北角商人的使命感是基督教伦理的使命感。为什么他要做这种事情荣耀神呢？我刚刚说过，基督教的救赎观念。假如上帝是全知、全在、全能之神的话，他不必跟你打交道。在台湾曾经流行六合彩的时候，我们知道常常有神像被砍了头、砍了手、砍了胳臂丢在地上，对不对？那是在跟神像做交易嘛，我给你奉献，你许我得奖；我没有得到奖，你没有完成你的承诺，所以我砍断你的手。这是人跟神像之间对等的互动关系啊。如果上帝也跟我们有互动关系的话，上帝的权力就有限了，因为我有一半的权力，我可以否决上帝啊。但是在基督教里上帝的地位，上帝有完全的权力。换句话说，神不是因为你做得好而报酬你，因为他已经选定了你要得救，所以你的表现是他选定你的象征。这一个理论在基督教中是卡尔文学派。今天卡尔文学派还在不在呢？今天瑞士的最大的宗派还是卡尔文学派。很多新教教派，经过某种程度的调整，都吸收了一些卡尔文派神学观念，但是没有像卡尔文说得一清二白。这些都是人的使命感，是基督教伦理。一种基督教文化的理念，使得信徒有使命感，使他苦干。但是要证明这个事情，韦伯作了许多比较，他以天主教伦理跟基督教伦理对比；这不够，他还以整个基督教，包括新教、旧教来和伊斯兰教、犹太教对比，犹太教跟基督教是同一个源头；这还不够，他又讨论印度教，印度教是多神的宗教，但是印度人大都被当作是印欧民族，他们的语言有一套类似的系统，语言决定某种逻辑的思考方式，所以他以印度教与伊斯兰教、犹太教比较；还不够，他又以中国的信仰来比较。他的四个层次的对比，目的是要找出一个新教的思想模式，这是他投身宗教学研究的缘故。

　　回到本来讲的第一个小题上。韦伯是不是只单讲文化？不是。韦伯一辈子的贡献是多方面的，他起家是讨论德国的大地主制度，讨论大地主的时候，他也理解到生产关系等的影响。

　　同学问：讲历史的变化时，为什么不把地理环境放进去？

　　我随后就会讲。所以韦伯在讨论这个的时候，他也讨论土地、租税，也讨论当时德意志民族所居住的地区、民族的关系、武士阶级转化成地主的关系以及市场的关系，等等。从这个经济史的课题上，因为讨论到地主身份、武士阶级的性质，他就必须转换到社会史和政治史的方向去，这还不够，还要讨论国家的权力，要讨论地方上领袖的权力，要讨论小区的整合性，要讨论官僚制度，要讨论权威本身的形成。权威是本来有的，还是逐渐发展的？权威是可以继承的，还是不可以继承的？领袖的特质是独有的，还是可以转化的？这些问题，使他旁枝岔道岔了许多，岔出去之后才得到这个全貌性的观察。因此今天我们对韦伯的理解，不是拿他当作任何一位学科的专家来看，因为他牵涉的面太广，今天的社会学、政治学、经济学、宗教学等几乎所有的学科里面都有韦伯的影子。这也就是我刚刚讲的第三节第一个小题上提的一些观点。

回到刚刚我讲的现代资本主义的起源问题上。芝加哥大学的经济史学家奈夫，一辈子的工作就是否定韦伯。他是天主教徒，所以要反对韦伯的新教理论。奈夫与一些经济学家，注意到许多与经济转变有关的因素，有一个部分就是讲到地理因素。他就讨论到煤产量、钢铁产量、煤产地、钢铁产地、资本累积等这些问题，也从这些问题推演到沿海城市的特性、内陆城市的特性、地中海航道、北海航道、地中海航道衰弱而北海航道兴起等问题，这又牵涉阿拉伯人与基督教在地中海东端的许多斗争，陆地交通的断绝，然后再谈到欧洲城市从地中海外围转变成南北向的分布，将北海连到地中海，这一切都有地理因素在内。奈夫讨论资源所在地以及资源的流通和道路问题，因为谈到资源的流通一定要谈到道路。他讨论的广度其实不亚于韦伯，也是一辈子作了许多题目，可是他就不太注意文化理念，他相当偏重于与经济问题相关的一些因素。但是，为什么西班牙地区有那么多新大陆的资金不能累积，而英国的资金可以累积？这些东西都不是单单讨论经济制度本身可以解决的。

这么重大的一个课题——资本主义的兴起，讨论的方向、着手的方法，可以走完全不同的路，也都可以言之成理。实际上，历史是一只大象，我们每个人都在盲人摸象，有人扪到鼻子、有人扪到腿，韦伯、奈夫各扪到一部分，我们后生小子占了便宜，可以左右逢源。

回到韦伯的问题，他一生的研究跨了那么多的领域，所以他考虑问题不是抽丝剥茧，而是顺藤摸瓜；抽丝剥茧剥到里面是愈剥愈深，顺藤摸瓜是愈摸愈远。顺便说一句，读历史跟做任何事一样，你要打活井，不要打死井，抽丝剥茧搞到最后可能剥出个死井，顺藤摸瓜通常会摸出活井，水可能愈摸愈多。韦伯学说是功能学派，"功能"这两个字是翻译，英文讲 function。function 这个词不是只是讲功能，英文的 function 是数学上的函数。任何一个函数都有许多不同的成分，不管是数字也好，是加号减号也罢，是括号也罢，函数是这许多成分配合在一起才成为这一个算式，而各个成分在这个算式里面的关系都是相连的，不能加号两端没有数字，也不能两个数字中间没有加号或减号，或乘号或除号。所以 function 不应该译为功能学派，应该称为函数论，这是一种整合讨论的方法。

我们举一个整合讨论的方法,从卡莱尔英雄造时势联系韦伯的观念。韦伯提出领袖特质,英文叫作 charisma,charisma 这个词真正讲起来中文很难翻译,有的人翻成"魅力",有的人翻成"威望"。这些定义都有问题。那是一种特质,一种很难形容的特质。charisma 本来的意思是基督教里特别蒙受神的恩宠的人,有特别的禀赋。韦伯用这个词的时候,既然借了恩宠这个词,他的意思也是讲有些人与众不同,但是他没有讲这个人为什么与人家不一样。一个 charisma,一个有魅力、有领导才干、有领导特质的人,能够带动千军万马,能够创立一个公司,能够开创一个时代,他不是普通人,是英雄。特质传不下去;虎父犬子,这不是生理学的问题。charisma 怎么转化? charisma 建立的东西能不能转变成制度?韦伯只讲了变化的情况,没有讲到 charisma 为什么出现。他只把 charisma 交代下去,没有讲 charisma 的来历。我们可以承认,一个人的智力与体能一样,是有个人的特点的,人人不同。但是是不是这一特点是英雄才有的呢?不一定。人的潜力多得很。老实讲,单以记忆力而论,我记忆力不好,本来就很差的,愈老愈不好。记忆是可以训练的,我对历史事件的记忆相当不错,我对人的形象的记忆一塌糊涂。人的记忆与其他能力一样都是可以训练的。

为什么出现英雄?为什么会出现奇才异人?这些人自己培养、自己注意自身的某种成分,使得自己呈现领袖的特质。

讨论个人因素很重要的一位心理学医生是埃里克森。他研究历史上重要的人，第一部成名之作就是研究基督教的宗教改革者马丁·路德，另一部名作是研究印度的甘地。他认为人生的成长与发展过程中，性格形成、观念形成、智能形成经历不同的阶段，每一个阶段都要自己认识自己是谁，从小孩第一个晓得"我"这个字到晓得"你"和"他"。小孩第一个说的字是"我"，"我要"；等他晓得"你"和"他"的时候，他就晓得"我"是一个相当特殊的东西，这样一步一步到十二三岁的时候，小孩难缠极了，什么都不顺眼，一直到十八九岁还是不大顺眼。这一段过程，一段一段，一直到我现在七十岁的时候。孔子说七十岁是从心所欲不逾矩，可以自己随随便便，也不会犯错，不过随便不是放肆的意思，只是晓得人与我的界限在哪里，我的范围在哪里，我的能力在哪里。人到老了还要界定自己在什么阶段，很多与我同年的人都怕死，尤其是女性，到了六十多岁以后，最怕听到一个"老"字，叫她老太太她一百个不愿意。这是以人生整个阶段来界定自己，认定自己是谁的问题。有些人，像马丁·路德，像甘地，在人生的某些阶段受到了特殊的刺激，得到特殊的感受，使得他在认同他自己是谁的时候，可以使自己与时代彼此认同。时代的波浪、时代的脉搏，和他的生命的认同合而为一，他就不再属于他自己了，他是为他的时代在过日子。真正的英雄应当是这种人，他可以感受到时代，和时代一起成长、一起奋斗。所以他可以跨越他人不能跨越的难关，忍受他人不能忍受的痛苦，而他找到的方向、看见的问题都是同一个时代其他人感觉到却说不出来的，而他却可以说出来。因为有这种特殊的自我训练，他才能够不单是理解问题所在、看清问题所在，而是提出一些他人想而没有想到的问题，并说服人家：这就是领袖的特质。埃里克森实际上是为韦伯填补前半段理论。用这个理论来看，英雄成长过程里所有的经验以及他时代的遭遇，包括时间、空间两个环境对他的刺激，投射在他的身上，变成一个光线的焦点。这种性格可以反射出去，这就是所谓 charisma 的一种人格。因此他能完成他人所不能完成的事业，他能提出一个时代的信号，这就是埃里克森从个人英雄的观点扩大讨论到历史的时空与个人。

下面我提的是法国年鉴学派的问题，其中就有刚刚那个同学所谓的地理因素。年鉴学派是今天相当兴盛的学派，它为什么是在法国出现？它为什么叫年鉴学派？年鉴不是我们写编年史的意思，《年鉴》是法国的一份史学杂志，被一批志趣相同的人拿来作为发表论文的园地以后，这群人就成为年鉴学派了，他们是从各种角度讨论问题。这一学派中，布罗代尔的成名之作是《地中海与菲利普二世时代的地中海世界》。布罗代尔的讨论超越了当时的国界，超越了当时的国际政治，他提出的地中海观念是一个地理观念。地中海的历史是把地中海作为一个舞台而言。地质地理也有变动，但变得极为缓慢。如果要有大的改变，却是一去不复返的大改变。

我再举一个例子。我最近回大陆旅行，我到河北的最北端，到了蒙古高原，已经上了坝（高原的边缘的意思）。那里地理因素的改变我们看得出来是微妙的，沙漠化的变化时间也很长久，沙漠内移时间很长久。沙漠内移或沙漠撤退是有一定的进退的，跟世界性的气候有关，凡此周期，至少以几十年为时间单位。这种地理因素造成以后，对当地的改变有决定性影响，也一时回不了头。这是我们要讨论的长程的变化，是一切变化的基础，或者一切条件的基础，这就是历史的大舞台。

长程变化之外就是周边问题，社会经济文化是周边问题，政治也是周边问题。国家的和战，政权的更迭，在我们日常经验里，这些政治问题非常重要。打开报纸一看，绝大多数版面都被政治问题占满了。但是有时候回头一看，当时认为大的事件在今天看来却不足道，所以政治因素其实是短程的。在大海上，海面上波涛汹涌，而波涛下面却不见波涛，都是潮流。布罗代尔提出这三层观念，长程的、周边的，是一个很重要的理念，是整合诸种因素的配套说法。

从这方面看，人们可以从非常微小的题目来展开讨论，譬如说一个嘉年华会（好比台湾今天的妈祖出巡），这个小小的、非常当地的事件。以这个事件作为一个着眼点，一样可以呈现许多大事情，许多长程的变化。嘉年华的活动，组织嘉年华的人彼此的关系、嘉年华庆典的意义、异端的影响、地方的政治、社会的权力与经济资源……都可以从这一事件反映出来。假如我们以台湾的妈祖出巡来做研究个案，做一个到最后一样可以看见的很庞大的历史现象，就不单是一个妈祖出巡。我们最近不是在讲"小三通"吗？说宗教通航，就是说我们要有船队到湄洲岛去，这是宗教行为，地区性的信仰。但是其中还牵涉两岸关系、牵涉台商问题、牵涉两岸意识形态的问题、牵涉世界列强的均势等问题，牵涉面非常广泛。小而言之，妈祖出巡也牵涉台湾的信徒谁捐钱、谁不捐钱、谁收钱、谁不收钱、资源转化等这一大串的问题，研究者也可以从许多不同的角度去观察。湄洲岛和台湾是地理的关系，台湾成为移民地为什么跟福建有关？是地理的条件。这些东西用年鉴学派的观点来看，我们可以看出一串由小见大的整合。所以年鉴学派可以大到讨论地中海，大到讨论近代资本主义；小到讨论一个小镇上的问题嘉年华会，讨论到一个修道院里面发生的纠纷，都可以从小见大。这种整合方式跟韦伯的整合方式其实很类似。

好，我们现在谈到第四点。我特别要提出衰变的问题。一开始我就提到衰变，包括细胞的成长、死亡……社会亦复如此：有退休的，就有新进的；有出生的婴儿，就有故去的老人。历史永远在前进。只是我们不是讨论个别的单位，我们的社会是整体的。社会正如人的身体一样，身体里细胞在转换，社会中是个人在转换；只是人的身体的寿命长于细胞。同样地，社会的寿命长于个人。假如我们从人的身体来看，每一个个体细胞的衰变都可能影响附近的其他细胞，也可能因为不同部分的器官衰退死亡有不同的速度而使这整体变化呈现不同的形象。

举一个癌症为例。半年前我姊夫去世，我跟他不但是亲戚，而且是非常好的朋友。他的故去对我刺激很大！这是我离癌症最近的一个时候。癌症的出现是因为人身体里若干细胞成长特别快、繁殖特别快，却又不能有所归属，癌细胞成长快、繁殖快，掠夺了人身体里其他细胞新陈代谢该有的资源。人体更新功能是新的细胞在代替旧的细胞。恶性肿瘤则不能有助于人体更新。换句话说，同样的细胞，同样是一个人身体里面的细胞，是他生命的一部分，但是某一部分的衰变或者是强力增长，使得它干扰了其他的部分，以至这个病人死亡为止。我们可以消灭癌细胞，用很强的放射线，到后来我姊夫的恶性肿瘤细胞都被清除掉了。但是在清除过程中，一则是癌细胞的干扰，二则是外力消灭癌细胞的干扰，使得好的细胞的新陈代谢也受到极大的干扰。杀掉癌细胞，连好细胞都杀掉了。要防止发炎，就把白血球也排除了。战争的过程，消灭癌细胞的战役胜利了，可是战场打坏了。社会的变化也是一样：一些恶性分子，不管他是盗贼，还是贪官奸商，都是社会里的一种细胞，他的衰变、他的成长都会干扰其他细胞的衰变与成长，这是一个现象。

不同步的变化，也是变化中应予考虑的。再举一个例子，你们都在电影上看过赛马，"砰"一声，手枪一放，许多马一起跑，第一圈你晓得谁是第一、第二，跑几圈你就看不出来啦。为什么？跑得顶慢的马在最前面，跑最快的马跑到第四圈了，最慢的马可能还没有跑完第三圈。但是你从整个马场来看，最慢的马是领先的，而最慢的马又占了跑道，最快的马必须要想办法超前，两匹马之间快慢不同，整个的跑马场上马的速度互相干扰。

历史上许多东西的变化也是互相干扰，不同速度的衰变就会造成人的身体里或者社会身体里面不同部分互相干扰。最显著的，如果有一群老人永远不走或是长期不走，就会干扰下面上升的机会。长江后浪推前浪，如果前浪永远留在那里，浪势就非常高。一个喇叭口的港湾里面为什么有那么高的潮头？前浪无处可走，后浪一直推上来，这就是不顺利的转换。老人不走就是一种干扰，但是是不是只有老人不走的干扰？其实机构性一样有干扰，一个单位有不同的部门，其中有一个部门的工作速度太慢，就会造成干扰。倒过来，工作的速度太快，也会造成干扰。因为速度不一样造成变化，生命本身的现象就会出现变化的动因。纯粹生命历程的现象，以最简单的例子来说，唐玄宗年轻的时候精力过人，老了之后在后宫享乐。身体的衰变造成了天宝之乱。假如我们回到前面说过的个人因素，单从一个人来说，他的前后行为之不一致，就是因为他身体上的衰变造成的。就目前我们所看见的情况来说，我们常常说政治人物在没有得到权力的时候是一个样子，得到权力的初期是一个样子，掌权十年以后是另外一个样子。第一段可能是潜力，第二段是社会的助力，第三段是社会的阻力，这些都是生理因素。假如人类历史中所有导变的因素都拿掉以后，还有这个生命衰变的问题，没有人能躲开，没有人能具体分析其中的因果。几千人、几万人、几千万人、几亿人组成一个社会，这中间任何一个个人发生衰变的问题，都会出现干扰，而这么多人在互相干扰，才使得历史不断地变化。

是不是我们的历史学可以从事后诸葛亮的角度来看变化的问题呢？我们想要这么做，我们以为可以这么做，我们做不做得到？我们做不到！因为我们面临很大限制。第一，即使以长程变化、短程变化以及中程的边缘因素来说，我们的观察已经不周全了，奈夫是一个角度，韦伯是另外一个角度，同一个现象所看出来的结果完全不一样，这是观察者本身的角度决定了他考察问题、分析问题以及叙述问题的角度，其中有着极大的差异。我在二十五岁写的论文的角度，跟我七十岁写的论文角度完全不一样。第二个，是资料。顺藤摸瓜可以伸到无穷远，我们没有办法摸完这个藤，这个藤上面还有枝藤，枝藤上面还有小枝藤，岔路太多。留下来的数据那么多，却又不完整。如果讨论一场战役，这场战役必须在眼前重打一次，不但是战役重打一次，战役前后发生的种种事件都重新发生一次，整个宇宙历史重回头走一遍，能吗？不能！保留下来的史料极为有限，观察者对史料的理解更有限，所以历史学是一个注定不能做好的学科。但是我必须要做，我们每个人都有好奇心，想要理解"为什么"这三个字，因为要找出为什么，就会不断地顺藤摸瓜、不断地抽丝剥茧。这个努力能不能累积呢？若干程度上可能累积。然而每一代有不同的问题，每一代关怀不同的事物，所以每一代的历史要重新思考一遍，也因此历史变成永远是新的，永远都在提出新的问题，永远要找出新的答案。我们面临一个难以完成的使命，但是我必须继续不断地走下去，不然就没有办法晓得我是谁，我最后要理解我是谁、我为什么在这里、我干吗这样子。这是所有历史学最后的根本问题，因为有这个问题，所以人们不断地去找答案。

寻索中国历史发展的轨迹

梁任公在民国初年曾发表过一篇《中国史叙论》，作为中国通史的纲领。在《叙论》中，梁将中国史划分为中国的中国、亚洲的中国及世界的中国三段，兹摘录原文如下：

第一，上世史。自黄帝以迄秦之一统，是为中国之中国，即中国民族自发达、自争竞、自团结之时代也。其最主要者，在战胜土著之蛮族，而有力者及其功臣子弟分据各要地，由酋长而变为封建。复次第兼并，力征无已时，卒乃由夏禹涂山之万国，变为周初孟津之八百诸侯，又变而为春秋初年之五十余国，又变而为战国时代之七雄，卒至于一统。此实汉族自经营其内部之事，当时所交涉者，唯苗种诸族类而已。

第二，中世史。自秦一统后至清代乾隆之末年，是为亚洲之中国，即中国民族与亚洲各民族交涉、繁颐、竞争最烈之时代也。又中央集权之制度，日就完整，君主专制政体全盛之时代也。其内部之主要者，由豪族之帝政变为崛起之帝政。其外部之主要者，则匈奴种西藏种蒙古种通古斯种次第错杂，与汉种竞争。而自形质上观之，汉种常失败，自精神上观之，汉种常制胜。及此时代之末年，亚洲各种族渐向于合一之势，为全体一致之运动，以对于外部大别之种族。

或问曰，此中世史之时代，凡亘二千年，不太长乎。曰，中国以地太大民族太大之故，故其运动进步，常甚迟缓。二千年来，未尝受亚洲以外大别种族之刺激，故历久而无大异动也。唯因此时代太长之故，令读者不便。故于其中复分为三小时代焉，俟本篇乃详析之，今不先及。

第三，近世史。自乾隆末年以至于今日，是为世界之中国，即中国民族合同全亚洲民族，与西人交涉竞争之时代也。又君主专制政体渐就湮灭，而数千年未经发达之国民立宪政体，将嬗代兴起之时代也。此时代今初萌芽，虽阅时甚短，而其内外之变动，实皆为二千年所未有，故不得不自别为一时代。实则近世史者，不过将来史之楔子而已。[1]

梁任公的分期，以种族的交涉与竞争为着眼点，也隐隐以封建、帝制及立宪三种政体，作为三个时代的主要政治形态。本文将借梁氏的分期，稍作修正补苴，以明中国史演变的几个大关键。

第一期的起点，在考古学上，当是新石器时代。中国的新石器文化，事实上已不是由中原发源而逐渐辐射到四方的局面。虽然以今日所能掌握的考古资料来看，各地区的新石器文化出现时间，仍以中原地区的磁山−裴李岗文化为较早。但是，东方渤海边、南方长江三角洲、西边关中以至陇右、长江中游三峡以下，以及北方的草原上，都各有源远流长的新石器文化，其个别文化的特征显而易见，并非由中原文化的余润波及。到了新石器文化的晚期，公元前第三个千年时，由于长期的交流与接触，中国各地方性的新石器文化逐渐趋于一致。由其异处而言，各地的文化仍各有特色。由其同处而言，任何两个邻近文化之间的差异已难有界限。自东徂西，自北徂南，中国各地的文化差别，由此端到彼端，仍有极明显的差别，然而在任何一条横纵延长线上均找不到明白可认的分界点。因此，二十多年前，中国考古学在未能确立各个地区文化的特点时，曾有龙山型文化的通称，以描述中国新

---

[1] 梁启超，《中国史叙论》，收入乙丑重编，《饮冰室文集》卷三十四，上海：商务印书馆，1925，页25。

石器文化的晚期面目。其实若以若干共同特征的出现而有龙山型文化的命名，则各地晚期的新石器文化的确具有可以称为原中国型的共同面貌了。

发展成群的共同意识

由新石器文化基础上涌现的殷商文明，无疑已是明白可稽的中国文化，其特点例如：食物以黍稷与粮米为主；衣有纺织品；住为夯土与木构建相结合的建筑；青铜器体现了由新石器时代烧窑技术发展而来的礼器传统；宗教是以巫为中心的天人相通；社群以亲属群为核心，并由此发展为祖灵的崇拜；文字是中国特有的文字系统，其来源可以上溯新石器时代的陶文符号等。凡此，都是后世中国文化特质的渊源。

不过，中国的文化之成为中国文化，当在中国地区主要人口发展了成群的共同意识之后。殷商的国家仍视别的群体为外人，仍是种种的敌对团体，殷商的"帝"，也未脱宗神与部落神的特征，只有殷人可以崇拜与祖灵相通的"帝"，也只有殷人会蒙受上帝的降福。殷商国家逐步扩大，自然也使殷商文化圈相应扩大而包容了其邻近的文化群。殷代"新派"的祭祀，其对象不再局限于殷人的祖灵及原有的若干自然力。这一番扩大，毋宁是走向普世文化的一个重要步骤。

真正将宗教信仰推向普世化的工作，当在殷周交替之际完成。周人伐商成功，为"天"的威灵赋予了道德的裁判权，周人拥有天命，因为上天降监，在各邦中选择了周人为中国的统治者。天命唯德是亲，是以天命靡常，甚至受天明命的周人，也必须时时警惕，不得失德，否则会失去了天命。周人的天命论加上由外婚制建立婚姻关系，周人可以包容与接纳所有的外族。周王众建亲戚，作为周人秩序的藩屏；这些封建网中的诸侯，也多与当地原居民发生婚姻的关系，也一样包容与接纳各地原有的文化传统。在周人的诸侯圈中，文化的二重与多重性，不但容忍原有文化的存在，而且开启了文化融合的机缘。由此形成的华夏文明，继承了前世，也熔铸各文化为一体，以天命为普世文化的基础，以周人的通过封建扩大亲属为普世的政治体制。

"中国"是普世文化的体现

春秋战国，列国交争，普世的文化却未因交争而削弱。一方面，华夏文化圈不断向四周扩散，甚至将问鼎轻重的荆楚也卷入了华夏文化圈。另一方面，各国政治体制一步一步摆脱亲属血缘的约束，走向以王权与官僚组织为基本形态的新国家，其普世性格也因此日益加强。孟子所说，"天下乌乎定，定于一"，其表现的意识是期待普世秩序的一元化，儒家的意念，由敬天法祖而变为仁与孝，而发展为仪与礼，也一步一步将普世的天命推向普世的人文精神。

梁任公以秦统一天下作为"中国之中国"的完成。其实，秦汉帝国四百年的熔铸，才终于使"中国之中国"完成了最后的定型。中国有一个普世的秩序，由一个普世的文化笼罩，政权由天命获得合法性，也由天命约束而为规律。文官因察举而来自全国，经济由精耕农业及市场交易而纳入同一个全面的系统，儒家的人文精神，辅以道家的自然，肯定了这个普世秩序的意义。于是"中国"不是一个主权的单位，而是普世文化的体现。

"亚洲之中国"，其初萌正在"中国之中国"已经完备的时期。匈奴与西域固然已使中国不能自外于东亚异质文化的交往与接触，但是这两个文化圈本身的威力不大，未足以歆动中国的普世文化，而且，至少在政治经济方面，反而肯定了中国文化的自足性。中国普世文化的危机，不在萧墙之外，而在其体制之内。普世文化的文化传承者，由古代出现分化的祝宗卜史，转化为战国时代的士，再转化为汉代的儒生。儒生是政权的官员或其候补人，也是正统意念的代言人。处于正统地位后，学术便不免于繁琐化及思想的教条化。学统与政统合一，造成道统与法统的观念，也导致文化传承者自居为"贵族"的统御地位。普世文化逐渐使普世政治秩序（普世帝国）仰仗后者的政治权力，以维持其意念上的独尊与专断。这样的普世文化，当然失去了继长增高的生机与活力。反之，中国普世文化以人文精神为基础，其文化传承者（儒生）之中，原有以理性界定理想秩序的传统。此辈遂因对现实世界的不满，或则采取抗议的行动，或则提出怀疑的质难。

这些反抗，在子之室，操子之戈，原有已经僵化的普世秩序，当然更显得无力延续了。

单质性不再

"亚洲之中国"的登场，须在东汉崩解之后。一方面，各种外族入侵，造成了南北朝分裂的局面，颠覆了普世帝国的原有状态；另一方面，佛教传入中国，更使中国原有的普世文化也面临严峻挑战。经过南北朝的中古初期，普世帝国经过修正而重现为隋唐的秩序。充其实际，五胡入中华，也多多少少接受了中国普世帝国的理念，因此在隋唐的中古后期遂得第二世普世帝国。然而，自从三国以后，迄于明清，中国的普世帝国未能再回到第一次帝国时代的单质性。三国南北朝及五代时，固然中国都有多个政治单位并峙，即使在号称大一统的隋唐两朝，中国天子也有天可汗的名号，而突厥回纥也力足以与中国抗衡。宋代则与辽、金、蒙古、西夏、大理同时各占有中国的一部分，也都拥有皇帝的名号。明代始终有蒙古及女真为对手，清代则以两元体制兼抚中原及蒙藏地区。而中国的外面，日本、朝鲜及中南半岛列国，虽在中国文化秩序的边缘，在政治上其实并不真正属于中国体系（其中，三韩首有不短的时期，至少在名义上是中国秩序的一部分；实质上终究是独立的国家）。因此，梁任公认为中国实已是亚洲的中国，可谓言之成理。

文化方面，佛教与儒家意念由相激相荡而至融汇消化，表面上中国又回到中国之中国的一元，事实上则释老相合为一橛，儒家为另一橛，中国的文化意念遂长为两元的。至于伊斯兰教、聂派景教以至蒙藏的喇嘛教，也使中土儒家面对多种挑战，只是这几家均未能如大乘佛教之分庭抗礼而已。任公所谓"自精神上观之，汉种常制胜"之语，也未必全然为真。

这一时期的文化传承者，仍以儒生为主流，社会流动性较强，经济仍以精耕农业及市场网为其特色。于是，中国已是"亚洲之中国"，中国人自我投射的身份意识却停滞在"中国之中国"的境界。自我认同的身份与实际扮演的角色，其实已经脱节。中国人的心态，与实际角色脱节一千多年而不自觉、不自知；这一历史上的特殊现象，当归因于人文普世文化的涵盖性太强，以至中国人不能发觉外来文化的挑战与冲突；也当归因于政治上普世帝国并无明确的主权观念，边界也极为模糊，九服的同心圆，足以安置任何政治单位。因此，"中国之中国"竟长期遮掩了"亚洲之中国"；中国政治体制中，遂有"朝贡"与"抚夷"的观念，以自欺自娱。如以埃里克森人格成长的阶段论考察，中国的华夏文化性格，因其涵盖性之广博，遂不能更进一步使中国人学习与中国同侪平等的相处之道。这一现象，对中国的未来而言，是喜剧抑是悲剧，颇难有一断言。

中国只是世界的一部分

"世界之中国"的阶段，梁任公置于乾隆末年，自然是以海通为断代的起点。实则这一时代的起点，也未始不可再往前考虑。以世界史的角度看，欧洲的大开拓，当由15世纪新航道的开辟为一纪元。在中国的明代，太平洋已是黄发儿行船走马的舞台，国际性的海盗活动纵横三大洋，中国沿海的倭寇及此后欧人的分占南洋，都不过是这一长期活动的绪余。日本卷入这个旋涡，也当上溯到16世纪。利玛窦以下耶稣会士不但带来了天文历算，也带来了西方火器及西方科学。明代为此实际曾有过一次小型的科学革命；其余波所及，甚至可包括明末清初诸贤的观念，也毋宁为19世纪知识分子的新思潮开一先河。

到了19世纪以后，中国原有普世文化的自我投射，终于显露其虚弱而不能适应的缺陷。中国若在"亚洲之中国"的阶段即能发展与其他政治体系的平等共存的心态，也能发展对其他文化体系的尊重与认识，则中国在进入多国多文化的世界时，大致不必如此张皇失措，因为心理上一无准备而一败涂地。

中国失败之余，到抗战时期，绝大多数中国人才认真地体认到国家主权的意义，也才明白了列国相处之重要。

历史的悲喜剧总是弄人不尽。今天的中国人终于体会到了中国只是世界的一部分，也体会到在人类缔造的文明中，中国文化只不过占了一席。可是，今天的世界却在急剧地缩小，人类各文明之间的交汇，已势将汇合为一个共同的人类文明。今日世界事实上正在缔造一个"地球之地球"的普世秩序与普世文化。这是一个辩证式统一。中国过去在"中国之中国"阶段，以人文精神为主导意念发展为普世秩序与普世文化，在下一阶段，中国的经验，中国的悲喜剧，将又可为今日世人历史发展作为借鉴。梁任公结尾一语，"近世史者，不过将来史之楔子而已"，实为智者的慧眼。

我们走向何方
—— 试论人类文明的发展方向

一、历史上的几次转折

我们经常听到有人感慨说：人心不古，世风日下，好像今天的世界缺少了大家可以遵循的伦理与道德原则。这种感慨何代无之，在四五千年前的古代埃及记录上，曾有人有过这样的感慨。而中国的经典里，也时时充满了这种感慨。其实，每隔一段时间，社会结构和文化价值都会有所转变，于是新时代的价值和旧时代的价值就会不同。

我们以中国历史上的几次价值转换时期作为证明。新石器时代，人类是在村落里聚族而居。小区很小，人群也很少，其伦理原则基本上是内外有分，对自己人是一种标准，对外面的人又是另一种标准。甚至到了人死亡以后，都有鬼不歆非类的说法。西周时，建立了中国古代的封建制度，提出天命的理论：上天是公平的，对有道德的人会加以庇护，而周人是受命于天来做当时中国天下的统治者。上天所订定的道德原则应该是普世的，不受部族与小区的限制。这个普世的道德观，应该是中国历史上第一次出现。但它是否是真正的普世呢？倒也未必。封建道德大概只行于当时的贵族阶层，即所谓的"礼不下庶人，刑不上大夫"。对贵族阶层以外的一般人，贵族们并不觉得他们也应该遵从同样的道德，拥有同样的权利和义务。

第二次转折应当是在孔子时代。孔子最大的功劳不是在创作，正如他自己所说的"述而不作"，他的功劳是在对古典经典予以新的阐释。孔子主要的目的，是把旧的贵族价值观作一新的界定，使一些可以作为普适价值的观念真正变成一般人都可以遵循的行为法则。譬如，他所说的"仁"不再是贵族所独有，而是每个人都应秉赋的一种本性；他所说的"礼"不再是鞠躬作揖，而是一般人都应遵从的礼仪。孔子界定的这一套普世价值观，对中国有长期的影响。自孔子以后，中国人的行为法则，都不脱孔子所定下的原则。孔子如此做的原因，是当时的社会组织已经改变，封建社会已经崩溃，他必须要重新建立一个不属于原有封建秩序下的伦理与道德。

另一次大转折是在东汉末年到魏晋之间。这个时期儒家理论所铸造的汉代社会秩序，也就是以忠、孝、节、义等道德原则所界定的古代中国社会秩序，在此时经过一次大转变。再加上中央集权的皇帝制度和文官制度也已经崩溃，必须要寻找另一套秩序来替代。在寻找秩序的过程中，魏、晋的思想家显然是受到佛教思想的影响，使道家思想重新复活，开始谈论自然、出世、人的主体性等议题，不再如同儒家一样只注重社会的主体性。这一次的大转变，从儒家的角度而言，又是一次"礼崩乐坏"的局面。但就非儒家的立场而言，这是一个重建的过程。这次重建的过程延续了一千年之久。要等到佛教和道家、儒家思想完全融合为一，成为三教融合的一个新的中国思想体系，也就是朱熹的时代，理学才又重新界定了社会的秩序。社会本身要有一定的稳定性，社会的每一个人要有一定的位置。朱熹界定的价值，实际上和孔子、孟子、荀子等先秦儒家所界定的价值有着本质上的差异。与这种制度相配合的，是小农经济、皇帝制度、知识分子精英及儒学治国的一套稳定体系，所以此时注重名节而不注重个人的权益。这段时间所形成的伦理、道德观念，支配中国人的行为与思想有数百年之久。但是这种稳定的中国体系终究会面临挑战与压力，在明代末期又面临一次转折。

明代末期，王阳明学派对朱子学派有根本上的质疑。而当时国家机构所表现的效率与能力，甚至以皇帝、宦官为代表的国家机关是否真能符合稳定社会所盼望的政府形态也受到质疑。我们从明朝末年的文学作品、历史记载都可看到殉道的人物。更重要的是，有一批学者开始认真重新思考中国文化的价值、中国社会的结构。以黄宗羲、顾炎武为代表的学者,甚至怀疑中国国家与社会结构的根本性质。黄宗羲的《明夷待访录》提出许多另一套可替代的观念。我个人认为这一段的中国思想史,几乎可以与西方启蒙时代的思想相比拟。但是,中国知识分子的努力在明清改朝换代以后,无法继续下来。原因很多,一方面是清朝的帝制比以前更为彻底,更依靠暴力;另一方面,朱子留下来的传统儒家思想,由于强调稳定性,必然是趋于保守。所以朱学的知识分子虽具有正统的地位,却不会容许明末这些挑战者继续发挥他们的思想。

因此,从明末清初一直到19世纪,是中国在思想界极为呆滞的时代。固有的社会伦理道德,被当作一个理所当然的原则,为大家所遵循,但其间虚伪之处太多,同时也没有新的力量出现,可以担起翻旧更新的工作。这种文化系统实际上是缺少活力的,没有办法真正面临另一股大力量的冲击。

二、现代的崩溃

新的力量是中国与世界有了新的接触之后产生的。西方的世界有其本身的文化传承,发展出以基督教为基础的行为法则与道德观念。西方的文明孕育出近代资本主义经济和工业生产制度。西方进入中国以后,本来就已经缺乏活力的中国传统思想根本无法抵御。所以从19世纪到现在,如果我们要说以儒家为基础的中国道德伦理观念还有更新增长的活力，那恐怕是自己在骗自己。

19世纪到20世纪的中叶，每一个中国人都卷在两种文化体系冲突的旋涡里。其间也有一些可敬的学者，尝试着去做糅合、更新的解释工作。但究竟因中国以儒家为基盘的文化体系丧失活力太久，已是相当僵化的系统，要回生是相当困难的。这一段的礼崩乐坏不能归罪于五四运动，也不能归罪于现代新教育体制下的知识分子，这是因为旧系统本身早已丧失了生机。

此时的中国人必须重新架构另外一套价值体系。20世纪初期有几位人物值得注意。章炳麟想把中国界定成一个民族。但中国向来不是一个国家，而是天下；中国向来不是一个民族，而是复杂的族群共同体。可是在列国竞争的体制下，一个漫无边界的天下与漫无边界的群体，恐怕很难找得出自己认同的方向。章炳麟所做的工作，起始是以满族和汉族的对立来肯定汉族自身存在的意义，即所谓排斥胡虏的观念，接着再进一步肯定黄帝子孙。换言之，章炳麟是在寻找一个新的大我，这个大我不是像同心圆般从小区扩大到天下，而是一个可以界定的、有历史传承系统的大民族。梁启超则是把大我界定成国家，使一个有主权的国家成为团结这些人群的主体，以与世界上列国体制下的列强竞争。这两种观念，一是保种，一是保国，但都是要寻找大我。孙中山无疑是把两种观念融合在一起，他想要使中国成为一个新的民族国家。

但他面临的困难是：一方面要肯定五族共和的多民族体系，一方面又要肯定民族主义。最后解决的办法是把国家凌驾于民族之上，国家作为容纳多个民族的主体。

回头看明末清初所谈到的"亡国没有关系，亡天下才可怕"的论点。其中"亡天下"三字，代表的正是中国文化的自我期许——以中国文化治天下。但在20世纪，中国文化依附于中国族群之上，留在中国国家的圈子之内。在有一个大我作为终极的组织形式时，就必须界定大我的行为规范。例如在三民主义中，个人主义是没有什么空间的；民族主义是为了集体存在，甚至民权、民生主义也都是为了集体稳定。这种观念近于朱子，而远离于孔、孟。孔、孟所肯定的是人在天地之间的价值，是人在天、地、人三才之中的地位。孟子界定人的所作所为时，是从人性下手，是从"四端"下手。20世纪的中国人想界定的则是个人在大我之中，如何适得其分地贡献义务、享受权利。

20世纪的中国人要如此界定，自有其时代背景。像德国人在17至19世纪之间，界定了日耳曼民族的存在意义，界定了日耳曼精神，界定了国民在国家里的身份；"意大利复兴"要重新缔造一个今日的罗马；日本明治维新是要在东方缔造一个西方式的国家。这些都是当时中国人所学习的蓝本。如果仔细观察便会发现，孙中山指出的道德要求，一个公民应有的行为标准，和日耳曼所界定的国民精神相当接近。

由于近代中国这一次所面临的大转折过于庞大，百年内不易完成，何况中国的教育始终是在双轨制之下发展：一方面有西化教育，另一方面有传统的家庭教育和社会上既有的价值体系。在20世纪结束之际，这一次转变始终未能完成，因此仍不断可见到中外价值的比较、中学西用或西学中用等论点。文化体系愈小，转变愈容易；文化体系愈庞大、愈复杂，转变愈难。相对于中国的文化体系而言，日本的文化体系是相当小的，不仅时间短，内容也不复杂，所以日本的转变要比中国来得容易。中国文化体系是庞大的、复杂的，单是消化佛教就花了一千年的时间，要消化西方价值观，中国不可能在一百年内完成。也因此，在这一百年中，不断地听到相同的感慨，不断地看到大家讨论社会失序的问题。从长程的历史观点来看，这些现象是自然的，但是生存其中并不是一件舒服的事，每个人都会感觉到困扰和失落。

我们是不是要完全接受西方的价值观，以其作为解决问题的方案呢？倒也不然。因为两次世界大战以后，欧洲和美国对自己花了近三百年所形成的社会价值观，产生一波波质疑的浪潮。造成这种质疑的力量首先是近代战争的可怕。尤其是第二次世界大战，不仅死亡人数无法统计，希特勒之于犹太人、日本人之于东亚人民，屠杀灭族行为也到处可见。再加上战争的残酷、资本主义社会的不稳定与不公平，都引发了大家对在基督教基础上所建立的近代文明的质疑，开始怀疑其正当性与合法性。造成质疑的第二股力量，是第二次世界大战以后，世界各地的频繁接触。多种文明在接触之中各自呈现其特色，也各自对别人的特色造成冲击。第三股力量是第二次世界大战之后，殖民制度的解体。各西方殖民国家纷纷从殖民地退出，而殖民地原来的文明有了重新发展的机会，于是各地的弱势族群也开始怀疑：为什么一定要遵守西方的价值观？为什么要在没有进一步思考的情况下就盲目地接受西方的价值观？为什么没有其他可以替代的价值观？第四股造成质疑的力量是妇女的解放。在民主制度逐渐成为全世界都能接受的政治制度时，不同社会中受忽略、受压抑的许多女性，开始对自己的权利、义务及身份有新的认识。这股新的反省力量，冲击了以男性作为主体的社会行为模式与价值标准。

以上四股力量冲击的后果，是一套新价值标准的基础开始呈现。其中最重要的就是人权的观念。而人权是属于个人的，人权不属于群体，群体的特性不能超越人权的基本价值。自由则是体现人权的方式，人权为体，自由为用，自由的观念也会成为新文明的重要价值标准。

最近在各个人文学科的领域里，都有解构思潮的出现。解构不是破坏，而是尝试重建，是一种重建新秩序的努力。但在重建的过程中，由于妇女站起来了，弱势族群站起来了，弱势的文化系统、宗教系统重新发现了自己的存在，于是重新构建的工作是多面的、多角的、多边的，不仅缺少调和，甚至还充满了冲突和误解。由人文学科所开始的解构工作，迟早会冲击到政治面和经济面。那时所引发的浪潮，可能会更为澎湃有力，而且来去方向都不会一致，我们预见将来会有一段时间的乱潮，会有许多的旋涡与波动。我们正处于这一波大浪潮将起未起之际，我们将面临的世界可能是一个完全失序的世界。人类如何重建新的秩序，不但是中华文化所面临的难题，也是全世界各种不同文化共同面临的大难题。重新构建完成之后的新社会，可能是一个多元的、多主体性的结构。它缺少中央，所以没有边缘；缺少权威与一个秩序的维护者，所以必须要靠协调与磋商。走向这个新社会的趋势是全球性的，而走向这个新社会的路程，将会充满挑战、危机与不稳定。此时此刻，如果我们还在找寻方向，可能为时略晚。面对这种严峻的情势，我们的心情应当是沉重的。

三、这一个世纪的冲击力量

目前已进入21世纪。世纪的划分本来并无意义，时间永远是向前走，一如抽刀断水是切不断流水的。把时间界定成一段一段，只不过是为了方便。但在此时此刻，这样一个时间上的划分，倒是能给予我们警惕的作用。进入一个新世纪，是否就此进入了一个新的世界呢？由20世纪后半叶已经在进行的种种变局来看，我们确实是将要快速地进入一个新的局面。

除了上节所说的文化多元性所引爆的冲突与质疑，以及多元、多主体结构工作之外，我们还正在面临着几个很大的冲击力量。

第一个冲击力量是国际化与全球化。今日的经济制度，多国企业与国际企业正在将全世界的经济编织成一个密不可分的网络。新的生产技术与管理制度，将人类的生产工作做了新的分工，不论是垂直的分工或是横向的分工，都会跨越国界。经济的国际化将会冲击到传统资本主义的根本假设，那就是"国家的财富"观念，亚当·斯密的《国富论》在国际化经济网络下，必须要有新的界定。政治方面的国际化，自第一次世界大战之后成立了国际联盟，第二次世界大战之后又成立了联合国，再加上其他许许多多区域性的国际组织与全球性的各种组织，使任何国家都不再有完整的主权。纽伦堡大审和东京大审，都以人类共同的社会价值观放在主权国家之上。无疑地，今日仍有强国的霸权，各种维持国际秩序的口号可能正是霸权国家所利用的工具，然而无可否认的是这种口号之所以能成为工具，正是因为大家认为它有其具体意义。各地的社会人群，走上国际化的速度不一样，有些地区已达到国际化的水平，有些地区则正在尝试建立自己的民族国家，这些步伐的不一致，自会引发许多冲突与纠纷。不过，在21世纪中叶以前，国际化的人类社会一定是非常明显的。这个浪潮当然也会冲击到公民的观念，使许多以国家以公民权利义务为基本假设的道德伦理也会受到质疑。

第二个冲击力量是近代的科技，尤其是生物科技的发展。人类能操纵生物并非新鲜之事，很早之前人类就知道利用接种、选种、插枝诸项技术，以提高农业生产。但真正闯入生物科技世界是在基因工程之后，英国那只叫多利的羊出世之后，人类才真正打开了一个生物科技的新纪元。人类如此闯入生命的奥秘之中，是福是祸还很难断言，也不易有一定的结论。这一个世纪，生物科技发展更快、更远之时，人们对生命本身的意义必须要重新加以认识，对人自许为生物中最高地位的价值也必定要重新加以检讨。被冲击最严重者当属基督教、伊斯兰教等世界上几个主要的宗教系统。在我们了解到生命如何而来以及人类与其他生命之间的差别间距到底有多远时，人类是否还可以说我们是仅次于上帝的生物？我们存在的意义又在哪里？但反言之，人类也可能会因而获得更新的自信，经由科技竟可探索奥秘的生命世界，岂不正可证明人类是一个很特殊的生物吗？这一切的是非功过，今日不易断言。总之，生物科技这个潘多拉魔盒的盖子，已被打开了一条缝隙，从盒子中出来的是天使还是妖魔，我们无法控制也无法预言。

第三个冲击力量是信息化。崭新的信息工具，是人类交换讯息、知识的大革命。在人类发展史上，文字的出现是一次革命，印刷术的出现是另一次革命，电话、电讯的出现是第三次革命。但这一次的信息革命，其气势如排山倒海，而且无孔不入，影响人们控制、掌握知识的能力以及人群之间交往的深度与广度。信息革命一方面使人与人的距离拉近，同时也减少了人与人面对面的接触。从前者，我们重新组合人群；从后者，我们正在离散固有的人群结构。人类的社会都将走向信息社会，而且是全球性的，这与前面所提到的国际化互为表里。全球性的信息网一定能整合人类于一体，至少在潜在可能性上可以消除人类的不平等以及去除过去人类之间的界限。但同时也会创造出新的阶级，使掌握信息的人有垄断财富、权力的机会。

综合上面三种力量和前面所提到的多元、多主体的重建工作，我们预计可能会出现的后果是：世界上的每一个人都不再有归属感，不再有可遵循的法则或秩序，这是人类新出现的混沌局面。21世纪走完之前，这种形式可能已经非常明显。今天，半个东方世界，都还在构建民族国家的层次。这是历史的吊诡，许多人不愿承认它魔魅的特性，但恐怕我们很难躲得掉。今日重建价值观，恐怕不再是以复兴中华文化、重整儒家理想能应付的，因为我们面临的是人类从来没有经历过的一个新的经验。

四、人类普世新价值的可能性

在混沌之中，我们应该怎么办？我们恐怕不会有先知、救世主或是万世师表来开导我们。在这个大的浪潮之下，每个人的力量都是薄弱的，声音是微细的。我们必须要自救，不能等先知或圣者来救我们，我们必须自己救自己。我们每个人都应当共同参与来构建一个人类的普世新价值观。在新的混沌之中，恐怕只有两个真实不虚：一端是全人类共同的社会，另一端是真实的个人。其间的种种群体都是某种性质的共同体，而各种共同体之间，有重叠但不会等同；也不会有国家那种终极的共同体，强而有力且包罗万有。我想，构建的起点，首先是在承认你我的存在，在彼此承认另一个人存在之上找出共同相处的规范。

哪些规范是我们应该找到的？第一，无论是经过电话、网络、卫星或电视的交谈，我们至少要互相信任。互相信任，应当是重要的起点。第二，是一个人应坚持自己存在的价值，也因此必须要承认别人存在的价值。这也就是自尊、自重与彼此各自的独立性。第三，是人与人之间要容忍。两个人或许多人相处在一起，每个人都会有不同的需求、不同的特性，只好寻找出一个大家都能接受的共同点，去容忍个人的小差异。第四，是诚实。我们必须要让对方觉得我所说的话是真话，也必须要假定别人对我说的话是真话。有诚实，才有基本的互信。

综合以上几点，其实与孔子所说的仁、恕、信、义并没有太大差别。最基本的原则也不过是"己所不欲，勿施于人"而已。没有神，照样可以得到这个规则；没有超越的力量，也可以达到这样的约定和默契。这一套新的行为范畴，可从每个人实际的工作中获得证实与确认，例如在科技学术的工作中，我们这些从事研究与教学的人都知道，我们有若干必须要遵守的职业道德。在实验室里不能伪造数据，因为伪造数据就是欺骗自己。实验室之外的研究，也不许伪造资料，因为这也是在欺骗自己。在研究工作中，我们时时刻刻准备接受更有说服力的新假设，放弃一个被证明是错误的理论，即使这个理论是自己努力工作才达成的，在另外一个更有力的理论出现时，我们必须要放弃自己的理论。这种职业道德，正是容忍不同意见的表现。在研究、教学之中，我们必须要时时检讨自己的思考过程，也必须要把这个思考过程向同人、学生毫无保留地摊开，让他们可以做再次的检讨。我们都知道在研究教学里，单是靠暴力或以身份地位所建立的权威是无法说服别人的。每个学者有自己独立的地位，我们应尊重他的地位，而所有的学者之间都应互相尊重。

同样的，在每一个有精密仪器的工厂里，也不能有一点疏忽，必须一丝不苟，因为任何一个小地方出错都可能使整个的工作程序受到干扰或被推翻。在商品交换及世界经济的网络上，只有诚实才能取得订单，只有不断改进才能减轻成本，只有好的服务才能获得利润。也就是只有在使他人得到益处之时，自己才能得到相对的益处。因此，从科技研究、教学与市场行为上，都可以确认上面所定的几个规范的重要性。也许这些规范就是我们构建一个新的、全人类共同文化系统的基石。在这个基础之上，逐渐发展新的真与善，而不受历史上许多文明系统秩序留给人们的拘束与牵绊的影响，混沌之中，每个人心里也许会出现自己所构建的秩序，这个秩序不是外在的，而是内在的。

由学问的"真",一样也可能抽绎得到秩序的"美"。爱因斯坦的名言:简单而有序,即是一种美。他的相对论公式,短短一行,是概括许多现象的解释,本身即是秩序的美。几何空间、蜂巢式的六面体,完全无缺陷,却又可以无限累积。生物基因排列的螺旋双曲线,既有排列又有增长,其秩序之美令人惊叹。大至太阳系,小到原子,结构大致遵循相同原则,有核心的引力与各个部分构成的引力,彼此相继成为一个动态的系统,不但是几何的美,也是能量分合的美。生命繁殖,由幼小到老死,其间种种新陈代谢,均是盈亏相抵,功能与结构之间有其微妙的转移与平衡。混沌理论,不是只在说明一切归于无序,也一样解释无序中会出现秩序。是以蓬头散发与严装端服,皆有其动人之处。

凡此均说明我们研究宇宙所取的观点角度、记录与演绎方式,事实上也在表达自己的美学观念。

五、群己与天人关系

个人与群体的关系,对人们的生活影响明显。近数百年来,西方社会发展了民族国家体制,是以国家为群体的终极单位。国家集合全国资源,运用其公权力,虽有助于国民之间资源的分配,却也在相当程度上侵犯了国民的自主权。甚至,以国家为整体的"大我"观念,使国家在对外扩张与侵夺别的群体时常常无所顾忌。数百年来,国与国之间的斗争,由于近代科技发展的武器及近代社会组织的效率，已给人类造成不少重大灾害。希特勒、核爆、生物战争等都是人类史上巨灾大劫的同义词。

另一方面，都市化现象正在扩散于全球，各地方都有人口集中于都市的趋势。在都市中，人是芸芸众生中的孤独者，满街都是人，却无一不是陌生人。国家直接压到个人的层次，其间的中间社群与小区都在迅速消失。如前文所述，将来的人类社会，"国家"一级也有萎缩之势，于是人类社会只剩下了人类全体与个人两个极端时，人类是否有散漫无所归属的失落感？我们是否仍需要小区、社群与个人的不同层次的互助与合作？若以西方主流文明的个人主义作为基础，我们将只会见到个人的自主性越来越强，而不易再出现中介的社群与小区。印度教思想的小区，常在村落与种姓的层级中，不易有稍大的集结方式。中国文明中，社群层级是逐渐扩大的，也就是修、齐、治、平的过程：由个人而家族，而乡党邻里，而国家，而天下，一步一步提升，各级均有群体的功能，也均有组合的原则。

这一理想，在中国历史上也未必真正实现过。但是，如果循此思路，我们也可能以知识系统学的套叠系统观念作为重建各级中介社群的思想依据，而这些套叠系统的中介群体，若是出于个人自愿的选择，则群体侵犯个人权益的顾虑，也可以相对地消弭于群体将形成之时。

群体之间的权利与义务有一定的界限，是可以兼顾个人的自由与群体的合作协济的。各级群体的功能各有所司，而且不同的自愿组合互相重叠，即可以结合成复杂多元的社会，不使任何一个社群系统有独占的优势。今日社会以国家形态为"大我"，独擅公权力，一般个人受其压制，然而公权力又因管理国家事务的官僚组织掌握权力而腐化，个人又未必享有群体的保护。如果有上述多元群体互相重叠，逐级分工合作的社会体系，则今日的弊病或能有所补救。

国家职司为集体的安全与国际的合作，在国家之上则是在各特定范围的国际组织，负责区域性甚至全球性的合作。国家之中，有地区性的组织，例如省市级的单位，专司社会福利与地方建设，拥有相当权力以保持地方的自主性。

县以下至乡镇层次，负责教育、文化、卫生及小区互助。凡此诸级拥有公权力的单位受人民托付，人民又有民间自愿组织的各种团体，包括宗教、文化、学术、公益诸种组织，一方面制衡监督公权力，另一方面集体运用民间资源，补充公权力的不足。以上描述的安排，虽不是大同郅治，或能有助于趋向小康安乐的境界。

当然，文化系统不能仅有真、善与美，也不能仅有人与人之间的相处规范以及人与群体的相处方式。我们生活于天地之间，也需顾及人与自然的互生关系。今日以西方文明为主流的科技思想，自从18世纪以来，大致以"人定胜天"为基本原则。所以，人类生产方法不断创新，不断扩大撷取自然资源的能力，荀子所谓"制天命而用之"也不外是这样的态度。不过，在这半个世纪以来，人类已有所反省，对生态平衡的关怀已逐渐为大众所接受。甚至有人认为地球本身就是一个有机体系，人类不过是这个生态系统中的一个小部分。我们过分地滥用资源及破坏生态，已严重地损害了这一系统的均衡运作，其后果甚至会导致地球生态系统的毁灭。

这种对生态的自觉，原是学术研究者从系统学观点逐渐体验的知识。若是未来的人类文明，仍旧沿袭西方文明以人类为主的观念，我们将很难跳出窠臼，构建出另一套人与自然的生态伦理。在这一方面，中国儒家的顺天思想、道家哲学的崇尚自然、印度教思想中宇宙间众生平等的观念，都可作为重建人类新文明的思想源泉。

学术研究与生产方式，均当注意利用与厚生两个方向，不使人类竭泽而渔，迅速耗尽自然资源，盲目伤害人类寄生托命的生态环境。凡有所取于自然，也必有所归还于自然。以此心态，人类或能自觉地将人类社会系统与地球生态系统和谐套叠在一起，合为一个互利的复杂系统。

六、结　语

在孔子、佛家与犹太教诸先知及希腊诸哲人的时代，几种古文明因为这些文化的理念，各自厘定了一系列的价值观念，使人类不是仅以求活为满足，那些超越的价值赋予人类生活的意义。远古以来，人类历尽千万年的挣扎，经过那些伟大心灵的启蒙，始得以突破蒙昧，转入文明之境。现在，我们正在另一必须有所突破的时代，现代科技文明出现，其动力已将我们推向另一个境界，而诸多主要文明相互接触，已到必须有所融合、互补长短、不致有所冲突的时候。这是另一次的转捩契机，我们不必只在某一文明的立场发言，却也不应当放任今日为主流的欧美文明独擅未来人类共同文明的发展方向；其他文明（即中华、印度、伊斯兰诸文明）皆各有其值得取撷的文化资源，我们也应将这些人类共同的文化遗产纳入未来的共同文明中。

文化调适过程中的态度

近来颇多关于文化问题的论争,例如横写文字的左行右行,例如西化与否等老问题,居然再度出现。凡此现象,表示中国文化的转变经过百余年的激荡,仍在蜕变的过程中。

许多文化转变的困难,起于对文化发展的态度。中国在东亚占了文化领导的地位,已经数千年之久。做惯龙头的人,不容易抛弃唯我独尊的态度。个人如此,民族也如然,设想有一个做惯领袖的人物,若在和平宁静的气氛下,与另外一群也不算低俗的人邂逅,大家揖让进退之际,大约不会失去分寸,而且大家还可能结为朋友,相处欣然。但若是一个自尊心很强的人,骤然遭遇横逆污辱,久久不能脱离困境,此人可能产生屈辱感,经过一番奋斗,仍然可能做出一番事业,甚至超凡入圣,更上层楼。但是也有可能,此人受其屈辱感支配太深太巨，以至对四周事物深闭固拒，只是在过去的光辉中寻慰藉。到此地步，此人是否能再由困境中自拔，即不容易了。中国经过一个半世纪的屈辱与困苦，许多中国人在文化发展上已不自觉地具有上述那种关闭型的态度。其态度的极致则表现为文化人类学上的本土主义，本土主义论者，对本土的一切以情感加以肯定，对外来的一切以情感加以否定。其甚焉者，则用自信有效的仪式，希望唤回往日的光辉。印第安人的鬼舞是典型的例子，他们群聚舞蹈歌唱，呼叫祖灵，认为可以重新把原野上充满牛群的好日子喊回来。清末发生的拳乱，在意义上也与鬼舞同属一类。义和拳的练拳人，盼望用符咒和法术扶清灭洋，使天地山川恢复原来的面目，其志可悯，其愚则不可及。百年后的今日，仍令人对他们哀怜不已。但是在今日，我们四周仍有不少基本上是义和团作风的事物，其表现也不外乎以歌颂过去、哀悼叹息来肯定自己对外来事物的抵拒。

本土主义的另一面，则为对外来事物盲目地接受，却又以仪式作为接受时的要件。第二次世界大战期间，美国在南太平洋岛屿上堆积了大量物资，以支持前线作战，当地土人一时忽然获得了许多现代物资，生活方式大起变化。战争结束后，军用物品不再运来，这些小岛又恢复到原来的情形。但是小岛居民缅怀有巧克力糖可吃，有码头装卸工作可做的日子。他们不知道这些物资为何而来，只记住了当年盟军的服装和外表。于是小岛居民，以竹竿代替枪支，戴上旧日捡拾的钢盔，胸前用红色颜料写上US字样，列队到当年忙碌的滩头，模拟盟军部队的操练。他们以为用同样的仪节，可以产生魔术性的效果，把那一段"好日子"召唤回来。这一类型的本土主义者，只欣赏外来事物的表面，而不了解其真相。他们的"招魂"手段，仍是以部落咒术作为基础。也有若干具有这种"货船心理"的本土主义者，从对物质的欲望转变为对白人或盟军战士的膜拜，视之为神明，奉之为救主。这一类的本土主义者，也可在我们周围找到。旧日住租界的遗老遗少，住洋房，坐汽车，谈传统之文化，是近代史上的例子。在今日，此等人物的变型，何尝无之？

最近我正在日本旅行，目击若干奇怪的现象。日本语中，外来语实在太多了。往往在街头可看到一连串以假名拼音的招牌，尝试发音，有时可以追溯出外来语原字，有时竟不能够。最奇怪的，日本语中本来有"御饭"一词，可是现在的餐厅菜桌上竟把饭改称为 rice 的日文发音。日本人以米饭为主食，已经有数千年之久，临了却用这样一个外来语来称呼米饭，宁不可笑！日本人善于模仿，但是这种作风，到底也过分了。

但是另一方面，日本也保存了不少本土文化的精神。日本人做事认真，奉公守法。凡此精神在战前已为人所称道。我这次短暂的旅行中，也处处可以看到这种精神的表现。时间已是深夜，十字路口的红绿灯自动换光，两端空无来车，可是出租车司机硬是停车等绿灯亮了才过去。京大与东大的教员，终生埋首研究。他们的天地只是一个图书馆和一个研究室。室中有陈旧的家具，可是也有最新出版的书刊。从谈话中，他们告诉我，某一研究计划是由前辈某一位学者开始，到现在已是第二代或者三代了。他们的研究是在讨论班上集体学习、集体研究。日本人读书不见得比我们强，然而有纵的传薪，有横的合作。一件工作的进行，有时间的累积，也有团队的总和，其业绩自然斐然可观了。日本社会重视阶级与辈分，我们可以诟病其为欠缺民主精神及个人能力的发扬。从另一方面看，长幼有序，上下有分，未尝不能有助于保持社会体系的安定性，减少由竞争而来的冲突。有了明确的"指挥系统"，团队的合作也往往会容易些。日人的庭园设计，古拙雅洁，往往闹市旁边就有一个小小庭园，大约日本人在工作之余，还真需仰仗这种"禅趣"来松弛团队合作下必然产生的压力与紧张。日本人所谓"和魂洋才"，硬是在东西文化激荡之中，凝成了一个混合文化，演化出一个边际人的民族。

　　文化的发生与转变是学习，也是创造。学习者学习之后，须能与本身的"武功底子"糅合为对自己有意义的体系，从而悟出新的"招式"。同时，一种文化体系的价值，不仅在于过去的业绩，也在于对未来世界的贡献，若我们中华文化中有可以对未来世界有用的内容，我们即必须设法让世界知道这些内容的价值，庶几未来世界也可以从中华文化中学习而创新。反之，若他人文化中有值得我们学习的地方，我们也该学习了，再发抒为新的内容。日本的"和魂洋才"作风，似乎习于惯常多于有意识的选择。我们在百余年东西文化激荡之后，实在早该多做些理性的抉择，抉择中华文化中真可在未来有用的部分，给自己持守与发扬，也提供给世界的其他文化作参考。

我个人觉得，中华民族生息于东亚次大陆的广大空间，逐渐形成了一个适于闭路体系的文化。中国不须依仗别处的资源，却必须经常注意境内资源的流转与分配。这个闭路体系的基本假设是以有限的资源为生民造福，此之谓利用厚生，以有限的资源使生民可以分沾共享，却又顾及人性的感情差距。于是有一碗饭，并不须人人都平均分几粒米，而是根据人性天然的感情作分配，此之谓伦理。这种闭路体系着重的是让，是各如其分，是爱惜与保持资源。与此形成对比的是西欧产生的资本主义体系，其基本假设是天下资源生生不息，是不断地成长与扩充。世界有的是龙腾虎跃的天地，其人人须竞着先鞭。由18世纪到今天，这个自由竞争的开放体系成为世界各处文化的主要形象。其"发展"程度成为国家的分级标准，经济"成长"成为人民的关怀目标。可是近十年来，石油的短缺已指出自然资源并非永无穷竭。世界经济关系的错综复杂，也使各国憣然觉悟，大家原是拴在一根绳上的几只蚂蚱，谁也不能绝对独得利益，大家祸福相倚，谁也不能片面地占尽便宜。由这十年来的演变，我们已可看出世界逐渐走向闭路体系的趋势。这个趋势的未来演变，只有加速进行，而不会改变方向，因为在地球上已没有未发现的土地和海洋，而人口的增加只会带来资源的加速消费，因之也加深经济的彼此依赖。

在这个新的闭路体系将要完成历史使命时，我们却看见世界上以开放系统作为基本假定的价值观仍是主流。资本主义工业化经济以生生不息为目标，而号称以"分配"为号召的经济，其影响一方面是不自然的"重分配"所造成的人群成员彼此间的紧张，另一方面是权力阶层出现权力的滥用。

世界走向一个全球性闭路体系的时间已经近了。中华文化以一个闭路体系作为基本假设，应有可以为未来世界提出若干启示的地方。这一项工作，不仅可以使我们在"洋才"压力逾百年后，再回头找"华魂"，而且这个"华魂"还可以孕育出一个新的"世界魂"。书面文字横行抑直行，倒是无关宏旨的琐碎小事。我们不应以关闭的心灵来抱残守阙，而应检讨自己的长处与短处，以自己的文化背景为未来闭路系统的新局面提供可供参考的经验。以此为态度，则我们对于文化调适，将不是只以接受为原则，我们也有可以提供给世界的东西。如此，我们将不必只有屈辱感，也不必只有受施与的痛苦。我们对文化的调适，将可以坦然的心情处理，与世界其他文化以平等互惠的态度交朋友。

良渚文化到哪里去了？

月有阴晴圆缺，人有悲欢离合。人类历史上，各处人群的组合，分合兴衰，也有不同的经历。从历史记录来说，无数文化体系，在演变过程中兴起又消失了。最后只有四五个复杂的文化体系，发展为今日人类的主要文明；其后的文化体系澌灭者有之，转化者有之。在历史记载之外，考古学发现的古代文化体系，数量比载籍所及更多。这些从遗址发现与文物重建而来的古代文化体系，其中有不少在时间长河中已融入更大更复杂的文化体系中，有些也因此没有在人类文化中留下自己的谱系。历史学家对发展平凡的一般文化体系未必十分注意，然而，有些文化体系在发展过程中有过一段不俗的表现，却又未能继长增高。这种昙花一现的文化体系，往往引起史家注目，总想为其倏兴倏衰找出理由。

良渚文化就是中国文化史上如此的一个例子。考古学家发现的良渚文化，正如张忠培先生指出，是已进入文明门槛的文化。[1]

良渚文化有高大的土台和精致的玉刻神徽、玉琮、玉璧、玉钺；墓葬显示的权力层级，呈现动员大量劳动力的组织能力；密集的遗址也许反映相当数量的人口，集居于一定地区。凡此都已是众所周知，而且也已有不少论文讨论良渚文化的高度成就。然而，这一延绵六百年左右（距今约4700年至5200或5300年）的古代文化在土中埋藏了，还须等待春秋时期吴越的出现，东南地区才有国家组织，才有高度复杂的文化体系。从良渚到吴越，中间有长期的马桥文化与湖熟文化，东南地区由良渚文化的灿烂归于江南土墩墓文化的平淡。本文即为寻索这一变化的过程。

关于文化兴衰的理论

历史上夭折的文化颇不罕见，良渚不过其中之一。自古讨论盛衰兴亡的历史著作不胜枚举。几年前，泰恩特对于十八个复杂社会体系的各种崩解现象，提出综合研究。他介绍了许多种对文化衰亡、社会解体的解释。此处不能一一讨

---

[1] 张忠培，《简论良渚文化的几个问题》，余杭市政协文史资料委员会等编，《文明的曙光——良渚文化》，以下简称《曙光》，杭州：浙江人民出版社，1996，页31；又《良渚文化的年代及其所处社会阶段》，《文物》，1995（5）。

论。重加分类，这些原因不外天灾人祸、社会失调、人谋不臧、资源欠缺（或改变）、适应不良诸项。最常见的解释，当然是内外各种问题，同时发作的"并发症"，会拉垮原本兴盛的大国王朝。[1]

史学与考古学著作中颇不少此种研究。以天灾为例，西方传说中，大西洲（亚特兰蒂斯）就是在火山地震海啸中沉沦海底的。二十年前，有人将爱琴海上米诺斯文明的衰亡，归因于火山爆发与海啸巨浪，使克里特岛上的古代文化一蹶不振。[2]

地震与瘟疫，使中美的特奥蒂瓦坎文化（Teotihuacan Culture）澌灭无存。同样的理由，也往往用来说明中美洲玛雅文化的衰亡。[3]

印度河流域的哈拉帕文明（The Harappa Civilization）曾有过辉煌的成就：城堡、宫殿、民居，建筑整齐，并有文字符号。遗址分布遍于天竺，但是在梵文文化出现时，这一古老文化

---

[1] Joseph A. Tainter, *The Collapse of Complex Societies* (Cambridge : University of Cambridge Press, 1988) , pp. 34-59.

[2] John Chadwick, *The Mycenaean World* (Cambridge: Cambridge University Press, 1976). Leo Pomerance, "The Final Collapse of Santarini (Thera):1400 or 1200 B.C.," Studies in *Mediterranean Archaeology*, XXVI (Goteborg: Paul Astroms Farlog, 1970) .

[3] Friedrich Katz, *The Ancient American Civilizations* (New York: Praeger, 1972) , p. 72. 匹大同事 Jeremy Sabloff 曾对于这些解释有过综合的论述，Jeremy Sabloff, "Major Themes in the Past Hypothesis of the Maya Collapse," in T. Patrick Culbert (ed.) , *The Classic Maya Collapse* (Albuquerque: University of New Mexico Press, 1973) , pp. 35-40。

已荡然无存。对哈拉帕文化覆亡的解释很多。一说认为长期水患,而导致淤泥沉积,掩盖农田,也使道路不能通行。[1]

在中国的历史上,根据《诗经·小雅·十月之交》一篇,西周末年的宗周王畿曾有过一次大地震,以致山陵为谷,再加上犬戎入侵,西周终于覆亡。[2]

外族入侵,也常常导致国家灭亡,文化衰落。中国历史上的例子多了,前面说过,西周亡于犬戎;东汉时西羌入侵,东汉王朝耗尽国力,以致三国分裂,最后五胡乱华。秦汉帝国的中国文化,经历了南北朝的转型,才得以重组为隋唐的中古文明。这是大家都熟悉的历史,已毋庸征引专著。举一世界史上的例子:白种人入侵新大陆,不仅将美洲大陆上原居民正在发展的历史一笔勾销,画下了终止号,而且印第安人的人口也削减到只有少数孑遗。这也是大家熟知的史实,毋须征引专著。

资源短缺,当然可以使人口少、结构简单的社会解体。例如,鱼群忽然改变了聚集的区域,可使不少以捕鱼为生的小区改业或迁徙。甚至复杂的大型社会,如果太过于依赖某一种资源,这一资源的减少,亦会导致社会崩解,文化衰落。

---

[1] George Dules, "The Decline of the Harappans," Scientific American, No.214 (5), 1966, pp. 92-95, 100. B. K. Thapar, "The Harappan Civilization: Some Reflections on the Environment and Resources and their Exploitation," in Gregary Possehl (ed.), *Harappan Civilization: A Contemporary Perspective* (New Dehli: Oxford and IBH, 1982), pp. 3-13.

[2] 许倬云,《西周史》,页 309—310。

古代埃及是依靠尼罗河泛滥的农业文化。尼罗河的定期涨落稍有改变,影响所及,足以使埃及的统一局面沦为分裂。[1]

人谋不臧,亦是历史学家尤其是传统中国史学家常用的解释。中国朝代更迭,历史上每以奸佞当道,朝失纲纪,以致政治败坏,民不聊生。西方史学中,罗马衰亡也是常见的论题,吉本的名著,即于帝位更迭、税收太重、贵族与官吏品德败坏而特加注意。认为罗马政府腐败之极,以致蛮族入侵时,人心已死,无可抵抗,遂予外来宗教(基督教)以发展的机会。[2]

以上所述,单一原因拉垮一个复杂社会的解释,终究不够周全。大多史学著作,在讨论国家衰亡王朝崩溃时,大体都像吉本一样,列举众多原因,以解释其非垮不可的局面。然而,有了不少原因,是否还需最后触发崩溃的一些因素?这种因素,也许要因缘凑合,才能使一个赫赫声势的文化与社会土崩瓦解。简单的看法,这一个机缘,即是拉垮社会与文化体的原因。世间不少史学著作,其实常误以为缘为因,一些单一因素的解释每为如此着眼。

---

[1] Karl B. Butzer, "Civilizations: Organism or Systems," *American Scientist*, No. 68, 1980, pp. 517-523; Karl B. Butzer, "Long-term Nile Flood Variation and Political Discontinuities in Pharaonic Egypt," in J. Desmond Clark and Steven A. Brandht (eds.), *From Hunters to Farmers: The Consequence of Food Production in Africa* (Berkely: University of California Press, 1984), pp. 102-112.

[2] Edward Gibbon, *The Decline and Fall of Roman Empire* (New York: Modern Library, 1776-1788), pp. 32, 142, 206-207, 333, 1235-1301.

从整体综合众因以解释的史学著作，西方大约以斯宾格勒与汤因比两家最为著名。斯氏名著《西方的没落》，将文化体比喻为生命体，经历了童年、成长、圆熟及死亡的阶段。在"理念"圆熟时，一切都定型了，这一文化体也不再有创造的活力，也不能面对情况有所改变，在其晚年只有念旧的古典精神因此走向死亡。[1]

斯氏以诗一样的笔触，哀婉地道出人类文化体的生命历程。但是，文化体终究不是一般的生命体，一代又一代，文化体托身的社会成员有其新陈代谢，并不像复杂生命体那样无法超越肉身，也不像复杂生命体那样无法裂解为新的单元。社会体不会有先天注定的生长极限与生命极限。斯氏的看法，毋宁只是叙述，而不是解释。

汤因比穷毕生之力，成一家之言，他的《历史研究》有十二卷之多，却不是向宿命低头的历史观。他用挑战与反应模式，解释人类历史中二十一种文化体的盛衰兴亡。一种文化体必须面对各种挑战，每通过一次挑战，这一文化体即成长一些。文化体托身的社会体，渐渐会有若干精英，成为"当权者"的少数。在文化体面对挑战时，成功的因应与调适，使这些少数精英获得了权力与地位。但是，社会内部却势必有不满的分子（汤氏称为内部的普罗阶级），社会的外部也有觊觎的外族（汤氏称为外部的普罗阶级）。一种文化体在

---

[1] Oswald Spengler, *The Decline of the West* (trans. by Charles Francis, Atkinson, New York: Modern Library, 1962), pp. 73-75.

内外交迫之下，如果能脱胎换骨，即可能更上一层楼而有更多的文化成就。反之，内外冲突的后果足以拉垮文化体。汤氏将这番脱胎换骨的过程，当作文化精神的提升。因此，汤氏的史观毋宁比斯氏更积极，竟可说是重视"精神动能"的史观。[1]

泰恩特也全面地讨论文化体的崩解与衰亡。不过他不像斯氏与汤氏诉之于文化的精神动能。他借用经济"报酬递减"的现象，说明文化体系托身的社会习惯于若干措施与策略，以组织其成员的情形。但是，一切措施与策略，都有效果递减的情形。在到达边际效应的临界点时，输入的能量不但不会产生前此的功能，而且会逐渐减少。在正向转为负向时，这一社会体犹如不断亏蚀的老店，终于一步一步走向崩解。一个社会提高本身的复杂程度，也是提高调适能力的策略。不过，复杂的结构也不能因为不断提高其复杂程度而取得相应的效果。到了复杂组织边际效应的临界点时，这一结构本身即不免成为负担。换句话说，复杂组织本身可以压垮自己。[2]

汤氏与泰恩特的观点都可以称为"疲倦理论"。金属弹簧可因金属疲倦而失去弹性，终于断裂。毛绒纤维，成线成幅，

---

[1] Arnold J. Toynbee, *A Study of History* (Oxford University Press, 1962,12 Volumes) , (Ⅰ) p.336, (Ⅱ) pp. 125,321-324, (Ⅳ) pp. 17-21.

[2] Joseph Tainter, *The Collapse of Complex Societies* (Cambridge: Cambridge University Press, 1988) , pp. 199-124, 191-192.

日久纠结性疲倦，织物也会敝败。不过，汤氏理论的疲倦主体是少数当权者，尤其是这些人的意志与能力。泰恩特理论的疲倦主体则是结构性的自我累积，导致负性效应。泰恩特的理论似乎更有说服力。若两种理论相合，则会出现一个复杂结构的少数当权者贪恋权力，滥用权力，并且当权阶层长期缺少足够的新陈代谢，又因依附权力的臣属增加，造成资源浪费，以致一方面上层负担加重，头重脚轻，另一方面缺少更新功能，无法开展新的应变策略。积累的后果，即是泰恩特所指陈的"报酬递减"效应。

再从系统论的角度看，一个复杂系统，往往是与若干异质系统的组合，用西蒙的词汇，一个复杂系统是由本来可自主而且稳定的若干单位凑成一个复杂系统的。[1]

这些几乎可能离解的部分（nearly decomposable system）能合而为一，端赖有一个掌握枢纽的主要单位，也就是汤因比所说的少数当权者代表的核心部分。这一部分，在其能够发挥一定的作用时，各个构成的单位（可称为次级系统）共享复杂系统的集合功效，会选择留在大系统之内。一旦核心部分不再能发挥其原来作用甚至成为次级系统的负担时，即相当于西周末期的"王纲解纽"，其次级单位则不再留在系统内，终于裂解分离为若干独立的系统。这些独立的系统，因为掌握的资源不及原来大系统的取精用弘，其能够成就的

---

[1] Herbert Simon, "The Architecture of Complexity," *General System*, 10(1965), pp. 69-70.

业绩也就不免逊色。社会体崩解后，文化体衰微，本是相连骈生的现象。以上所举诸例，有的是庞大帝国，有的是考古文化代表的复杂社会体，并不是只讨论任何一类发展形态。

关于良渚文化的兴衰

良渚文化代表的社会性质，近年学者多有论述，有的以为良渚社会的政治体是酋邦，有些认为是国家雏形，有些则径称之为早期国家。[1] 不论哪一种名词的界定，良渚文化的社会已呈现高度的复杂性。但是，目前的资料中，还看不到真正属于国家形态的政治体。

第一，从礼制等级来看，良渚墓葬有高台墓址，有大型、中型、小型诸级墓葬，其中随葬品的精粗多寡有显著的差别。例如，反山、瑶山墓地出土有琮与玉钺等带有神徽的精美礼器，可算是第一级。至今只有反山遗址出土"琮王"一件，刻有精致微雕的神徽，则反山等级又在瑶山之上，是第一级中之最。福泉山遗址用玉数量少于反山、瑶山，而且石质较差，甚至大件琮璧也有石质，远逊良渚典型玉石者，可算是第三级。海宁达泽庙、荷叶地等处遗址，墓地也在土墩上，其微

---

[1] 张光直，《中国青铜时代》（北京：三联书店，1983），页46—56；汪遵国，《论良渚文化》，《纪念良渚文化发现五十周年学术讨论会论文》，打印稿，1986年10月；谢维扬，《中国早期国家》，杭州：浙江人民出版社，1995，页278—295。

微隆起的土丘不能与反山、瑶山、福泉山的人工堆土高台相比。从土丘形制而言，荷叶池等处墓葬只能算是第三级，这是社会上层的三级。良渚中型墓，偶有少数玉璧出现，而全无琮钺之类礼器。至于小墓则随葬品甚为贫乏，均是陶器石器，这是社会中下层的两级。凡此等级制度，显示良渚社会在纵切面上的复杂组织。[1]

第二，良渚附近33.5平方公里内，有54处良渚文化的遗址，其中包括反山、瑶山、汇观山、莫角山等处大型人工土筑高台。遗址分布密集，可见这一地区是良渚文化的中心。莫角山遗址尚待全面发掘，以现在探坑所见，该地是一个面积近30万平方米的填土台地，高出地面三至五米。台地上又有至少两个小台地，高出大台地两米左右，土台上有建筑遗址，而附近又有火化"燎祭"的遗址。种种迹象显示，莫角山遗址群可能是良渚文化中心区的核心。这是良渚文化圈的内圈。上海地区福泉山、武进地区的寺墩等处，是良渚文化圈的几个地区性中心；格局差一级，但在礼制上也颇有地位，而且在其周围，也各有一般的良渚遗址，这是良渚文化的外围。新沂花厅的良渚遗址，也有琮钺之类的礼器，四周则是大汶口文化的遗址，这是良渚文化外伸到江北的据点了。而且，反山墓葬的年代，开始于良渚中期偏早的时期，发展贯穿整个良渚文化的时代。福泉山遗址时期则属良渚晚期。

---

[1] 张忠培，《简论良渚文化的几个问题》，《曙光》，页31—44；吴汝祚，《良渚文化——中华文明的曙光》，同上，页46—47。

花厅良渚遗址时代更晚了。从上述时间的序列看，良渚文化也是由中心地区逐渐向外开展的。良渚文化在横剖面上，也显示了相当的复杂性：在中心地区，全是良渚特色；在上海地区，已有大汶口文化的渗入；而新沂花厅遗址则全为大汶口文化所包围。至少长江下游，良渚文化已将前此平行共存的崧泽、河姆渡两文化融合为一，甚至也兼并了薛家岗文化。[1]

在文化内涵方面，良渚文化的社会有相当制度化的宗教信仰，可由上述礼制的等级及燎祭活动反映出来。著名的良渚神徽有一定的简化式样，可知神徽所代表的意义已是众所周知，已有约定俗成的规律。良渚也有近于文字的图像符号，凡此均显示这种信仰已相当制度化。[2]

良渚文化出现若干刻划的符号，有人以为是占卜文字，也有人以为类似商代族徽，是一种符号而不是文字。[3]

其中有刻在陶罐上的符号，连串排列，可能是叙述某桩事件。这种意象虽不是文字，但仍有其将具体形象抽象化而约定俗成的符号。凡此都可解释为良渚文化主人发展心智活

---

[1] 张忠培，《简论良渚文化的几个问题》，《曙光》，页31—44；吴汝祚，《良渚文化——中华文明的曙光》，同上，页46—47；芮国耀，《良渚文化时空论》，同上，页130—141；南京博物院花厅考古队，《江苏新沂花厅遗址一九八七年考古发掘纪要》，《东南文化》，1988（2）；杨新民，《东南沿海地区新石器时代文化的共同特性及地域差别》，《东南文化》，1990（5）；南京博物院，《一九八九年江苏新沂花厅遗址的发掘》，《文物》，1990（2）。

[2] 牟永抗，《良渚玉器上神崇拜的探索》，《庆祝苏秉琦考古五十五年论文集》，北京：文物出版社，1989，页184—197。

[3] 牟永抗，《良渚文化的原始文字》，《曙光》，页247—256；沈德祥，《余杭南湖良渚文化陶文初探》，同上，页257—262。

动的痕迹。

综合言之，良渚文化的社会有社会阶层文化，中心各边陲扩散的等级，也有宗教、礼制与前文字的心智活动。这一个社会是相当复杂了。由于文化因素，可以传播及于他处，良渚文化笼罩的范围，也可以超越其社会体涵盖的地区。

再说到这个社会的资源。良渚文化是崧泽文化的继承者，后者比邻的河姆渡文化时代，东南地区已栽培水稻。良渚文化的石制农具，也显示相当程度的农业生产能力，甚至已由耕种发展为使用三角石犁的犁耕。良渚文化的玉器制作精美，其他手工业制造品，如陶器、漆器、纺织也都有相埒的水平。[1]

良渚社会具有相当可观的组织与管理能力，足以动员大量劳动力，建筑高台为基础的礼仪中心与墓葬。单以填筑莫角山平台的工程而言，广袤30万平方米的平台，估计须用50万立方米的土方，至少要动员60万人日工。[2]

一般农业社会的生产劳力，若是投入生产工作以外，一年超过三个月，即严重影响生产。如果以100日完成，即需动员6000人连续工作，这6000劳动力的组织、管理、给养，又须投入多少人力物力？如果以使用1万人计算，从人口动员可用劳动力的十分之一，莫角山工程即须有10万人为储备基础。在新石器时代，10万人口分布在30多平方公里的地区，

---

[1] 吴汝祚，《良渚文化——中华文明的曙光》，《曙光》，页46—48；游修龄，《良渚文化与稻的生产》，同上，页147—150。

[2] 程世华，《农业，灼亮良渚文化的曙光》，《曙光》，页153。

人口密度可谓极点。新石器时代的农村,大致不过是三五百人的聚落。10万人口,即有二三百个村落了!良渚周围的核心不可能维持如此多的人口,良渚社会体必须延伸到外围,上海福泉山、武进寺墩等都可能在这一范围内。因此,具有上述生产能量及组织能力的良渚,应是一个复杂的社会体系。

良渚文化的礼器中,琮与钺最为引人注目。目前的一般意见认为,琮是代表宗教权威的法器,钺是代表军事权威的权杖。但是,良渚文化遗址中,真正可以归类为兵器之物(例如戈、矛、箭镞)的相当罕见。钺也许只能当作代表刑罚权力的礼器,则钺毋宁是政权的象征。于是,良渚的社会体系当也可能有一个相应的政治权力结构。但这一政治体系,究是酋邦抑是早期国家却不易断言。从宗教权威的角度看,这是一个以信仰组合的复杂社会组织,而未必是国家形态的政治体。

良渚文化层的上面,是广泛分布于江南地区的印纹陶文化。其第一期直接叠压在良渚文化层的上面,时间当在距今约3110年至3850年间,第二期为相当于商末西周的时代,第三期在春秋战国时代。贯穿江南印纹陶的发展,陶色由淡而深,陶质由有软有硬的泥质陶发展到细砂硬质陶。凡此皆反映烧陶温度及制度技术的进展。第一期为竹编纹,第二期为陶器花纹,花纹深刻繁密,显示了青铜器的影响,第三期转变为几何图案,最后则花纹精细度衰退为简单的小方格纹、麻布纹。这一系列,是江南地区独立发展的文化,在良渚未见的印纹陶陶片，就占第一期印纹陶文化遗址中出土陶片的41%—49.5%，已是主要陶系。第二期明显接受青铜文化的影响，但是别出蹊径，在制陶技术上自求发展。第三期已有铁器出现，人类生活更具多样化，陶器不再受到原有的全盘关注；陶纹因陋就简，可能反映出陶器被其他器物取代了主要地位。恰巧，就在印纹陶第一、二期，原始瓷器逐渐兴起，一兴一衰之间，可能与瓷器在东南崛起有关。到了西汉时，江南已不见印纹陶，只有南方青瓷了。[1]

　　印纹陶文化区域内，马桥文化分布于浙江与太湖地区，在地缘上与良渚文化的中心地区相当叠合。关于印纹陶的发展，已如前文所述。马桥文化的黑陶，在硬质陶的表面有一层黑色或暗红色的涂层。瓷器专家认为这是泥釉，为瓷釉中的先声。泥质陶陶胎厚重，胎色灰白，质软而细腻，器表有薄层深黑色；这种陶衣颇易脱落，与上所述着泥釉的黑陶不同，但也是陶器向瓷器发展中的另一种尝试。马桥文化的渊源来自三方面，主要继承良渚文化传统，又接受了浙江南部、闽北、赣北的印纹陶及中原地区（如二里头文化）的影响。这一文化延绵到春秋吴越文化出现，大陆考古学界的意见大

---

[1] 上海博物馆，《上海文物考古工作十年收获》，文物编辑委员会，《文物考古工作十年：一九七九——一九八九》（以下简称《工作十年》），北京：文物出版社，1990），页97—99。

致以为马桥文化是越国文化的祖先。[1]

与马桥文化平行发展的湖熟文化，分布在江苏的宁镇地区、皖南东部，东至茅山山脉，西至九华山脉，南至黄山天目山脉，北至长江。湖熟文化经历的时代，上限可到二里岗文化时代，其延伸存在的时期，相当于中原的商周到战国中期，曾在不同的时期接受了商文化、西周文化与楚文化的强烈冲击，可能是吴文化的祖先。丹徒烟炖山出土的宜侯簋及大港至谏壁沿江山脉西周大型墓葬出土的铜器，均说明周人与楚人的直接影响。在湖熟文化遗址中印纹陶的发展系列，与前述几个阶段的发展特色十分相符。[2]

在马桥文化与湖熟文化遗址中，原始瓷器有显著的发展过程。早期的原始瓷胎质粗，通体施釉，釉色黄绿或青绿，釉汁稀，釉层薄，有出汗状凝釉。中期的原始瓷，釉色青褐或黄褐，釉汁浓，釉层厚重，施釉不到底而有流釉。这两种原始釉的出现时期，相当于中原的西周早期，甚至可到商代前期。第三种原始釉，似由第一种演化，而不与第二种共存，胎质细洁，釉层相当厚，这种原始瓷与小方格形与米字形的印纹硬陶共存，可谓东南印纹陶文化的兴盛期。第四种原始

---

[1] 上海博物馆，《上海文物考古工作十年收获》，文物编辑委员会，《工作十年》，页98—99；浙江省文物考古研究所，《浙江省新近十年的考古工作》，同上，页121；李家治等，《浙江江山泥釉黑陶及原始瓷的研究》，《中国古陶瓷研究》，北京：科学出版社，1987；黄宣佩、孙维昌，《马桥类型文化分析》，《考古与文物》，1983（3），页58—61。

[2] 南京博物院，《近十年来江苏考古的新成果》，《工作十年》，页105—108。

瓷釉层薄，由上部凝聚处，渐下渐薄；这种原始瓷与有麻布纹的印纹陶共存，时代当为春秋战国之间。[1]

在上述两种文化遗址中，没有出现良渚的精美玉器琮等物，据说这些遗存可能与良渚文化年代相当或稍晚。但以各地出土的其他遗物的文化面貌言，则与良渚文化的区别十分明显，而这些文化可能与潮汕和福建的史前文化有些渊源。[2]

如果以这种判断为依据，远处（如广东）良渚玉琮可能是由于良渚文化输入的外来观念，也与玉琮原来礼器功能不同。因此，良渚文化中最引人注目的玉琮，竟不再出现于良渚文化的继承者中。后世礼书（如《周礼》）所记载的玉琮，其形制功能遂长久不为后人理解，只是存贮在礼仪性记忆中的一个项目。

良渚文化的另一特色是高大的土山，有的作为墓葬，有的作为礼仪中心，或者兼具两种功能。这种大型土山在良渚文化时代，以土墩的形式继续存留在江南。

这些土墩，遍布于苏南、浙北甚至皖南，贯穿于中原的西周早期到春秋战国之际。作为墓葬，土墩墓大致是平地起土堆，或山坡堆高。土墩高达数米，周径数十米，即由附近取土起封，通常未经夯筑，再在上挖建墓穴，为防潮与散水，或用卵石铺成床椁，或则用木灰铺底。一个土墩可为一墓，

---

[1] 浙江省文物考古研究所，前引文，《工作十年》，页123—124；李家治，前引文。
[2] 浙江省文物考古研究所，前引文，《工作十年》，页120。

也可能多次使用。陪葬品中，不见生产工具，却偶有戈矛兵器，器用为夹砂陶炊具、几何印纹硬陶盛具和原始青瓷的餐具。有些硬陶及原始瓷器有变形残缺与起泡的缺点。以青铜器陪葬的墓葬数量很少，至今只有可数的几例。土墩密集处的镇江地区，常见土墩十余座、七八座、三五座连接相近。[1]

浙江地区的土墩，情形与上述苏南的土墩大致类似。考古学家指出，浙北高祭台型的土墩有封叠整齐的石室，同一土墩也有数次开封埋葬的现象，多组器物属于不同时代，后段的年代早于前段。在过去发现商周青铜器的地点附近，都发现这类土墩遗存。土墩出土物，颇有模仿青铜器形制制造的原始青瓷，例如原始瓷制的甬钟、勾镈于等器。土墩密集处，以长兴鼎甲桥地区为例，在一个半乡的范围内，分布土墩近四百座，"依循山背走向，迂回曲折，横竖交错"。其中有石室与无石室两种类型的土墩错落分布，并无域区分。土墩中的陪葬品，除了夹砂陶、印纹硬陶和原始青瓷器用外，还有石镞、石斧、石镰、石矛、石戈。以长兴和余杭等地发现的石戈为例，刃部磨裂精细，当是实用的武器，不是专为陪殉的明器。晚期则有青铜的戈钺矛剑。戈的式样，直内无胡，与上述石戈有类似之处。[2]

考古学家以为，联系到良渚文化高台土冢式大型墓地出

---

[1] 邹厚本，《江苏南部土墩墓》，《文物资料丛刊》，1982（6），页66—72；刘兴、吴大林，《谈谈镇江地区土墩墓的分期》，同上，页79—85。

[2] 浙江文物考古研究所，《工作十年》，页121—123。

现，这类土墩遗存的外形，有可能是高台土冢的某种继续，这种起封的土墩恰恰与中原地区商或西周墓而不封的葬制形成鲜明对照。春秋间中原出现的墓无封土与高祭台型后期在春秋战国之际出现土墩两者相合，从而形成了"坟墓"这一合称词。

许多石室土墩广泛分布。这些石室土墩沿山背棱线单行分布，往往可以望见太湖。土墩底径10米至40米，高3至5米。石室多长方形，长约10米，宽12米左右，高2至6米。通过以叠积石块封门，多不及顶，出土器物不外砂陶、印纹硬陶及原始青瓷器用。苏州上方山六号墩的石室内，门顶及西壁发现烟炱，地面也有烧红的小土块。吴县光福镇一带，山上两石室之间还有数十米长的石墙相连。从出土器物断代，这些石室土墩大致可分为两期，早期相当于中原西周晚期至春秋早期，晚期相当于春秋中晚期。考古学家以为这些石室土墩的性质，为墓葬、祭祀遗址及军事设施，三种可能中而又以军事设施的可能性为最。[1]

上述浙江北部（例如长安鼎甲桥），也有不少土墩沿山背棱线走向分布，当可能与其南山丘棱线上的石室土墩同属一类。

与良渚文化的大型土墩与精美的玉器对比，这些良渚文化以后在苏南浙北出现的土墩墓，当然在规模上大为逊色；原

---

[1] 南京博物院，《工作十年》，页107—108。

始青瓷的质量也不可能与那些细刻神徽的精美玉器相提并论。原来创造了良渚文化辉煌成绩的动力为何不见了？良渚文化是否被继承，或为马桥文化与湖熟文化取代了？究竟什么原因，使这么一个有创造力的复杂社会体竟不再能继续增长？这一连串的问题，是史学工作者忍不住提出的，也往往只是在努力寻求解释后，还是只有一些暂设的答案，而让许多不得其解的疑问长留天地之间。哈拉帕城址、古埃及的金字塔、吴哥窟、复活岛上的巨大石像……凡此文化遗址都还在向史学工作者挑战，不断要求史学工作者提出更充分的解释。

良渚文化戛然而止，不能以天灾为其消亡的理由。水患是江南水乡泽国的常态。自从河姆渡文化以来，高脚干栏屋，舟船交通，水稻耕作都是针对多水的自然环境而发展的文化特质。良渚人不会对水患一筹莫展。水患以外，江南地区没有火山地震这一类巨大的天灾。而且，如本文前半段的讨论，天然灾害对于地区不大而孤立的环境（例如海中岛屿或沙漠绿洲），会有决定性的毁伤。对于开放性的大环境，一次巨大的灾害，不致有赶尽杀绝的永久后患。一处毁了，别处还存在；失去了家园的人群也会迁移到新地方，延续文化的香火。

天灾人祸，内忧外患，不巧凑合在一起，足够拉垮庞大的帝国（例如罗马帝国的崩解）。这种多种因素凑合的情形，历史上屡见不鲜。不过，政治组织的崩解，并不必然等于文化体的消失。只要有文字的传承，有专业的知识分子担任继往开来的工作，历史时期的复杂文化体系难得有消失无踪的可能。对这种历史时期文化体系的盛衰起伏，史学工作者可以依据文献资料进行相当详密的探讨。当然，从这种研究得到的解释，在解释史前文化体系的盛衰时不能全盘借用，只能作为借镜来启发思考的方向与线索。

以良渚文化发展的个例言之，历史人物的个人行为，不能列入考虑，因为史阙有间，无法下手。后人可以有推敲空间之处，不外自然环境提供的条件、人类针对环境所作的努力及其限度。人类所能尽力处，又可从技术层面与组织层面两方面分别讨论。本文前半段提到报酬递减的边际效应与复杂系统的不稳定，都可作为讨论良渚文化盛衰的着眼角度。

先从自然环境讨论。距今 2.5 万年前，全球有长期海退，这次称为假轮虫海退，今天的江南地区，包括杭嘉湖与宁绍地区都是陆地，此处气候暖湿，冬季也没有冰川影响，人类已在此地活动。但是从晚更新世末期开始，卷转虫海进使海面回升，到距今约 1.2 万年至 8000 年间，海平面持续上升。卷转虫海进，在距今 7000 至 6000 年前达到最高期，江南一片海水，只有若干丘陵形成群岛，小峰成为孤岛。大约距今 5000 年时，才大体退回到现代海面位置。今天的良渚地区，卷转虫海退以后，有一片丘陵孤立，沼泽平原河湖相间，是温暖湿润的亚热带气候。卷转虫海退持续千年之久，海平面不断下落，陆地不断扩大。沼泽平原上，孤立丘陵上的居民逐渐改进土地，去其斥卤，排咸蓄淡，于是扩大了生活空间，增加了农田面积。良渚文化的人类，是在这一基础上逐渐发展了耀眼的史前文化。[1]

良渚文化遗存中，颇有可以反映上述工作的工具。扁平的长方形穿孔石斧和有段石锛，都是伐木、析材、构建木架的必要工具，正符合高脚木屋及木架平台之用。良渚文化发展的新农具，则包括三角形石犁和破土器，类似后世耕田器的工具和类似现代千篰而以此命名的工具。良渚石犁和破土器的出现，前面有河姆渡文化的石耜和崧泽文化的小型石犁，有一定的演变过程，不算突如其来。犁耕代替了耜耕，当然增加了耕作效率。然而，若不是在浸水土壤的低湿地区，石犁破土翻土的作用，也未必容易发挥。至于耘田器，必须在作物排列整齐的田间始能有耘草功能。中国南方水稻田，至三国魏晋时代，仍是火耕水耨，则良渚文化时代的水稻农作应当还没有插秧移栽的耕作法。稻不成列，不能耘田。于是所谓良渚的耘田器，当是另有其他功能，例如开沟通渠、疏浚水道。千篰之物，在今日农村，用于捡取河泥作为稻田肥料。但是农业用肥，须在土地不足时始尽力借用种种肥料，增加单位面积产量。良渚文化时代地多人少，未必有此需要。是以认作千篰的农具，可能也别具用途，例如戽水之用。[2]

---

[1] 陈桥驿，《论良渚文化的基础研究》，《曙光》，页104—116，直接引文见页114。参看王靖泰、汪品先，《中国东部晚期更新世以来海面升降与气候变化的关系》，《地理学报》，1984（4）。

[2] 牟永抗、宋兆麟，《江浙的石犁和耘土器——试论我国犁耕的起源》，《农业考古》，1981（2），页75—84；游修龄，《良渚文化与稻的生产》，《曙光》，页143—150。

江苏吴江梅堰龙南发现的良渚文化早期村落遗址，在两万平方米的范围内，有12座房屋及18座墓葬，有一条古代河道流经村落，屋址散列西岸，河岸有踏步与护墙。[1]

这一傍河村落，显然依赖河流供应的淡水。再加上良渚文化颇有古井遗址，井壁有芦苇竹木等物加固。在水泽之乡，重视凿井而汲，当也是为了湖沼池塘仍多斥卤，只有汲取井水始得淡水。[2]

穿井与木结构的观念合而为一，良渚文化在良渚笋山庙前的遗址出土了木构井字排列的窖藏，其中储存不少黑陶器及一件木质漆盘。在良渚茅庵里的遗址，则有打入淤泥的两排木桩，用苇编夹住，中间以泥土填实。凡此都是善用木结构的例证。[3]

良渚文化著名的反山、瑶山、福泉山等处遗址，都是人工堆土的山，莫角山遗址是大型建筑的堆土平台，其结构有堆栈层，有散水面，均是讨论良渚文化时人人皆知的情况。其实，良渚文化附近遗址群中，不少墓葬区及居住区，不少人工堆土筑成的土墩和土台。例如安溪镇姚家墩遗址，有石块铺底，中间有一层黄土层，似是建筑遗址。葛家村有四座

---

[1] 龙南遗址考古队，《江苏吴江梅堰龙南遗址一九八七年发掘纪要》，《东南文化》，1988（5）；苏州博物馆吴江县文管会，《江苏吴江龙南新石器时代村落遗址第一、二次发掘简报》，《文物》，1990（7）。

[2] 尤维组，《江苏江阴横塘发现四口良渚文化古井》，《文物资料丛刊》，1981；陈耀华、朱瑞明，《浙江嘉兴新港发现良渚文化水筒水井》，《文物》，1984（2）。

[3] 费国平，《余杭良渚遗址群概况》，《曙光》，页297—298。

良渚时代小型墓葬，土色纯一，也是人工堆筑。钟家村遗址，中央是人工堆筑的土墩，四周较低，西部有一条南北走向的排水沟，并有木桩遗存。凡此之类所在皆是，不必枚举。[1]

堆土、木结构，都是为了应付低湿地形的对策。农具中耘土器、千篰型工具甚至石犁，都是开挖沟渠河道的利器。良渚文化显然是在与水争地的条件下发展成长的。上文曾说到，良渚文化开始之际正是海退之时，海水已去，但沼泽湖塘仍是斥卤，非有沟渠引水冲淡不可。于是居住即须在河岸附近，求汲水方便，甚至穿井取水，庶几饮食不致咸苦。为了避免水患，居住埋葬都须堆土填高，住所用木构建，而不用中原那样的夯筑。排水、散水、护墙以及堆土的堤岸，则是为了开垦沼泽，驯化为稻田。这些努力，日积月累，终于使当时的东南居民有了创造良渚文化的资源。

上述的工作，不能只由一小群居民独力进行，为了取得更多土地，良渚人必须有相当程度的集体合作。一个村落的居民只能有做好小面积的垦殖工作的足够力量。但是河流不只是流经一个村落，湖泊与沼泽水面广大，也不是小群居民可以简单划地整治的。这些水利工程，正如魏特夫所说，促使人类发展了君主的威权（魏特夫的理论不能如他想象那样放诸四海而皆准）。[2]

---

[1] 费国平，《余杭良渚遗址群概况》，《曙光》，页 296—309，尤其页 300、308。

[2] Karl Wittfogel, *Oriental Despotism: A Comparative Study of Total Power* (New Haven: Yale University Press, 1957).

在良渚文化的个例中，魏特夫的理论却可能是可行的解释。良渚文化的人群，也许正因为需要治水平土，须有超越单一村落小区的合作，从而组织为相当复杂的体系。又因为这一复杂社会体系的动员能力，足以使良渚的政治体系拥有相当实力，于是其影响可以扩散到福泉山、寺墩……终于可以远达苏北的花厅。然而，目前的资料并不充足。我们还无法推断：良渚的政治体系究竟以何种方式扩张？是征服，是吸收加盟单位，还是集体移殖？从时间因素上看来，以良渚为中心的扩散，是由近而远，先到福泉山，最后才到花厅，其间经历一定的过程。花厅所出良渚文化墓葬是大汶口文化中心的一个外来客体，与四周土著文化迥异，而且又有殉葬的人骨；吴县赵陵山遗址也有人殉葬。从这两处的情形看，良渚文化大墓的墓主似乎是该地的统治阶层。如此，则良渚文化圈的组合，无论出诸哪一种方式，都是由各单位掌握权力的上层组合的体系，而不是经由同化而凝聚的文化体系。这样的上层组合的体系，正如同本文前半段提到西蒙所说的复杂系统，并不坚实稳定，一旦相互结合的因素消失，随时可以裂解。

至于良渚地区的核心区，社会的层级则显然易见。统治上层以宗教的诉求，建立其合法性。"琮"代表的具体意义，不在其是否象征天地的相通，而在于其为宗教权力合法性的"法器"。琮本身有精粗大小差别，其代表的权力也可能有差等。良渚大墓中，有象征权力的钺，而没有戈矛弓箭之属，则良渚的权力似乎不是由武力产生。钺只是代表刑罚的权力，未必代表征伐的指挥权。如果良渚文化的复杂社会体系是因应集体合作治水的需求而产生，即毋须诉之以武力的征伐。于是，负责组织的社会上层，可能在一定的程度与一定的阶段内，对于整个社会体系而言具有正面的协调与组织功能。但是，如果社会的上层滥用权力，狂妄地提高自己的地位，浪费社会体系共同的资源，则其上层所贡献的正面功能即可能转变为负面的社会负担。良渚遗址中，那些土堆的人造小山与广大土台，必须动员大量劳力筑就；那些精美的玉器，又须消耗不少资源采集制作。这种现象即是魏特夫所注意的水利社会中可能出现的腐化过程。[1]

泰恩特的报酬递减理论也指出，有效的措施与因应策略，在一定的规模与一定的时间内可以产生正面效应，但如果超过了一定程度，即使投下更多的资源与劳力，其效应也不会有预期的增长。于是，继续投入更多的资源与劳力，所得不如所失，原有为了因应需求而设立的机制，即由正面功能转变为负面的负担。过重的负担，终于会拉垮原有的复杂社会体系。[2]

良渚社会体系的危机，可能正在其文化最为鼎盛之时出现。在大量劳力投入浩大工程，建筑宫殿、陵墓与祭祀中心

---

[1] Karl Wittefogel, *Oriental Despotism: A Comparative Study of Total Power*, p.171.

[2] Joseph Tainter, p.191. 游修龄，《曙光》，页149—150。

时，在精工巧匠耗费心力，取得贵重玉材，制作精美玉器时，良渚社会上层领导功能就消失了。不过，百足之虫，死而不僵，这样一个历时久远、地方广袤的复杂社会体系，即使已有足够崩解的因，还须有最后的推力为缘促使社会体系的改变。良渚文化末期面临的机缘，可能即是当时的新形势。新形势之一，海退已有千年之久，在淡水冲洗下不少原来斥卤的沼泽转变为肥沃的土壤，良渚文化发展的水利社会已不须有同样的规模。地域性的小区力量已可以自己处理小规模的水利工程，例如开沟灌溉排水之类的工程。这一种新形势只能推测，可惜不易有直接证据。

另一种新形势则是青铜文化的冲击。马桥文化层叠压在良渚文化层的上面，两者是衔接的，虽然马桥文化的年代数据距今不到4000年，离良渚晚期年代还有一段差距。不过，史前文化积变缓慢，文化差异也须有一段时期才显现。马桥文化的特色之一是出现了小件青铜制工具，如刀、凿、箭镞之类。在江苏宁镇地区发展的湖熟文化，吸收中原商周青铜文化的影响，但其祖源也与马桥文化一样，是良渚文化的一支继承者；湖熟文化的青铜器中，不仅有青铜工具，还有用于炼铜的陶钵、陶勺，显示已有自己的铸铜工艺。[1]

良渚文化折入马桥文化与湖熟文化中，显然青铜的出现是一个重要的关键。中原青铜文化影响及于东南，也当有其

---

[1] 黄宣佩、孙维昌，《考古与文物》，1983（3）。

渐进的过程。江西新淦（今新干）的青铜器物，有明显的商代青铜文化影响，也有当地发展的土著风格。新淦文化的年代尚不会早于二里岗商文化之晚期，新淦与江南浙江之间距离不远，有了新淦这样的青铜文化，足知中原青铜文化的影响已远达东南地区。良渚文化圈的余裔不会不受到这一存在于近处新事物的冲击。当然这一过程也是逐渐的。[1]

当然，中原青铜文化的影响不必只由江西一路及于东南地区。山东沿海以至江北淮南地区，也可是东南地区感受青铜文化影响的路线。更重要的因素，当是青铜原料的来源。近年来，在皖南江西都发现古代几处遗址。例如，江西瑞昌长畈乡铜岭地区发掘一座大型采铜遗址。开采时期从商代二里岗文化时期，现在一般视为商代早期延续到战国时代，有竖井平巷、斜巷的复杂，发掘路线以木柱木框为支撑结构。[2]

皖南地区的先秦古代铜矿遗址二十余处，主要分布于铜陵、南陵、繁昌、贵池等地的小丘陵地带，年代当可上溯至商代，下逮战国；一般而言，冶炼甚至铸造工作，即在铜矿所在地进行。由于铜铁共生，因此这些古代矿址后来也是铁矿所在地。[3]

---

[1] 江西省文物考古研究所、江西省新淦县博物馆，《江西新淦大洋洲商墓发掘简册》，《文物》，1991（10）。

[2] 江西博物院、江西文物考古研究所，《十年来江西文物考古发现与研究》，《工作十年》，页150—151；《江西瑞昌铜岭南国铸冶遗址。第一期发掘报告》，《江西文物》，1990（3）。

[3] 刘和惠，《楚文化的东渐》，武汉：湖北教育出版社，1995，页90—106。

江西安徽的铜矿分布甚广，该区距离浙江不远，而且河川繁密：由鄱阳湖与长江水系的河川上溯，越过不高的分水岭，即可进入钱塘江上游的新安江，也可经由长江下游进入太湖周围。这条道路，自古即有物质流通。举例言之，良渚文化的玉材，出自江苏溧阳天目山余脉小梅岭的透闪石矿。从溧阳到皖赣都不是难事，能由天目山余脉运玉到江南，也就能从皖赣运铜到太湖。[1]

皖南古代铜矿遗址发现的许多陶器中，有黑皮陶；印纹硬陶的印纹中，有云雷纹、米字纹、麻纹，也有原始青釉的原始瓷器。凡此都是江南土墩墓中常见之物。皖南铜矿与江南的交通联系，昭然无疑。[2]

如果良渚文化的晚期，土地开辟，自然环境良好，江南人民已不难在当地生活，不须再依仗大地区的协调与合作而与水争地。同时，统治广大人众的上层阶级却好大喜功，他们不断征调劳力，建筑陵墓宫殿与祭祀中心，也耗费人力，制作精美玉器，以保证自己的统治阶层获得神佑。这一复杂社会组织的君民上下已不能相契。而且原有组织也不再有存在的意义与价值。因此，良渚文化所代表的复杂社会体系已

---

[1] 《良渚文化》，附录三《良渚文化考古研究大事记（一九三六——一九九五年）》，页411；参看闻广，《苏南新石器时代玉器的考古地质学研究》，《文物》，1986（10）；闻广、荆淳，《福泉山与崧泽玉器地质考古学研究》，《考古》，1993（7）。

[2] 刘惠和，《楚文化的东渐》，页107—108。

有足够要裂解的"因"。[1]

如在这个时机,他处青铜文化的信息进入了江南地区,因为即在不远的江西皖南也有铜料可以供应江南。这时,青铜制作的斧锛刀凿锐利易用,质量超越了原有的石制工具。良渚文化圈的边缘地区,如宁镇即可有湖熟文化出现的契机,太湖地区即可有马桥文化出现的契机。这是促使良渚核心区失去领导权的"缘",也因为良渚的核心不再能聚集足够的资源与人力,良渚文化的创造能力也就因为因缘相生,从此而消失。

以上的假设,也许可以说明良渚玉琮不再在马桥文化与湖熟文化遗存中出现的原因,玉琮是良渚领导中心的专用象征,领导中心失去了维系复杂系统的功能,纲断而网散,一个大型的系统即裂解为许多从此独立发展的次级系统。一个独立的次级系统,也可能仍会模仿沿袭原有的领导中心,借用其权力符号,保持其文化数据。只是这些"小朝廷"具体而微,不可能掌握足够的资源,再造原有的精美与宏伟。于是,假如再进一步推论,土墩墓是小区领导阶层所有,是对反山、瑶山的土山的模仿,但是缩小了规模,也不能再有制作玉琮、玉璧及以人殉葬。相对地,原始瓷器出现了,其光莹可以仿佛玉质;硬陶出现了,其花纹足以模拟青铜器的铸纹。于是,良渚文化的光华敛去,化作了点点繁星,撒在这

---

[1] 游修龄,《良渚文化与稻的生产》,《曙光》,页 149—150。

些江南的土墩里。毕竟，几个村落的人力就地取土，也很能够堆筑一个土墩了。至于那些分布在太湖周边的小土墩呢？如果这些小土墩不是墓葬，而又似有长墙连接，则是否可能是某种边界的标志？土墩墓代表的小区系统，终究还是会聚合为较大的复杂系统。后来的吴越两国，在分别接受中原与楚国的影响后，终于凝聚为春秋时期快速发展的国家。他们的组织形式，可能来自外方的刺激；他们凝聚实力的基础，则是良渚复杂体系裂解以后所出现的继续承其文化动力的无数小区系统。江南地区的百姓，在良渚社会上层离析后，生活的水平似乎并没有降低，甚至还在不断提升。除夹砂陶的用具外，又添了硬陶与原始瓷的器用。青铜文化的农具工具应比石制更合用。农业、丝织业继续发展。东南人民在良渚时代显露的创造能力并没有减低。西周以后以东南地区所受青铜文化的影响来说，东南地区并不只是输入外来产品，也有当地自制仿制品及完全自制当地发展出来的纹样形制。东南的精工巧匠，更在铸剑工艺上发挥尽致，创造了非凡的成就。吴越的国家组织虽受晋楚的影响，但都在短期内腾跃为霸权国家，若没有东南地区长期累积的资源为基础，也不可能有如此实力。良渚文化如耀目的星暴一闪即过，由此储积的文化能量却为后世继承，最终蔚为东南文化的谱系。

元中都考古怀今

6月初，在北大历史系讲演之后，于6月4日赴邯郸，一路参访古迹。十七日内，参观了不少考古遗址及文物，从旧石器时代泥河湾虎头梁遗址以至明清寺庙寨砦，时间的跨度甚大。以实物印证书本知识，时时有茅塞顿开的惊喜，也时时有嗒然若失的感慨。

投宿草原上的度假村

6月20日，在河北的张北县坝上，参观元代中都遗址的发掘工作。发掘主持人任亚珊先生推着我的轮椅，指点各处发掘情形。在同人将轮椅抬到一处新开的发掘坑上时，不到十分钟，目睹一件螭首出土。我的历史研究工作离不开考古。

这一次亲见古代文物由泥沙中渐渐呈现。工作人员见告,今年自春初开掘,这是第一次有大件出土。他们认为我的运气不错,我也觉得,能目睹古文物的重现的确是难得的运气。

元代中都是元武宗时营建,原为在上都和林与大都(北京)之间设立中继站。其实,蒙古两都的中间站,本已有察哈诺行宫,地点适中,离金莲川不远,水草丰美。今天,考古工作队也在发掘行宫遗址,那里文物堆积甚厚。元代中都自开始营建,不及五年即遭焚毁。目前两座角楼及在侧东门的一部分均已出土,考古工作队正在发掘宫殿遗址,上述那件螭首,应当即是正殿的平台建筑的饰件。

从目前遗址情形看来,元代中都规模不小,但是建成之后,大概未真正用为都城,即遭兵火。其中门车道,完好平坦,宛如新砌,未见蹄迹辙痕。此地俗称白城子,遗址范围内没有民居。据说,曾经打算住在城围子内的百姓,夜间常闻马蹄声,白日也偶见蜃楼幻象,于是长久废弃,不见居民。这些传说,倒是方便了考古工作,不必顾虑迁移居民的问题。

那天晚上,投宿草原上的度假村,村中有大小蒙古包,也有小屋。蒙古风俗,歌唱劝酒,彼此酬酢之后,人人放怀高歌,气势豪放自在。当时有所感触,杜撰了《中都令》,送给同行的郭大顺先生与任亚珊先生。赠送的二首,应景而作,各有重点,以志当时言谈的内容。事后又加修改,兹将其中一首附列文后,作为此行纪念。

思索游牧经济的夕阳

蒙古王朝倏起倏落,马蹄所至,横跨欧亚。成吉思汗的子孙建立了不少汗国。但是,蒙古人自己的文化基础太薄,所到之处,蒙古后裔都接受了当地文化,有的信了伊斯兰教,有的信了东正教,留在蒙古的诸盟,则信仰喇嘛教。今天,外蒙虽为独立国家,其人口不到三百万,政治、文化与经济都深受俄国影响。内蒙古虽为自治区,盟旗人口稀少,也难在汉人文化及汉人经济之外保留自己的特色。蒙古,这一犷悍的游牧民族,已面临游牧经济的夕阳。在工业化的浪潮下,骏马已由摩托车代替,牧业是牧场经营,商队也已绝迹;蒙古也许终于与游牧文化一同隐入历史!

人类历史上,许多民族在融合为更大的族群时,许多文化在融入更周延、更丰富的文化时,这些族群与文化,一批又一批,纷纷从人类活动的历史舞台上隐去。今天的蒙古,是正在进行中的一幕!

不要在共同文化的巨大工程中缺席

由蒙古的情形回头想想我们自己。中国文化在融入世界文化时,我们能贡献些什么?我们已贡献些什么?未来人类共同文化之中,有多少成分会是我们的?还是,我们终将在这一上演的史剧中缺席?未来人类文化应有全球的共相,也应有各地区自己保留的部分，作为大同之中的殊相。我们今天不作反省，未来还有再找到自己的机会吗？人类文化也当有不同的文化基因留在世界，人类的共同文化不应当是高度的同质。中国文化正是应当留存的许多基因之一。

台湾正在进行文化"本土化"。如果这一工作以"去中国化"为主要任务，则在去除了中国语文和中国的宗教、哲学与艺术，我们还剩下多少自己的文化基因？若是彻底"去中国化"，则歌仔戏也该当去除，妈祖信仰也该去除……因为这些都是中国文化的一部分。如果真正走到这一步，台湾将只有奉日本文化为"正宗"，但是，日本文化的传统又包含了太多的中国成分。如果将这一切都去除，台湾会只剩下日本学习19世纪欧洲文化的一些遗留。可是，今天欧洲早已走过这一时代，这些日本学来的成分，又有多少残余的动能？

为中国文化的前途想，我们不应在铸造人类共同文化的巨大工程中缺席。为台湾的文化前途想，台湾正在发展的新文化，应是兼收并蓄的，不应当为了一时政治考虑，刻意地去除中国文化。毕竟，中国文化有许多不同的殊相，台湾只是其中具有活力的一支，又何必自断经脉？

《中都令》是祭吊蒙古而作，但愿未来的考古学家与历史学家，不必为我们的失落而感慨！陈子昂《登幽州台歌》："前不见古人，后不见来者；念天地之悠悠，独怆然而泪下。"也许，前见古人，后见来者，后来者之哀今，正如今人之吊古，也一样会令人怆然泪下！

中都令（为元中都残遗址考古杜撰一曲）

遥想大汗当年，坝上牛羊无数，
名王鞭梢南指，鸣镝劈空，胡马骄嘶，
汉家长城难阻。
七百年沙埋，名都今日出土，
考古学家手中，一铲铲开兴亡，一刷刷落沧桑，
角楼夕阳，螭首眼底，看尽多少起伏荣枯，
俱往矣，草原满目，青青如故。
健儿长歌，斟白酒三杯，
一杯敬天，一杯酹地，
一杯祭吊蒙古。

有一点不同的中国历史
—— 从生活史角度谈中国的饮食文化

一般人讲的历史,大抵是政治史,如朝代的排列、帝王将相的上台下台、国家间的战争事实等,今天要讲的却是生活史。中国文化是在一个地区内,由一群不同的人、不同的族群和不同的背景综合后所表现出来的结果。中国幅员辽阔,今天就自两河流域地区根据一些"偷坟盗墓"的发现,来谈谈一些人的吃饭事情。

一般人总说中国有五千年历史,其实上限可推到一万年前。"民以食为天",在整个中国文化中,饮食是一个非常重要的特质。早在一万年前,中国人便以小米和大米为主粮。这两种谷类原本是自然成长的植物,后来经由中国人刻意地培养为优良品种,人们有计划地种植,并发展出了栽培文化。约在公元前8000至前7000年间,人们便在太行山高地和渤海湾之间的海边山脚斜坡上种植小米，稻米则在古代云梦大泽（今日洞庭湖地区）成为家庭的主要食粮。所以中国文化可以说就是从这两个区域开始的。

在这个时候，人们便出现了神灵观念。那时的人已经很有规律地埋葬死者。考古学家曾在濮阳一座古代墓葬发现了龙虎图案。可见人死后有灵魂和青龙白虎的观念那时已存在。

到了公元前4000年至前3000年时，也就是所谓黄帝时代，粟（小米）已经推广东至日本，西至甘肃甚至新疆地区。稻米则扩展到浙江、广东地区。此时有两个有趣的发现。在杭州附近良渚一带发现一大型的礼仪中心，有大型台基、土丘以及大量精致的玉器，可见当时此地已有复杂的社会组织。同时，东北的红山地带也有大批精美玉件出现。这些玉器代表天人沟通的观念，人们在高处（红山）借着玉制的礼器行祭祀神明之礼。在山西陶寺，发现有几万个古坟聚集一处，显示当时已有发达的崇拜祖先现象。可见中国南北两地的人们，在身体温饱、生活水平提高之后，心灵状态都渐趋复杂了。

到了公元前2000至前1000年，也就是夏商周时代，先民有了青铜制的炊具和餐具。烹饪的方式也发展出炸、烤、烧、煮、蒸。游牧和农耕民族两种不同的生活方式，发展出不同的饮食文化。游牧人群以肉食为主，农耕人群以吃米粮和蔬菜为主。餐具也分得清清楚楚：扁平的碟子盛饭，高高的盘子盛肉，竹制或藤编的篮子盛菜。此时人们的精神生活有了很大的发展，不但有神明，而且神明成为道德标准，一切黑白善恶自有天理审定赏罚。

中国人在公元前1000年至前300年间的饮食生活，《诗经》记得非常详细。食物的种类繁多，从牛到蜗牛，从甜菜到苦菜，桃、李、杏、梅一应俱全。北方有黍、稷、粱三大谷类，南方仍是稻米为主，并有竹筒饭、粽子等不同的米食吃法。不只饮食习性不同，南北两方的工艺风格也大异其趣。北方青铜器上皆是棱棱角角的几何图形，南方线条柔和曲折。北方图画里的神个个板着脸持着大斧头，南方的山鬼却是柔媚迷人的小姑娘。此时儒家出现，将贵族的教条化为平民的生活信念，从以前的神鬼崇拜进入注重"人的哲学"的境界。

公元前300年到200年，此时正是秦汉统一，南北一家的时候。从长沙马王堆一位侯爵夫人的墓中所挖掘出的陪葬食物和食品名单中可看出，现在的食物在当时几乎已样样不缺，只是烹饪方法仍不出煎、煮、烤、炸、煨。丝绸之路开通之后，西瓜、芝麻、苜蓿、葡萄、核桃、胡瓜、大蒜等皆由西域输入。南方海路交通发达，自越南、马来西亚、印度引进了芋头、柑橘、蔗糖等。茶也成为人民生活中的重要饮品，甚至有助于抵抗瘟疫传播，因为喝茶必须将水煮开，减少人们喝生水的机会。在汉朝的前半段，儒家几乎成了宗教，孔子成了会说预言的教主。汉光武帝借着儒教迷信的谶纬起家后，唯恐他人模仿，危及帝位，便削弱儒家的宗教色彩，儒家再度回到人的哲学中，不再搬神弄鬼。此时佛教由中亚和西亚传入，本土的道教也逐渐成形。

到了魏晋南北朝（约200年至600年间），北方因五胡乱华而引进吃酪的习惯，于是南方喝茶，北方喝酪。南北方虽然饮食习惯不同，但仍不时交流，互相学习。此时人们开始有"炒"的烹饪方法，可能是为了节省燃料而演变出来的。水产养殖事业也见开发，人们刻意开辟池塘养殖鱼、虾、螃蟹以供食用，这是生态环境的利用。同时，人们发现麦类经过磨碾后，可以制作粉食，这种食法遂日渐普及。在心灵方面，佛道儒互有影响，人们致力追寻生命的意义：人到底有没有灵魂？出家是否符合孝的原则？人是逐步得救，还是顿悟得救？外来宗教与中国文化间的矛盾，引起了读书人热烈的辩论和审思，使得这个时期的思想学说大放异彩。

600年至1000年，正是隋唐至宋之间，饮食方式除了酒的加入外，大致都已定型。在这之前，人们也喝低酒精的稠酒，此时又添水果酒，葡萄、桃、李、杏、梅皆可入酒，连带谷类酒如米酒、麦酒也一起研制开发。民间的饮食文化发达了，精致的食物不再只有贵族才能享用。宗教信仰亦是如此。以前只限于上层社会参加的宗教活动，此时也在民间普及。禅宗慧能和尚大字不识一个，也能成佛，使佛教真正扎根乡土。儒家则摆脱神学的途径，走向形而上学，一方面重理性，一方面重伦理。

1000年至1500年，中国在历史上不但成为成吉思汗版图的一部分，饮食上也接受了蒙古族的烧烤文化，并从中亚、西亚传入蒸馏酒的技术。在元朝和明朝之间，因政府腐败，人民必须自救，人间宗教（例如新道教）大为发展，宗教信仰成为人民生活福利的核心。

1500年之后，海道开通，中国对外贸易大为发达，经济不断成长上升。玉米、番薯就在这时流入。这两种作物容易种植，因此扩大了中国的耕种面积，也养活了更多的人口。中国的饮食文化大约在清代康熙、雍正、乾隆之间逐渐发展出四大流派：北方菜、南方菜、四川菜、广东菜。这种现象的形成，与经济的繁荣大有关系。民间信仰有诸教合一的倾向，佛道不分，上层宗教式微。基督教信仰和烘焙技术一起自西方传入。

中国的饮食和思想到此时已经历经了多次的扩大，从中原到黄河、长江两地的交流，从中国到中亚、西亚、东亚甚至欧洲的交流，使全世界人民的饮食越来越复杂，信仰也越来越民主平等。这就是"有点不同的中国历史"。

中国中古时期饮食文化的转变

一、面食之普遍

中国自古的谷类食物,有五谷、九谷之称,其中黍稷,也就是今日俗称的黄米,是在北方中国原生的谷类,长期以来占了中国谷食中的重要地位。粟则是今人所谓的小米,与黍稷不同,在春秋战国以后,粟与豆类的菽,列为一般人生活的必需品。《孟子·尽心上》:"圣人治天下,使有菽粟如水火。"即说明粟菽的普及。

大豆也是中国的原生粮食作物,大约最初生于北方的山地,故称为戎菽。今日的豆类,最重要的用处是提供植物油料及蛋白质(豆腐)。但在古代,豆类也煮熟为饭粥之用。

麦类之中，大麦有可能是西藏地区原生的作物。[1] 关于小麦的来源问题一直聚讼不已，至少从野生小麦的分布来说，小麦当是在西亚两河地区驯化为栽培作物的。[2] 小麦在西汉时犹未能占重要地位。据《汉书·食货志》，在汉武帝时尚须由政府提倡，关中种植宿麦（冬小麦）始得推广。

水稻是中国南方的重要粮食作物。浙江河姆渡新石器文化遗址出土的水稻，已为今日的栽培品种。在春秋战国以至秦汉，水稻的主要作业区都在长江流域及其更南的地区。北方不是没有稻作，但限于气候，其重要性不能与粟稷相提并论。[3]

汉代考古的资料中，长沙马王堆一号汉墓出土了大批食物的遗存，粮食作物则有稻、小麦、大麦、黍、稷、大豆及赤豆，[4] 可知这些作物为当时最普遍的粮食。这一现象在中国历史上延续而未有变化，迄于近今，面食与大米才大量代替了黄米及小米，成为全国各阶层人们的常食。

在中古时期的发展，则是麦类磨制成粉，制为面食，开始普及于中国南北。在此以前，中国也未尝不知用石磨磨粮食成粉状。战国时代的石磨，曾分别在洛阳与栎阳出土，[5] 汉

---

[1] 《中国饮馔史》，页121。

[2] 同上，页122以下；Han Agriculture, p. 48。

[3] Han Agriculture, pp. 86-88.

[4] 《长沙马王堆一号汉墓》，页130—142。

[5] 《从磨的演变来看中国人民生活改善与科学技术的发达》《秦都栎阳遗址初步勘探记》。

代的石磨，更有相当完整的遗物出土。安徽阜阳双古堆一号汉墓的石磨，体积较小，可能是明器。[1] 满城汉墓的石磨则体积较大，形制完整，磨下有铜漏斗，并有一具推磨牲畜的遗骸，[2] 两个遗址都在西汉初年，是则磨具并非外来。

中国古代也并非不知粉食，有了杵臼及由杵臼发展而来的碓，谷粒本可击碎成为粉状，《周礼·天官冢宰·笾人》有糗饵粉粢，郑司农及郑玄的注解有差异，大致以为即是稻米、黍米与大豆，捣粉为饵。可注意者，其中未有以麦磨面的粉食，而且制粉的过程是用捣即用碓，工作的效率不如磨制。

中国大量磨麦为面，大约须在水力及畜力的碓磨出现之后。畜力磨，《三国志·蜀书·许靖传》：许靖年轻时，曾以马磨自给。晋代嵇含《八磨赋》谓其外兄刘景宣作磨，"策一牛之任，转八磨之重……巨轮内建，八部外连"（《太平御览》七六二引），当是用齿轮连属运转。其实用一牛之力，克服八套齿轮的磨阻力，每一具磨具的体积也不可能很大。

水力推动碓磨，效果当可大多了。早在两汉之间，桓谭《新论》即提道："又复设机关，用驴牛骡马及役水而舂，其利乃且百倍。"《后汉书·西羌传》中，虞诩也说："雍州之域……因渠以溉，水舂河漕，用功省少，而军粮饶足。"据《太平御览》七六二《器物部》引傅畅《晋诸公赞》，杜预作连机

---

[1]《阜阳双古堆西汉汝阴侯墓发掘简报》。
[2]《满城汉墓发掘报告》。

水碓,"由此洛下谷米丰贱"。魏晋之际,豪势之家多借水流的力量,广设水碓、水硙,如《太平御览》引诸书,王隐《晋书》,石崇有水碓三十区,河内有公主水碓三十区,王戎家业遍天下,有水碓四十所。《世说新语》谓王戎既贵且富,巨宅水碓,洛下莫比。水碓之设,驯致河流断塞。政府设令禁止,如《魏略》,司农王思弘作水碓,竟致免归乡里,但对有势力的人士,禁令仍是空言。虽然规定洛阳百里内"不得作水碓",王浑仍可直接向皇帝请求立碓的特权。碓磨功能相近,运用水力的方法,也可以相通,是以《魏书》卷六六《崔亮传》,即谓崔亮读《杜预传》"见为八磨,嘉其有济时用",仿制了水碾磨数十区(《太平御览》七六二引)。大致建立水力运转的碓磨,必须截断水流,影响灌溉,所费也多,一般小民无力做到,唯在势豪之家,积粮数量大,而又敢于悍然不顾旁人灌溉之利,始能有大量私有的水碓水磨。

有了水力运转的碓磨,无疑减低了制粉的劳力成本。中古以面粉制作的食物,通称为饼。饼与磨及麦,遂为相关的词。因此《太平御览》引《诸葛亮别传》:"孙权常飨蜀使费祎,停食饼,索笔作《麦赋》,(诸葛)恪亦请笔作《磨赋》。"(《太平御览》七六二引)可知当时人的心态。

中古的饼字指涉不少面粉食品,今日之面条,以至馒头、薄饼均在内。晋束皙的《饼赋》,是有关面食的一篇趣文。束文大意,古凡食麦而未有饼,认为"饼之作也,其来近矣"。与一些别的外来物,"或名生于里巷,或法出乎殊俗",是相当近来的事物。他认为春天应设"曼头"(馒头),夏天宜食薄壮,秋天可施起溲,冬天则以汤饼为最。雪白的面粉,配上肥瘦相半的羊膀豕胁,脔切成蝇头小块,调入葱姜香料,和以盐豉,火盛汤涌,搏面入汤,"星分霤落,笼无逆肉,饼无流面"。一口气可以咽下三笼。束文不是食谱,文意并不清楚,审察大意,大致是面饼与碎肉合蒸的面食。不过庚阐的《恶饼赋》所形容的做法,则熬油煎葱,加在沥清的茶水中,再以软硬适中的合面,引长条滤入汤液,一咽十杯,猜想当是面川条一类。吴均《饼说》的饼,又与此不同,合面与牛羊肉同煎,配着白切鸡同食。这可能是面与肉类糅合的煎饼。

《齐民要术》有《饼法》一章(《齐民要术》卷九,第八二),引《食经》做饼诸法。《隋书·经籍志》所列《食经》,现在均已佚亡,亦不知贾思勰所据是哪一家《食经》。《齐民要术》中列举诸种做饼法,包括做饼酵法,是发面的酵母,做白饼法是发面的和面方法。烧饼,合羊肉葱白以烤炙为之;髓饼用髓脂与蜜和食,也在胡饼炉中烤熟。食次,又名乱积,用稻和水蜜各半为饼,在五升铛里膏脂煮熟,当是一种油酥饼。膏环,又名粔籹,是一种圆圈饼,水蜜溲稻,在膏油中煮熟。这两种都等于油炸的甜饼。鸡鸭子饼,在铛中以膏脂煎制成厚二分的圆饼。细环饼(又名寒具)及截饼(又名蝎子),前者以蜜调水溲面,后者以乳溲面,都是脆饼,也用脂膏煎熟。水溲面,在油脂中炸熟,一面白,一面赤,不须翻转。水引馎饦,肉汁溲面以一尺长为一段,压薄入沸水煮熟;馎饦则是拇指大小，二寸一段，急火煮食。切面粥，掐成小块入汤煮，也可以蒸熟曝干，俟食用时入汤煮，类似面疙瘩。粉饼，豆粉用肉汁溲，滤过细孔，锅沸汤，搦出熟煮。豚皮饼，汤溲粉，在铜钵中旋转，烫成薄皮，再入汤煮熟。以上有烤炙、煎炸、汤水煮及蒸煮诸法。虽然种类繁多，仍未见包子饺子及以面皮包馅的面食。然而，饼之一词，已兼有今日"饼"的用法及面条一类的用法，面食的种类已相当多了。

饼是北人食品，是以吴均《饼说》，须托之长安姚泓的大厨。南方却也已普遍有饼类面食，前引《诸葛亮别传》，费祎在吴，主人飨之以饼。《太平御览》引傅咸《司隶教》，南方有蜀妪卖饼于市（《太平御览》八六七引）。但是，饼类之事迹，每与胡人有关，如《太平御览》引《赵录》，石勒讳胡物，胡物皆改名。胡饼改名曰搏炉，石虎又改为麻饼。石虎喜食蒸饼，常以干枣胡桃瓤为心，而胡桃即是中亚输入的干果。又同书引《后魏书》，有胡叟不治产业，却常盛肉饼以付养子（《太平御览》八六○引）。饼属面食，大约由中亚逐步传入中国。[1] 为此也无怪束皙《饼赋》中将饼称为安干粔籹之伦，而安干又名安干特，系外语译音，是以束认定饼属来自殊方。

总之，从中古以后，中国的面食日益发展，麦类不复粒食，面粉食品遂与粒食的稻米分庭抗礼，成为中国的主食之一。

---

[1] *The Food of China*, pp. 117-118; "Han," *Food in Chinese Culture*, pp. 81-82.

二、烹饪方法与炊具的变化

中国古代的烹饪方法,由《诗经》及其他古籍所见,大约不外以明火烤炙,以鼎鬲煮,以甗蒸,烤炙置于火上,固不待言。鼎鬲之属,均由器足支撑,置于火上。战国以来,煮食用釜,蒸食用甑,没有器足,即须放置在灶眼上。《孟子·滕文公上》:"许子以釜甑爨,以铁耕乎",即可知釜甑是当时最常见的炊具。汉代明器及墓砖画像中,最常见的炊具,也是灶上至少有两个灶眼,分别有釜甑坐置在灶眼上。釜甑下底深入灶内,受火面积大,效率应当不恶。大致安排是,蒸东西的甑靠近火门,釜或罐放在后面,靠近烟突,只能用到余火的热度了。谷黍主食,以蒸食为主要方式,所需时间长,火力大;菜馔煮食或油炸为主,则用釜罐处理。

以汉代炊具烹调,主食是蒸熟的黍饭、豆饭、麦饭,若用釜罐煮食,则是似粥的羹,若熟后干燥,储为干粮,则是糒。至于菜馔,可以长沙马王堆一号汉墓为例,根据出土的四十八件竹笥,五十一件陶罐中储存的食物遗存,可检定者,肉类有牛羊猪犬兔,禽类有鸡鸭鹅雉及一些雀类,鱼类有鲤鲈之属。另有三百一十二片竹简的遣册,记载随葬物的品名,记载馔食,已是烹调的名称。其中虽有炙烤一类,最大多数是羹类,不少是两种原料配合烹制。[1]

---

[1] "Han," *Food in Chinese Culture*, pp. 56-58;《长沙马王堆一号汉墓》,页35—36、131—132。

《礼记·内则》所记膳食种类，饭包括黍稷稻粱，尤以白黍黄粱为多。膳包括牛羊豕各别烹制的"臛"，牛炙，牛胾醢，牛脍，羊炙，羊胾醢，豕炙醢，豕胾芥酱，鱼脍，雉兔，鹑鷃。此外还有种种用配料的方法，例如蜗醢配苽（即雕胡），雉羹配麦食……又如"濡豚包苦实蓼"（加汁的猪肉，配苦荼，加香料）……各种肉脯（干肉）皆须配菜叶……各有种种细节，而羹食自诸侯至庶人，都一概有之。

这些食品除了醢是剁碎的肉末外，切大块的谓之轩谓之胾，切小块的谓之脍谓之脔，没有切成细丝细片的刀功。这种切法用来煮羹，基本上要求火候。烤炙用明火，极费燃料；明火只是架起柴炭，无其他措施可以改进。灶上作羹汤，终究仍可以改进灶的结构，以资省火。洛阳烧沟汉墓，是近数十年来较早发现的大型墓葬群，共出土了陶灶一百五十五件。陶灶都是长方形，有灶身、灶面、灶门、火眼、釜、甑等构成，其他细节则差异甚大。这些墓葬的时代，由西汉中期以至东汉晚期。西汉中期的陶灶形式简单，灶上只有一个火眼，并未知道利用剩余热量。在西汉晚期，大火眼后，烟突之前，加一小眼，则已知道利用余热，通常有一个水釜置于小火眼上。王莽及其前后，小火眼数目增多为二至三个，有的在大火眼前面两侧，有的在大火眼后面。东汉中期，两个小火眼都相当大，并列在大火眼前面，灶面上刻画鱼肉食物及叉子钩子。东汉晚期灶，小火眼更大了，往往一个火眼，位于大火眼的前面，灶面上也刻画鱼肉及炊具图形。[1] 从这一系列的演变，可知釜的位置，从甑的后面逐渐移到前面，所用热量，也由余热逐渐转变为直接利用火门的主要热量。这一变化，说明了汉人对釜的用途日益重视；鱼肉及炊具散置于釜的四周，也说明了做菜活动不再是单纯的切碎下釜煮熟。

不过汉釜的形制，大率仍是敛口深腹，利于烹煮，不利于煎炒，炊具中的勺，也是曲柄曲舌，利于搅动及盛送羹汤，根本不能用来煎炒。中国烹饪方法中最有特色的快炒，似乎尚未见于汉代。快炒在利用热量的角度来说，殆是最经济有效的方法。中国古代，燃料以樵采柴薪为主，孩子长大，以能负薪为象征，可见其重要性。由于古人不断伐木为薪，中国的自然生态自古即遭受严重的破坏。《孟子·告子上》，尝有草木之美的牛山，由于邻近都邑之人斧斤所至，终于成为童山濯濯。汉代为了增加耕地，曾经不断开放公地，假民为田，地方长官也以增辟田亩为事。[2] 四百年的垦拓，中国的林木面积必定大减。三国两晋南北朝，北方的土地不断有外族一波又一波地入侵。这些外族，在终于受中国文化同化以前，往往将大片农田转变为牧地。牧地鞠为茂草，林木也不会丰盛。汉人与汉化外族在北方的农业活动，因为战乱地广人稀，利于发展粗放农业，游耕的经营也须经常大规模焚烧

---

[1] 《洛阳烧沟汉墓》，页 119—125。

[2] *Han Agrculture*, pp. 29-34.

榛莽。因此，北方的原野上并未因人口减少而增加林木面积（相对而言）。自从东汉末叶，以至东晋，北方人口即大量南移，先落脚江汉，继而开拓长江流域及其支流与湖泊地区，终于发展了闽粤沿海。南方人口，增长数倍；耕地面积及都邑道路随之增加，林木面积则急剧减少。[1]

林木也可烧炭，汉代即有大规模的烧炭业，大批工人深入山林，伐木烧炭，供给烧铁业及一般家用燃料之用。《史记·外戚世家》，汉文帝窦皇后的弟弟少君，曾经是烧炭工人，一同工作的有百余人之多（《史记》卷一九）。但在中古时代，炭已是相当贵重的物品，是王公贵人馈赠的礼品。刘孝威有《谢东宫赉炭启》，庾肩吾也有《谢赉炭启》（严可均，《全梁文》六六引《白孔六帖》），则一般平民未必能轻易以炭为日常燃料。平常人家的燃料大致仍有以木为薪，因此《齐民要术》中，种植榆树，除了树材可作器物，"岁岁科简剟治之工，指柴雇人，十束雇一人，无业之人争来就作。卖柴之利，已自无赀"。据原注估计，一束三文，万束三十贯，荚叶在外，也可卖钱。此外，种植白杨，其恶枝也作柴卖（《齐民要术》卷五，第四六）。栽种柳树，除了橡材外，百树得柴一载，每载值钱一百文（同前，第五○）。与榆树柴价相比，一载可以有三十三束，大约是一辆小车的载重。又据同书引《陶朱公术》，种柳千树则足柴，十年以后，髡一树，得柴一

---

[1]《中国农业史稿》，页236—245、365—395、400—404、412—413。

载，岁髡二百树，一年的用柴即够了（同前，第五〇）。根据这些数据，一年烧柴的费用是二万文，当时物价，柞橡的屋椽，十年中椽，一根价十文，二十年中椽，一根值百文（同前，第五〇）。以此类推，柴价相当昂贵。一般人家大约用动物干粪及稻草麦为薪，例如《齐民要术》作酱法，所用燃料是"取干牛屎，圆累，令中央空，然之不烟，势类好炭。若能多收，常用作食，既无灰尘，又不失火，胜于草远矣"（《齐民要术》卷八，第七〇）。征之现在的中国生活，北方用粪干麦皮，南方用稻草糠谷，仍在不少人的记忆中。

中国烹饪中重要的一道工夫"炒"功，未见于汉代。字书于"炒"字，一般以为古字鬻、煼、熘的别体。以《辞海》所列《方言》："煼，火干也，凡以火而干五谷之类。秦晋之间或谓。"《六书故》："煼，鬲中格物也。"鬻，《说文·鬲部》，徐锴注："谓熬米麦也。"熘，《尔雅·释草》："苨蒵豕首"注："今江东呼豨首可以熘蚕蛹。"释引《三苍》："熘，熬也。"这三个古字，其实都是熬煮之意，并不含今日"炒"功在旺火上快速翻拨的意思。与炒稍微接近的煎，也与熬相近，但煎功通常是小火慢煎，与炒功极有差别。炒功的要求，食物材料须切割为细粒薄片，火要旺，起火快，炊具须易于传热，深浅足以容铲子搅翻，既不能深如罐，又不能浅如盘。现在厨房使用的锅，正是为此设计。上节讨论燃料种类，柴草（不论稻草麦，均属此类）起火易，旺火来得快，却又不持久，正与炒功要求的条件相当，倒过来说，炒功是可以节省燃料的烹饪方法。

汉代的灶,原来设计用甑蒸,用釜煮,两种均不宜炒功。有人以为周代铜器中的王子婴次炉,是一个长方浅盘,庑卢,原铭庑,应即炒字古体,即是煎炒的炊具。1978年湖北随州战国曾侯乙墓出土青铜炉盘,是一个双层的铜器,上层是圆形浅盘,下层为炉盘。出土时上层盘内有鱼骨一具,盘底有烟熏痕迹。这件铜器,相当浅,当也用于煎炒。[1] 然而考察两器的深度,都似过浅,可以煎,而不宜翻拨搅动,当仍不是炒锅。

与现代炒锅相近的炊具,其实在战国汉代的墓葬中已经出现,承童恩正先生检示,云南楚雄万家坝战国时期古墓有一件浅腹器,望之宛然是锅形。据童先生意见,这是迄今所知最早的浅腹器而形状如锅的一件标本。[2] 江苏邗江姚庄的西汉墓有一件铜灶,其火眼上坐的是釜甑,两个小火眼上,一个是敛口的水罐,一个是有双耳的小锅。[3] 江西南昌青云谱东汉墓陶灶上,有一件铜锅有双耳,敞口,也与近代较深的炒锅相近。湖南资兴东汉墓,有一件陶灶,上坐一甑一釜,釜有双耳,侧面剖视图所示,是一件内壁渐收缩的炊具,颇宜炒功。与其他各灶的釜形极不同。[4]

---

[1]《中国饮馔史》,页270—272。
[2]《楚雄万家坝古墓群发掘报告》,页366图二十七,3,及图版十五,1。
[3]《江苏邗江姚庄101号西汉墓》,图版七,5。
[4]《湖南资兴东汉墓》,页86图32。

这些浅腹炊器都在南方，似并非偶然。《楚辞》中提到煎烹之处即已不少，如《招魂》"煎鸿"、《大招》"煎鳍臇雀"等。而南方少数民族的獠人，在南北朝时，据《后魏书·獠传》："铸铜为器，大口宽腹名曰铜爨，既薄且轻，易于熟食。"（《魏书》卷一百一）这种大口宽腹的铜器，显然传热快，也颇宜炒功。《齐民要术》作笨曲并酒法首提起炒法，而且说明用大橛，缚于长柄匕匙，连续搅动，不得暂停（《齐民要术》卷七，第六六），显然在当时"炒"还未必是家常的烹饪方法。

有人以为，中国的炒锅与印度及东南亚调制咖喱汁的 Kuali 十分相似，当系经由印度及中亚传入中国，而且以为锅的发音，也可能由 Kuali 而得。[1] 若配合本文所讨论，则炒法之出现，是为了节省燃料而发展，中国南方文化传统本有煎烹，而南方少数民族也已有大口宽腹的铜器，两相配合，遂有浅锅快炒，南方考古所得的几件标本，正说明各地都在尝试发展适用的炊具，至于楚国与楚文化圈的曾国，有浅盘煎具，也未尝不是这一传统的远祖。总之，中古以后，煎炒之道，遂异军突起，将羹汤为主的古代中国烹饪，改变为烹饪方式繁富多彩的馔食文化。

---

[1] *The Food of China*, 1988, p.151.

三、南方的饮食

《洛阳伽蓝记》卷二的子注，记了两条有关南方饮食的故事。一段是北人杨元慎嘲笑陈庆之，以南方生活习俗为题材：

> 吴人之鬼，住居建康，小作冠帽，短制衣裳，自呼阿侬，语则阿傍，菰稗为饭，茗饮作浆，呷啜莼羹，唼嚁蟹黄，手把豆蔻，口嚼槟榔，乍至中土，思忆本乡。急手速去，还尔丹阳。若其寒门之鬼，□头犹修，网鱼漉鳖，在河之洲，咀嚼菱藕，捃拾鸡头，蛙羹蚌臛，以为膳羞。布袍芒履，倒骑水牛，沅湘江汉，鼓棹遂游，随波溯浪，唅喁沉浮，白纻起舞，扬波发讴，急手速去，还尔扬州。

另一段故事则是王肃投魏，初入洛阳，不食羊肉及酪浆，常饭鲫鱼，渴饮茗汁，一次可饮一斗，于是当地人称王肃为漏卮，形容他饮水之多。数年以后，王肃习惯于北方食物，也能吃羊肉酪粥，魏孝文帝问王肃："羊肉何如鱼羹？茗饮何如酪浆？"王肃回答："羊者是陆产之最，鱼者乃水族之长，所好不同，并各称珍，以味言之，甚是优劣，羊比齐鲁大邦，鱼比邾莒小国，唯茗不中，与酪作奴。"自此以来，茶有"酪奴"的别名（《洛阳伽蓝记》，3/23）。

从这两则故事，可知北方与南方的饮食习惯已大有分别。

南方的食物包括各种水生的动物植物，而南方的饮料茶已十分普及。相对而言，北方除传统食用肉类外，显然增加了北族带入中原的饮酪风俗，而且酪不仅作饮，也可作粥。茶（荼）茗在《齐民要术》中，仅见于文末附录"五谷果蓏菜茹非中国物产者"之中（《齐民要术》卷一〇）所引《尔雅》郭璞注："苦荼，树小，似栀子，冬生叶可煮作羹饮，今呼早采者为荼，晚取者为茗，一曰荈，蜀人名之苦荼。"又引《荆州地记》："浮陵荼最好。"《博物志》："饮真荼，令人少眠。"（同前，卷一〇）汉王褒《僮约》有"武阳（都）买荼"，当时荼已是四川市场常见的商品。《太平御览》引傅咸《司隶教》，有蜀妪在南方市上卖茶粥（《太平御览》八六七）。而陆羽《茶经》，谓巴川峡山茶树有两合抱者（《太平御览》八六七引），可能四川是茶的原产地，也是茶作饮料较早的地区。

不过在两晋南北朝时，似乎长江流域已普遍种茶作茗。以《太平御览·饮食部》茗下所引两晋南北朝诸条记载，余姚宣城，辰州之溆浦，西阳、武昌、晋陵、巴东、永嘉、乌程，处处皆产好茶。同书所引饮茶之风，晋惠帝蒙尘，流离之中，黄门以瓦盂上茶；刘琨体中烦闷，借茶治病，因此嘱咐兄子致送干茶二斤、姜一斤、桂一斤（并见《太平御览》引晋四王起事），市上有老妪卖茶茗（分见同书引傅咸《司隶教》及《广陵耆老传》）。晋司徒长史王濛好饮茶，有客来即奉茶，客人受不了，称为水厄（同书引《世说》，但今本《世说新语》未收此条）。水厄的谚语，传入北方，前引《洛阳伽蓝记》

王肃事，北人遂用水厄多少，询问客人的量（《洛阳伽蓝记》卷三"报德寺"下，子注）。甚至以饮茶为南方文化的象征，投奔北方的南人任瞻，遂自愧而不再用茗茶（《世说新语·纰漏篇》三四）。然而北人未尝不饮茶，前引王肃之事，说明北方社交饮茶也属常见。而在南方，茗茶事属家常。南齐武帝，遗诏自己亡故之后，灵上只须供奉饼茶干饭酒脯（《南齐书·武帝本纪》永明十一年）；南齐宗庙供奉，高帝昭皇后灵前也设茗、粣、炙鱼，据说是其生前嗜食（《南齐书·礼志上》）。

茗茶之风，终于由南而北，遍及中国。中国人在中古以后，除了嗜酒之人特有偏好，酒类大致都只在燕宴上使用，不像欧洲人自古迄今，以酒类解渴。此中缘故，当即中国有了茗茶习惯，不必借重酒类了。此事虽小，影响极大，煮茗泡茶，都必须煮沸生水。中国人经常饮用煮沸的饮水，遂大量地减少饮用生水而感染疾病的危险。另一方面，中国人饮茶不饮酒，也减少了一般人嗜酒的危险，更少酗酒的毛病。

南方食物中，水产不少。本节第一段所引北方对于南方饮食的了解，即列举了一连串的水产品，包括菰米、茗茶、莼羹、蟹黄、鱼鳖，菱藕、蛙羹、蚌腊、芡鸡头之类。南方多河流湖沼，靠水吃水，自古已然。《楚辞》中提到饮食也多水产，如《招魂》的胹鳖臛蠵，《大招》的菰粱、鲜蠵、苴莼、煎鲭。南北朝时，孔休源访范云，范云"取其常膳"待客，有赤仓米饭蒸鲍鱼。何远为武昌太守，江左水族价贱，何远每日不过干鱼数片。何裔侈于味，食必方丈，是考究饮食的吃客，后来稍为节省仍食白鱼鲲脯糖蟹（各见《太平御览》八四八引）。王羲之诸帖，提到嗜食的项目，包括蚶蛎（均以二斗为量）、鲤鱼、石首鲞（严可均，《全晋文》24/6）。然而水产在北方，如前引王肃事，虽然比不上羊肉重要，伊洛鲤鲂，也是自古著名。洛阳有永桥市，供应伊洛之鱼，其价格甚贵于牛羊（《洛阳伽蓝记》卷三、四"夷馆"下）。《齐民要术》有养鱼的专章，附及种植莼藕芡芰（《齐民要术》卷六，第六一）。做法中，有做鱼酱法，干鲚鱼酱法，虾酱法，鲲䱹（鱼肠酱）法，藏蟹法。其法大致以加曲发酵；鱼肠酱则不加曲，密封鱼肠自然发酵；藏蟹用盐加香料，密封，似是腌蟹。这两项食物食用时加姜醋（《齐民要术》卷八，第七〇）。诸种鱼酱似乎是鱼酱油的始祖。[1]《齐民要术》，成于北方，是南方食物也已盛行北地了。鱼类的烹调法，如以刘劭《七华》所说，洞庭之鲋，切割皮骨，配上煮食的卵，蒸烹的蠵（大龟），煎的缥翠，煮的碧鸡，"九沸三变，其味乃和"（《北堂书钞》一四五，一四二引）。杜育的《菽赋》，鱼类做鳝，是以鳣鲤之骸加以盐与白糁（《北堂书钞》一四五、一四六），也是与鱼酱做法相似。梁王琳的"鲲表"，是一篇游戏文字（《酉阳杂俎》作"鲲表"），则是假借鱼的口吻，列举鱼类食物的做法，包括用笼蒸铛煮的炊具，粽熬（似是裹粉煎熬），油蒸，做臛（羹），制脯腊，进食时加各种香料（椒、苏），浇浓汁，

---

[1]《中国食品科技史稿》，页 182—183。

置于绿叶之上（严可均，《全梁文》六八，见附录4）。

米食的粽，也是南方特色。角黍与南方少数民族的关系，如竹筒饭，菜包饭，已是民族学之常识，不必累述。以文字史料言之，如周处《风土记》注云："俗先以二节日，用菰叶裹黍米，以淳浓灰汁煮之，令烂熟，于五月五日夏至啖之。黏黍一名粽，一名角黍。"（《齐民要术》卷九，第八三引）晋末广州刺史卢循遣使赠送刘裕益智粽子，则是粽子裹了南方植物益智子（参看《齐民要术》卷一〇）。北魏太武帝至彭城，宋孝武帝致送螺杯杂粽，以为是"南土所珍"。南朝范云出使北魏，李彪承命款待，设甘蔗黄粽，随尽随益，则是尊重南方来客的口味（《太平御览》八五一引）。

上节提到甘蔗，有蔗糖以前，中国的甜味以饧（麦芽糖）为主。蔗糖大约初见于印度，《续汉书》记载，天竺国出石蜜，即是结晶糖。或因石蜜经由中亚传入中国，是以魏文帝曾以南方的龙眼荔枝与西域的蒲桃石蜜相比。魏文帝致书孙权，令赵咨奉石蜜五饼，当然因为石蜜是珍贵之物，始为国际馈赠的赠品。晋太康起居注记载，尚书令荀勖羸毁，赐石蜜五斤，则是优待大臣的殊礼（以上见《太平御览》八五七引）。但甘蔗之有甜汁，似乎不必等待石蜜传入中国，中国人就已知之。《楚辞·招魂》"胹鳖炮羔，有柘浆些"。柘即蔗之另体，而"粔籹蜜饵，有餦餭些"的蜜，当指蜂蜜，以蜜和粉做糕。在《齐民要术》"五谷果蓏菜茹非中国物产者"之中有甘蔗，列举各种异名，又说"雩都县土壤肥沃，偏宜甘蔗，味及采色,余县所无,一节数寸长,郡以献御"。而所引《异物志》,说明甘蔗远近皆有,交趾最好,在详述甘蔗形态外,也说明制造石蜜的方法。所引《家政法》,则谓三月可种甘蔗,明显甘蔗已是南方家常作物。上文说到北魏款待南客以甘蔗,当也是以其甜汁与黄粽合食。《荆楚岁时记》,正月七日为人日,北人此日食煎饼于庭中。而三月三日,则取鼠曲汁蜜和粉,谓之龙舌料,以压时气,都是南北食物的混合了。

总之,中国中古时代的饮食文化,终结了古代饮食比较简单的蒸煮烹,开始油煎快炒,改变了以黍稷为主的主食,引进了以麦粉或米粉做饼,配合鱼肉的食物。同时南方的茗茶、水产,也使中国饮食内容更为丰富。这些改变,有的由于生态的需要而作必要的调适,如用柴油为薪,引发了快炒的烹饪法。有的由于社会结构的改变而成为可能,如因豪势之家垄断水利而得以广泛地发展水力磨,遂使粉食的面食普遍化。外来影响如印度的蔗糖、南方少数民族的炒锅、中亚的粉食文化,以及南方长期累积的处理水产的经验,无不为中古饮食文化的转变提供了重要的挑战与刺激。

编后记

《许倬云观世变》与《许倬云问学记》两书是从台湾三民书局版江水系列六册中挑选出七十篇文章,分别组合而成。如果说《许倬云观世变》浓缩勾勒了许倬云先生立足中国、放眼世界五十多年治史形成的"史学观",《许倬云问学记》则情理两浓地抒写了他独特的人生之旅与成功的问学之路:一个天生残疾的孩子怎样在家庭、亲人、良师、至友的关怀与引领下,踏上从知识到智慧执着追寻的漫漫艰难路并获得成功。

2007年许倬云先生在北大史学论坛上回答"历史是什么?为何要有历史学?"提问时,他曾这样表述:"历史是过往的人与事的经历和掌故……任何一国、一朝、一代都不过是历史的一些枝节与片段。时序上,每一片段有前边无数的'因'和后边无穷的'果';空间上,每一件史实都因前后左右无数牵绊与关联而难以一刀两断。因此,厘清人类经历错综复杂的时空关系就是历史学和历史学家的使命。"这也注定了许先生毕生治学的强烈体验:历史学是一个永远聚讼纷繁的难题;史学家们摆脱不了"命运"的两途:悲观地说,没有永远不能更改的定论;乐观地说,永远有推陈出新的机会。

上下五千年,一部中国史孵化了无数由历史生发的诗歌、故事、小说、戏剧、音乐……可是,历史学者不是歌者、舞者、演艺人、文学家,他承担着了解、剖析既往历史上的人与事,垂鉴戒于后世的庄严使命。这也注定了史学家人生追求的特殊艰难与价值。一般人可以只是"活在今天",史学家则与此同时还必须"回到过去",探寻其中的是非与得失因由,通过自己的辛勤笔耕,启迪今人,警示来者。

人类历史浩瀚无涯,经过严格训练的史学工作者一般限于个人的精力与时间,大多选取某一年代段、某一领域作为自己的研究目标,成为"断代史"专家。但是,还有部分史学家在专业领域之外进行某些综合性探索。许倬云先生即属此类。

他没有一头栽进"中国历史与文化",因"偏爱"而"沉迷",却持守以世界史的广阔视野为参照而不失归属感,全情地投入并坚持"如法官断案式"的研究。

四年前,《南风窗》记者访谈时向许先生提问:"作为一位大陆出生、台湾求学又在美国历练并执教多年的学者，你怎么定位自己的身份？"许先生回答时明确宣称："我是一个学术界的世界公民，视个人良心与学术规范高于一切。"这位精通中国上古史、文化史、社会史，熟稔西方历史，不囿于书斋而心怀故土与世界的史学家，近二十年来奔走、讲学于港台、大陆与美国等地，治史与讲史已入通透之境。

他是怎样走上这样一条史学之路，并取得著述等身、足以传世的业绩的呢？

许倬云先生在《许倬云问学记》中，以饱含深情的笔触追述了自己出身于江南书香之家、生而残疾、历经三四十年代战乱流亡的"幸运的不幸者"，是父亲的书房和丰富藏书给他启蒙、向他敞开一个广阔的人生世界并引之入求知之门。更幸运的是：他考进了50年代群英荟萃的台湾大学历史系，在他问学的起跑线上得以受到李玄伯（宗侗）、劳贞一（榦）、李济之（济）、芮逸夫、高晓梅（去寻）、董彦堂（作宾）、凌民复（纯声）、钱宾四（穆）、严归田（耕望）等众多史学界前贤的教诲与引领。

有两位令他特别不能忘怀的恩师。一位是当时台大校长傅斯年。1948年许先生随父去台，当年报考台大外语系，并被录取。一个偶然巧合的机缘是：他的国文和历史考卷被王叔岷和劳贞一推荐到校长傅斯年处，慧眼识珠，校长找到这个"不一般的"新生说："你应该读历史系。"第二学期他即转入历史系。

另一位是文学院院长沈刚伯。1953年他毕业后，沈刚伯曾力促他出国，说："你必须学些其他文化的历史，才会有能力回头看清中国文化的性质与变化。"四年后即1957年，他即考入美国芝加哥大学东方学系。正是这个被誉为韦伯研究方法重镇的芝大东方研究所，向他打开了一扇中国古史之外的西方社会、经济乃至哲学、宗教等的知识大门，拓宽了他超越中国古代史的问学视野，做到真正的"杂学旁收"，从而奠定了他的"各文化间比较研究"的雄厚基础。

岁月悠悠，数十年过去，倬云先生始终牢记沈刚伯师训："应如《西游记》与《封神榜》中的二郎神，双目之外有一只'烛照神怪原形'的'第三只眼'。"正是这"第三只眼"，使他数十年如一日，以史学家的通达观察，把捉历史长程剧变中的脉息，以源源不断的学术研究专著与不失文采的通俗治文和讲座，与社会广大读众分享。据不完全统计，迄今许先生已出版中文著作238种（包括专著、合著、论文、讲座），另有外文专著与论文六十余种，堪称著述等身了。

80年代中期，我从业于贵州人民出版社时，以书为缘与先生结识，迄今二十余年，有幸书缘未断。在我内心始终把先生奉为"求知"与"为人"的楷模。

最难忘与许先生的第一次面识：那是1999年我执业于北京三联书店时，有幸承担他的《西周史》与《从历史看领导》两书责编。初夏时节，许先生抵京，电话相约北京三联总编辑董秀玉和我6月6日去他下榻的国际饭店共进早茶。这天清晨7点30分，当我与董秀玉准时推开国际饭店一层厅门时，只见拄着双拐的许先生正端立在空阔堂皇的大厅中央，显然只为迎见两个普通编辑工作者。这是一个铭刻在我心中、永远鲜活、让我终生难忘也足以垂范于今人和后世的镜像：人——可以这样看待自己的成就与荣名！

相信两书问世会受到广大读者关注，更希望年轻朋友们像许倬云先生这样为自己谱写"从知识到智慧不懈追寻"的人生新曲！

许医农

2008年7月27日